La Fatigue
émotionnelle
et physique des mères

Violaine GUÉRITAULT

La Fatigue émotionnelle et physique des mères

Le *Burn-out* maternel

Préface de François Lelord

À mes enfants, Léo et Melody,
pour qui mon amour est infini et qui me
le rendent chaque jour au centuple...

À S. C.,
pour tout ce que j'aurais tellement aimé
parvenir à lui faire comprendre...

© ODILE JACOB, JUIN 2004
15, RUE SOUFFLOT, 75005 PARIS

www.odilejacob.fr

ISBN 2-7381-1437-7

Le Code de la propriété intellectuelle n'autorisant, aux termes de l'article L. 122-5, 2° et 3°a, d'une part, que les « copies ou reproductions strictement réservées à l'usage privé du copiste et non destinées à une utilisation collective » et, d'autre part, que les analyses et les courtes citations dans un but d'exemple et d'illustration, « toute représentation ou reproduction intégrale ou partielle faite sans le consentement de l'auteur ou de ses ayants droit ou ayants cause est illicite » (art. L. 122-4). Cette représentation ou reproduction, par quelque procédé que ce soit, constituerait donc une contrefaçon sanctionnée par les articles L. 335-2 et suivants du Code de la propriété intellectuelle.

Préface

Travailler fatigue, on le savait. Quel hebdomadaire n'a pas consacré un jour son dossier au stress des cadres ? Plus récemment est apparue la notion de *burn-out*, cet état d'épuisement observé d'abord chez les infirmières et les travailleurs sociaux, mais qui peut aussi toucher tout professionnel surmené dans un environnement de travail qu'il ne contrôle pas.

C'est sur ce thème du *burn-out* que Violaine Guéritault a mené sa thèse aux États-Unis, tout en donnant des cours de psychologie à l'université et en élevant ses deux enfants.

En écoutant des femmes, des deux côtés de l'Atlantique, et en comparant leur expérience à la sienne, elle s'est rendu compte qu'il existait une profession exigeante mais non reconnue, répétitive mais demandant un sens de l'improvisation, souvent épuisante mais pratiquement sans vacances : celle de mère.

Ce livre est le résultat de cette illumination : le *burn-out* menace aussi les mamans. Mais comment, dira-t-on, on ne va pas transformer *aussi* les mères en victimes ! Mettre au monde des enfants et les élever, n'est-ce pas le véritable épanouissement d'une femme, sa plus noble mission sur terre, et comment pourrait-elle se plaindre de passer tant de temps avec ses chers petits anges ?

Confession d'une amie : « Quand je rentre à la maison après une journée de travail et que je trouve les enfants en train de hurler ou de se battre, j'ai parfois des envies d'en prendre un pour taper sur l'autre. » Bien sûr, la seule gifle qu'elle a donnée un jour l'a rongée de culpabilité : elle a lu Dolto et les conseils avisés des pédiatres et psychiatres dans les magazines féminins.

Car c'est ce que souligne Violaine Guéritault : une maman se doit d'être parfaite. Et éprouver lassitude, épuisement, colère, indifférence, lui donne vite le sentiment d'être une mère indigne. C'est encore plus vrai pour celles qui ne travaillent pas, culpabilisées déjà par leur statut de mère au foyer, et supposées s'occuper de leurs chers petits dans une continuelle félicité.

Mais ce livre ne se contente pas de reconnaître et de décrire le *burn-out* maternel, ce qui serait déjà beaucoup – car la reconnaissance du problème est déjà la moitié du remède –, il donne aussi des pistes pour le prévenir et des conseils pour s'en libérer.

On peut en souhaiter la lecture à bien des mères, mais aussi aux papas, dont l'auteur souligne le rôle capital pour une maternité heureuse.

En pensant à mon expérience de psychiatre, je ne peux que confirmer ce que décrit Violaine Guéritault : dans notre société pourtant protectrice, les mamans sont soumises à rude épreuve, et beaucoup sortent de nos cabinets avec des prescriptions d'antidépresseurs supposées les aider à faire face à leur situation.

On s'interroge : pourquoi la maternité – après tout le plus naturel des états – peut-elle être si éprouvante ?

Les pessimistes diront que la sélection naturelle nous a optimisés pour assurer notre reproduction, mais nullement notre bonheur, option certes agréable mais non indispensable à la perpétuation de l'espèce.

Les plus perspicaces feront remarquer que, pendant des centaines de milliers d'années, les femmes et leurs ancêtres hominiennes ont élevé leurs enfants au milieu d'une communauté de sœurs, tantes, grand-mères et grandes filles, et qu'à l'échelle de l'histoire de l'humanité la famille nucléaire – des parents seuls face à leurs enfants dans un lieu clos – est une nouveauté qui vient d'apparaître, presque en même temps que les psychiatres !

Il est temps de réfléchir, de reconnaître les risques du métier de mère, et d'aider celles-ci dans leur noble mission.

Violaine Guéritault a mené à bien la sienne avec ce livre, en même temps qu'elle continue d'assurer celle qui a inspiré ces pages : être une maman.

François Lelord

Introduction

Ce livre est destiné aux mères, à toutes les mères. J'espère qu'elles se retrouveront au travers des multiples témoignages que j'ai recueillis, et je remercie les femmes qui ont bien voulu lever le voile sur leurs expériences, leurs émotions, les joies et les peines de leur vie de mère. Je souhaite que ce livre leur apporte une meilleure compréhension de ce qu'elles vivent, je souhaite qu'elles ne se sentent pas seules dans leur situation.

Depuis que ce projet s'est matérialisé, en parlant avec des mères en France, mais aussi aux États-Unis, j'ai constaté de grandes similarités dans le vécu de la maternité, indépendamment des différences géographiques et culturelles. Bien que toutes m'aient fait part de leur bonheur d'avoir mis au monde un ou des enfants, certaines étaient déprimées, d'autres particulièrement stressées. La plupart se sentaient fatiguées et peinaient sous le poids des contraintes et le manque de temps. Et, surtout, beaucoup de ces femmes étaient persuadées d'être seules à éprouver ce vécu ambivalent.

La maternité, il est vrai, nous fait connaître des joies immenses, des sensations inégalables de bonheur, mais aussi des frustrations, des angoisses, souvent vécues dans le silence et la solitude parce que inavouées et inavouables. Or tout cela est bien mal considéré par une société et une culture qui considèrent les tâches maternelles comme allant de soi et ne reconnaissent ni le mérite ni les difficultés auxquelles toute mère doit faire face au quotidien. Quel être humain sensé accepterait un labeur qui requiert sa présence vingt-quatre heures sur vingt-quatre, 365 jours par an, dans des conditions de stress important où l'imprévisibilité des événements est constante, où la sensation de contrôle, le soutien psychologique, émotionnel et matériel, ainsi que la reconnaissance d'autrui sont rares ?

Récemment, je discutai avec un gynécologue de ce livre et du problème du stress chronique de la mère, que j'ai appelé, nous y reviendrons tout au long de ce livre, le *burn-out maternel*. Il semblait intéressé par le concept et me fit la remarque suivante : « C'est là un problème auquel nous faisons face tous les jours dans ce métier, mais nous appelons cela la *dépression*. » En effet, on parle de *dépression*. Mais est-ce bien cela dont il s'agit ? Une mère à bout qui s'effondre, qui n'arrive plus à fonctionner de façon optimale, qui tient des propos négatifs, pessimistes, voire destructeurs, qui en vient à ne plus savoir gérer le quotidien et même à parfois maltraiter ses enfants est diagnostiquée comme souffrant d'un état dépressif plus ou moins grave avec tous les stigmas que cela comporte. Ces stigmas vont à leur tour aggraver le problème. On se focalise ainsi sur la personne vue comme la source du problème, on traite et l'on soigne à coups d'antidépresseurs, et l'on attend ensuite que le traitement agisse et que la mère redevienne fonctionnelle. Malheureusement, le plus souvent, le problème resurgit après une période plus ou moins longue, en admettant qu'il ait à un moment ou un autre disparu, et c'est le retour à la case départ.

Quand allons-nous cesser d'avancer des explications vaseuses et détournées sur les problèmes de stress rencontrés par les mères ? Les avis médicaux mettent en exergue les déséquilibres hormonaux pour justifier la dépression de certaines d'entre elles. L'approche psychanalytique, pour sa part, se focalise sur leur vie intrapsychique, et met en avant des conflits d'enfance non résolus avec leurs propres mères. Que reste-t-il aux femmes, dans ces conditions, pour faire reconnaître la validité de leur vécu et du stress associés à leurs responsabilités maternelles, sans être systématiquement placées sur le banc des accusées ?

La société attend une performance exemplaire de la part des mères sans que leur soient accordées les ressources nécessaires pour répondre à cette attente. Si elles sont épuisées, débordées, ou chroniquement en retard, c'est forcément parce qu'elles sont complètement désorganisées. S'il leur arrive d'être agressives, colériques ou à bout de nerfs, c'est sans doute à cause de leur émotivité exacerbée et incontrôlée ou bien encore à cause d'un cas de syndrome prémenstruel aigu. Si finalement elles s'effondrent, c'est parce qu'elles souffrent de dépression due à une nature vulnérable et que les médicaments devraient soulager afin qu'elles retrouvent une productivité capable de satisfaire les besoins de tous ceux qui les entourent.

Lorsqu'une société, ou un groupe d'individus, est confrontée à un problème donné, elle tente d'abord de rationaliser le problème en lui donnant une définition spécifique qui devient une véritable référence pour la compréhension et les approches ultérieures. Dans cette définition, on va décrire le problème, l'analyser, lui donner un nom :

en gros, on « l'apprivoise ». Une fois qu'une telle définition est établie et acceptée de tous, on va chercher à résoudre le problème. Ceux qui s'efforcent de trouver des solutions vont recourir à la définition précédemment établie pour guider leurs efforts, et par conséquent ces solutions vont naturellement refléter cette référence généralement acceptée et découler d'elle. Admettons à présent que la définition dudit problème soit erronée : il est raisonnable de penser que les solutions qui en résultent risquent elles aussi d'être inexactes et inadaptées.

Une approche qui chercherait à *réparer* la mère épuisée est un bon exemple de solution erronée, découlant d'une définition incomplète du problème de base, celui de la dépression maternelle.

Je ne cherche pas ici à entrer dans une discussion médicale sur les origines avérées de la dépression comme due à des déséquilibres hormonaux ou à des antécédents génétiques et donc héréditaires. Pouvons-nous cependant considérer la possibilité que l'expression de tels problèmes puisse être fortement influencée par le fait que tout individu est non seulement le résultat de facteurs physiologiques spécifiques certes, mais aussi de son interaction avec son milieu environnant ? Il serait important et judicieux de cesser de disqualifier le rôle du milieu... Je n'aspire pas à relancer dans ce livre le débat de l'hérédité contre l'environnement. Je souhaite en revanche encourager une remise en question de la définition du problème de la dépression et du stress maternel. Ne serait-il pas souhaitable de nous abstenir de « blâmer la victime » en ne considérant pas la dépression comme la cause de la détresse de beaucoup de mères, mais plutôt comme un symptôme, une conséquence d'un problème sous-jacent, peu reconnu et mal identifié parce qu'il remet en question un mythe culturel auquel il ne fait pas bon s'attaquer : le mythe de la mère parfaite.

Si vous avez choisi de lire ce livre, il est probable que vous êtes confrontée à des difficultés similaires à celles que je viens de décrire succinctement. Être mère est un travail exigeant, aux responsabilités considérables. Il est non rémunéré, et peu de soutien est offert par l'entourage de façon consistante pour mener à bien les responsabilités qui y sont associées. De plus, il inspire peu de respect. Cet état de fait est reconnu par beaucoup de femmes, mais il semble que bien peu d'entre elles soient prêtes à parler ouvertement des difficultés associées au fait d'être mère.

Pourtant, l'image de la mère d'aujourd'hui semble lisse et sans problème particulier. Beaucoup de mères paraissent fonctionner tout à fait bien et normalement. Dans les magazines et les publicités télévisées, les mamans sont superbes, en pleine forme et ont l'air de s'en sortir à merveille. Néanmoins, si l'on se donne la peine de regarder d'un peu plus près la réalité, on s'aperçoit que nombre d'entre elles ne ressemblent en rien à ces images médiatiques et vivent dans l'isolement, se sentant parfois comme prises au piège de leurs responsabilités. Et les pères alors ?, me demanderez-vous. Les pères tiennent en effet une place importante au sein de la famille sachant qu'ils peuvent avoir une influence bénéfique ou nocive suivant les cas. Par choix, j'ai cependant préféré, tout au long de ce livre, me focaliser sur l'expérience et le vécu des mères bien que je parle ponctuellement du rôle du père.

La dépression est un problème qui touche beaucoup les femmes en général et les mères en particulier. La division de recherche de l'Association américaine de psychologie spécialisée sur la condition de la femme a identifié le simple fait d'être mère comme un facteur de risque indépendant menant à la dépression, c'est-à-dire que la maternité à elle seule est reconnue comme ayant le fort potentiel d'augmenter les risques de développer un état dépressif plus ou moins grave. Lorsqu'une telle déclaration est présentée dans un congrès, elle suscite souvent des hochements de tête et des sourires d'approbation. Cependant, le public accepte une telle évidence comme normale, et personne ne s'y arrête vraiment afin de la remettre en cause.

Ce livre a pour but de remettre en question le stress de la mère que nous avons tendance à considérer comme « normal ». La souffrance, quelle qu'elle soit, physique, émotionnelle ou psychologique, n'a rien de normal ni d'acceptable, et celle d'une mère n'est pas plus recevable qu'une autre. Devenir mère apporte des satisfactions et des joies incomparables, mais cela peut être aussi vécu comme un lourd fardeau, accepté et revendiqué par la société comme légitime et dans l'ordre des choses.

Cela me conduit au second objectif de cet ouvrage qui est de m'adresser à notre inconscient collectif et d'encourager une prise de conscience de la part de chacun d'entre nous : je souhaiterais faire basculer certaines évidences culturelles et tenter de modifier le *statu quo* concernant notre perspective sur les réalités du vécu de la maternité. J'ai bon espoir qu'une telle réalisation pourra conduire à une meilleure compréhension, reconnaissance et validation du stress vécu par les mères. Cela permettrait aux professionnels de la santé et aux services sociaux de fournir aux femmes l'aide et le soutien qui leur sont nécessaires pour éviter la détresse engendrée par un état de stress chronique. C'est cet état d'épuisement physique et émotionnel que j'ai nommé le *burn-out maternel*, que j'aimerais maintenant décrire.

CHAPITRE PREMIER

Maman, pourquoi tu craques ? »

> « Lorsque Dieu créa la Mère, il en a probablement ri de satisfaction et décidé de ne plus y toucher tellement sa conception était riche, profonde, pleine d'âme, de puissance et de beauté. »
> Henry WARD BEECHER

Une journée comme les autres...

Six heures et demie du matin. Le réveil sonne, encore. Ou, devrais-je dire, déjà ? Je ne sais plus très bien lequel de ces mots reflète le mieux ma pensée à l'instant précis où, comme la plupart des matins, je saute du lit dans un état semi-comateux, avant de me lancer dans une course contre la montre. Dans ce sprint, ma victoire ne se mesure que par ma capacité à m'assurer que chacun de mes enfants, Léo, 9 ans, et Melody, 6 ans, arrive à l'école à l'heure, prêt à commencer une bonne journée !

D'abord, direction la salle de bains : douche, habillage, maquillage et petits à-côtés, tout cela au même rythme endiablé que les flashes de France Info qui me servent de minuteur implacable, me rappelant toutes les cinq minutes à quel point je semble traîner. La chose assez étrange est que, quelle que soit l'heure à laquelle je fais sonner le réveil, je finis toujours par prendre du retard à un moment ou à un autre (je n'ai pas encore réussi à identifier lequel...). Toujours est-il qu'en sortant de ma salle de bains je suis en général incollable sur l'actualité du jour (j'ai tout de même écouté en boucle trois cycles de flash-infos à la radio), mais stressée à l'idée du retard que j'accumule.

Je fonce dans la chambre des enfants et, selon les matins, je choisis dans mon répertoire de « techniques de réveil pour enfants », une méthode douce (distribution de bisous, de chatouilles ou version musicale du french cancan revue et corrigée par mes soins) ou une méthode un peu moins douce (selon les résultats obtenus avec la première méthode).

Je cours ensuite dans la cuisine pour préparer un petit déjeuner à peu près équilibré pour mon petit monde. Puis je fonce à nouveau dans la chambre pour voir qui est debout et qui est toujours endormi, sachant qu'un matin Melody avait réussi l'exploit d'être les deux en même temps ! Les minutes qui suivent sont en général à l'image de la routine matinale journalière. Sauf qu'il est difficile finalement d'appeler cela « une routine » dans la mesure où il se passe rarement la même chose deux jours d'affilée. Mis à part bien sûr ce sentiment familier de frénésie.

L'exploit consiste ensuite à obtenir que les deux enfants s'habillent dans des limites de temps raisonnables ! Une fois cette étape franchie avec succès, je jette un coup d'œil discret mais critique sur les habits choisis et enfilés. Pas d'aberrations de couleurs ni d'erreur de saisons (les robes d'été en plein mois de février, j'ai déjà vu !). Tout paraît propre. Pas de problème. La tournée des cartables se fait plus ou moins dans le calme sachant que tout le monde sait *par-fai-te-ment* que tout doit être rangé dans les sacs et prêt à partir la veille au soir... Les devoirs sont faits ? Oui, tout va bien. L'autorisation de sortie de classe pour la visite du musée Machinchose est-elle signée ? Non, mais qu'en ai-je fait ? Aucune idée ! Pas de panique ! Je cherche partout pour finalement trouver la feuille de papier en question tombée du comptoir derrière la gamelle du chien. Je signe. Je range. C'est réglé. Je finis tant bien que mal mes deux tartines et mon jus d'orange. Pas de temps pour le café...

L'horloge de la cuisine affiche 8 h 30. Incroyable, on a un peu d'avance ! Mon « On s'en va ! » de gala retentit. Léo arrive en râlant : aujourd'hui, il a gym et déteste la gym. Melody le suit de près. Tout le monde se retrouve sur le palier, y compris le chien qu'il faut sortir (eh oui, forcément !) et s'engouffre dans l'ascenseur à la taille « spéciale Schtroumpfs », *dixit* Melody, mais que tout le monde apprécie malgré tout (5e étage quand même !). Arrivée en bas, que vois-je ? Horreur ! « Melody, tes chaussures ! » Elle est en chaussettes, je n'arrive pas y croire... Et le chien qui commence à trouver le temps vraiment long ! C'est reparti pour le 5e. Je ne trouve plus les clés de l'appartement qui ont eu le temps de tomber au fond (mais vraiment tout au fond !) de mon sac et que je mets un temps fou à repêcher. Je sens la pression monter de manière inexorable, ma patience est en train d'atteindre des limites particulièrement avancées. J'essaie le mieux possible de garder le contrôle de mon ton de voix et de mes propos, mais je dois dire que cela devient de plus en plus difficile. Je respire à fond. Restons calme ! Melody cherche et trouve sa chaussure droite dans sa chambre sous le lit et la gauche dans la cuisine. Qu'est-ce que la seconde chaussure faisait dans la cuisine ? Surtout ne me le demandez pas. Je ne sais pas !

Si, peu de temps auparavant, nous avions de l'avance, il faut savoir que, maintenant, nous sommes carrément en retard ! Alors, c'est la course. Le raccourci du siècle découvert il y a deux mois nous sauve la mise une fois de plus. Léo et Melody arrivent à bon port et dans les temps de surcroît. Un dernier bisou, un sourire, et les voilà partis pour la journée. La vessie du chien n'a pas explosé. Tout va bien. Je me retrouve enfin seule dans la voiture. Soudain, c'est le silence et le calme, étonnantes sensations malheureusement trop rares... Je prends le temps de souffler un instant en pensant : « Et dire qu'il y en a qui ont trois, quatre enfants, voire plus... J'admire ! »

En écrivant ce parcours du combattant quotidien, je revis le stress qui accompagne ces matins pendant lesquels rien ne semble jamais se dérouler dans le calme et la sérénité. Mais je sais que mon expérience n'a rien d'unique ni d'extraordinaire : c'est le cas de beaucoup d'autres mères, même si les circonstances changent et que le scénario n'est jamais tout à fait identique. Ce qui semble commun à toutes les activités journalières d'une mère, c'est la frustration générée par les mille choses à faire en un temps record, les imprévus qui viennent tout chambouler, la fatigue qui s'accumule avec les contraintes matérielles. D'autant que la mère a parfois un entourage qui ne comprend pas le stress qu'elle ressent et qu'elle est isolée et peu soutenue dans ce qu'elle vit. Bien sûr, certaines femmes ne travaillent pas en dehors de la maison, mais cela veut-il dire que leurs mille et une tâches quotidiennes ne peuvent être considérées comme un travail à part entière ?

Marie, 35 ans, mère de deux enfants de 7 et 4 ans, travaille à temps plein comme ingénieur dans une société de services et doit mener de front sa vie professionnelle et sa vie familiale. Elle me confiait lors de l'une de nos rencontres : « À la naissance de mon fils aîné, j'ai choisi de ne pas travailler pendant un an afin de profiter de cette première année. C'était une expérience fabuleuse mais aussi très éprouvante : j'avais souvent l'impression que ma vie ne m'appartenait plus. Tout mon temps, toute mon énergie passaient dans mon rôle de maman, et ma vie semblait n'exister qu'au rythme de celle de Nicolas. Même si je vivais les moments les plus intenses émotionnellement et affectivement, je découvrais qu'ils étaient aussi les plus fatigants et les plus déroutants de mon existence. J'avais perdu tous mes repères, surtout ceux en rapport avec l'éducation des enfants. J'avais des idées bien précises, et puis plus rien : tout semblait s'être envolé en fumée. Il me fallait tout reprendre de zéro. J'avais aussi l'impression d'avoir perdu mon identité personnelle, comme si je n'existais plus par moi-même et pour moi-même.

« Le bilan de cette année a été très positif, mais plus que jamais, j'avais envie de reprendre une vie professionnelle en dehors de la maison. Pour moi, c'était une question d'équilibre personnel dans le sens où j'avais besoin de me retrouver moi-même dans une activité qui ne serait que la mienne et dans laquelle je pourrais me réaliser autrement qu'à travers mon enfant. J'ai plein d'amies qui ont ressenti ce même besoin et d'autres qui n'ont jamais souhaité retourner travailler. Mais dans presque tous les cas, le choix correspondait à un besoin d'équilibre bien précis. Cependant, ce retour à la vie professionnelle a été très dur pour moi. Surtout après la naissance de la deuxième, Zoé, car j'ai dû mener ma vie professionnelle et ma vie familiale de front.

« Je suis souvent fatiguée, épuisée même : j'ai l'impression d'avoir deux vies dont une seule des deux, ma vie professionnelle, est vraiment reconnue comme une réelle source de stress et de fatigue. Ma journée au travail est une chose, mais dès que je quitte le bureau, fatiguée de la journée que j'y ai passée, j'ai véritablement l'impression d'entamer une nouvelle journée à la maison, avec les deux enfants et la maison. Cette *journée*-là est peut-être plus courte en termes d'horaires, mais je vous garantis qu'elle est bien plus intense et bien souvent beaucoup plus éprouvante. Quand les enfants dorment enfin, je suis tellement éreintée que je ne rêve que d'une chose, me coucher. J'aimerais prendre un peu le temps de me détendre mais je n'en ai pas l'énergie... »

Nombre de mères peuvent s'identifier au récit de Marie ou au mien, avec quelques variantes certes. Nous sommes nombreuses à vivre des journées de marathon, jonchées d'embûches en tous genres sur lesquelles, la plupart du temps, nous avons peu de contrôle. Nous avons souvent l'impression, le soir venu, d'avoir vécu une demi-douzaine de journées en une seule, sur les rotules, les nerfs à fleur de peau et prêtes à échanger nos plus précieux trésors pour quelques heures ou mieux quelques jours (allez, osons !) sur une île totalement déserte (condition *sine qua non* !) perdue au beau milieu du Pacifique...

La vie d'une mère est ponctuée d'un millier d'événements et de situations stressantes, et pourtant, le stress maternel n'est pas particulièrement reconnu comme tel. Qu'une femme s'occupe de ses enfants, fait partie des acquis de notre société rarement remis en question. Il serait pourtant intéressant de revisiter certaines certitudes de notre culture et de considérer avec lucidité le stress lié à la maternité et ses conséquences, tant pour les mères que pour leurs enfants et la cellule familiale dans son ensemble.

Le stress de la mère ?
Mais de quoi parlez-vous ?

Dans un rare moment de calme, mon amie Christina et moi-même sommes assises le temps d'un café. Nos enfants respectifs, bons amis, jouent activement dans le jardin.

« Je suis inquiète, me dit-elle. J'ai complètement perdu l'appétit, je ne mange quasiment rien et je dors mal, même quand les enfants me laissent tranquille. J'ai été chez le docteur pour m'entendre dire que je suis stressée. Mais je ne comprends pas. Je suis à la maison avec les enfants. Ce n'est pas comme si je travaillais. »

Seulement du stress ? Seulement mère au foyer ? Une mère ne travaille pas ? Je me rappelais l'époque où, moi non plus, je ne comprenais pas le stress que je vivais au quotidien dans mon rôle de mère.

Le stress dont les mères font l'expérience au quotidien est, la plupart du temps, peu reconnu par leur entourage. Pourtant, les devoirs et responsabilités d'une mère sont multiples. Leur caractère incessant les rend d'autant plus éprouvants à long terme. Malgré cela, beaucoup ne perçoivent pas la maternité sous cet angle, en partie parce que leur entourage et la culture environnante ne leur en donnent pas l'opportunité.

Beaucoup de mères au foyer reconnaissent que leurs journées sont en général bien remplies et génératrices de frustrations et de stress en tous genres. Elles admettent même souffrir de symptômes importants allant des maux de tête aux insomnies en passant par les nausées, les crises d'anxiété, les vertiges et bien d'autres encore. Mais le plus souvent, ces femmes sont considérées par la société comme ne travaillant pas et, de ce fait, n'ayant ni les responsabilités ni les stress engendrés par un *vrai* travail. Ces mères ont souvent une opinion, quant à leur devoir maternel, qui se traduit par les propos suivants : « Je n'ai pas vraiment de raison de me sentir stressée, je ne fais que m'occuper des enfants après tout, ce n'est pas comme si je travaillais ! »

Pour la mère qui exerce une activité professionnelle, c'est différent. La culture environnante comprend et admet que son activité professionnelle soit stressante. J'ai rencontré de nombreuses mères qui travaillent et jugent normal d'être stressées par leur activité professionnelle ou par l'accumulation de deux activités (professionnelle et familiale). Elles ont cependant beaucoup plus de mal à reconnaître les stress engendrés par leurs responsabilités de mères. Un peu comme si toutes les activités d'une maman ne pouvaient être qu'un moment de bonheur, surtout pas un travail, et, de ce fait, ne pouvaient ni ne devaient être considérées comme stressantes.

J'ai moi-même cessé de travailler pendant la première année de mon fils Léo, et j'ai ensuite repris une activité professionnelle. J'ai appris, en parlant aux autres mères, que toutes les femmes, celles qui travaillent et celles qui restent au foyer, doivent faire face à des stress. Il est vrai que c'est la nature même de notre rôle de mères, mais est-ce là une raison suffisante pour occulter l'existence, l'importance et l'impact de ces stress maternels... ?

« Être mère a toujours semblé si simple pour ma propre mère, me confiait Hélène mère de trois enfants âgés de 2, 4 et 7 ans. La vie d'adulte en général et celle de mère en particulier s'avèrent beaucoup plus difficiles et complexes que ce à quoi je m'attendais. Il y a des jours où le bonheur et le bien-être de tout le monde semblent dépendre uniquement de moi. Quand on est mère, il faut donner, donner et donner encore. Même si l'on souhaite apporter à sa famille le meilleur de soi-même, donner peut être particulièrement stressant. Mais personne ne semble s'en rendre compte : comme si donner de façon inconditionnelle était un acquis. C'est dans l'ordre des choses, c'est la nature qui l'a voulu ainsi, nous sommes des mères, et une mère se doit de donner sans compter... »

Anna, mère de deux adolescentes, m'expliquait à quel point il lui est difficile de *lâcher prise* : ses deux filles sont en train de devenir des femmes. « Les laisser grandir et être indépendantes est terriblement stressant pour moi, m'a-t-elle confié. Tout ce que je souhaite, c'est qu'elles sachent prendre les bonnes décisions parce qu'à présent chacun de leurs choix est important, et les conséquences peuvent durer toute leur vie. Ce qui est dur pour moi, c'est la sensation d'avoir de moins en moins d'influence sur ces choix. J'aimerais leur faire partager mon expérience, leur communiquer ce que j'ai appris au fil des ans, mais un fossé s'est creusé entre nous quand on en vient à cette fameuse expérience ! Dans leur tête, elles savent tout, et moi je ne comprends rien. Je me rappelle avoir eu la même attitude quand j'avais 16 ans et je me souviens aussi d'avoir eu le temps de la regretter par la suite... Mais rien n'y fait, je n'ai pas d'autre alternative que d'accepter de les laisser grandir à leur rythme. Je suppose que c'est ça aussi être une maman... » L'expérience d'Anna a finalement mal tourné. Usée par le stress et sa difficulté à communiquer avec ses filles, elle a baissé les bras. Ne sachant plus comment s'y prendre et lasse de se battre pour obtenir ce qu'elle souhaitait de ses filles, elle les a laissées livrées à elles-mêmes. Sa fille aînée a fait une fugue de trois semaines durant lesquelles Anna a sombré dans le désespoir.

Vanessa, expert-comptable et maman de deux jeunes garçons de 6 et 10 ans, m'explique que son esprit très méthodique ne supporte guère l'imprévu et le manque d'organisation : « Le matin quand je me lève, j'ai une liste précise des choses que je veux accomplir dans la journée. Rien n'est plus frustrant pour moi que d'arriver à la fin de la journée et de ne pas être parvenue à faire quoi que ce soit parce que ma journée s'est résumée à une série d'imprévus. Prenez par exemple Joey qui s'est réveillé l'autre matin avec 40° de fièvre et des boutons partout. Ma journée était complètement bouleversée, et mes dossiers du jour sont restés fermés. Ce qui m'a valu un retard considérable dans mon travail. Gregory a bien sûr suivi de près son frère dans cette aventure boutonneuse, et ce fut une semaine entière totalement chamboulée ! Moi qui aime que tout soit impeccable, que rien ne traîne, ni le moindre petit chiffre ni la moindre petite virgule, et que les débits soient toujours égaux aux crédits, la maternité s'est chargée de me faire découvrir la vie différemment ! Je voulais avoir des enfants, certes, mais je ne voulais pas que ma vie change de façon aussi radicale. J'aurais aimé continuer d'être libre et de faire ce qui est important pour moi sans que cela soit un problème. J'ai vite appris qu'être mère, c'est tout sauf cela ! »

J'ai rencontré des mères de milieux aisés et d'autres de milieux modestes, des mères qui venaient tout juste d'avoir leur premier enfant ainsi que des grand-mères, des mères avec un seul enfant, ou d'autres qui en ont eu quatre ou cinq, des mères au foyer ainsi que des mères avec deux emplois pour subvenir aux besoins de leur famille, des mères célibataires et d'autres comblées par leur mariage car leur mari leur apportait le plus grand soutien. Quelles que soient les circonstances de vie d'une mère, la simple allusion aux mots « maternité » et « stress » conduit invariablement à un flux d'émotions et d'histoires en tout genre. Quand il s'agit du stress lié à la maternité, la plupart des mères reconnaissent en avoir fait l'expérience, même si certaines sont réticentes à l'admettre. Il est important de parler de ce stress. Il est important de mieux le comprendre.

Être mère donne à vivre des moments merveilleux et irremplaçables, mais il s'agit bien plus que de jouer avec les enfants toute la journée. C'est un véritable travail qui peut être dur et éprouvant, tant sur un plan physique que psychologique et émotionnel. C'est un travail important aux implications non moins importantes. C'est pourquoi il est primordial de mieux comprendre le type de stress qui s'y rattache.

Lorsque l'on regarde d'un peu plus près le problème, on découvre que le stress vécu par les mères peut avoir des conséquences particulièrement néfastes. J'aborderai d'ailleurs en détail ces conséquences dans un autre chapitre, mais je tiens à souligner pour l'instant que le problème du stress maternel est jusqu'à présent un « problème sans nom » malgré sa prévalence et son impact parfois vécu secrètement, dans l'isolement, voire la détresse lorsque le stress aboutit à la dépression. Je parle de « problème sans nom » parce que finalement les facteurs de stress associés aux responsabilités maternelles sont abordés de façon assez vague dans les médias et sont en général mal définis. Cela le rend plus difficilement identifiable et de ce fait beaucoup plus délicat à comprendre et donc à prévenir.

Le phénomène de burn-out

L'étude du stress et de ses conséquences est le sujet dans lequel je me suis spécialisée durant mes études de doctorat en psychologie aux États-Unis. Quel meilleur endroit que ce pays pour étudier un mal dont la population reconnaît souvent d'elle-même souffrir grandement ? Ce fut une expérience particulièrement intéressante. Depuis lors, tenter de mieux comprendre ce qu'est le stress, comment le définir et le prévenir, a réussi à capter toute mon attention car il suffit de regarder autour de nous pour voir les ravages que peut engendrer ce problème.

La majeure partie de ma recherche pendant ces huit dernières années s'est principalement focalisée sur une certaine forme de stress communément appelé en anglais *burnout*. Ce terme de *burn-out* ou *syndrome d'épuisement* commence à être utilisé dans la langue française pour désigner un type de stress surtout reconnu et étudié dans les milieux professionnels. On peut dire que le *burn-out* appartient à la même famille que le stress, mais n'en est pas synonyme.

Le stress fait référence à l'ensemble des manifestations physiques et psychologiques qui s'opèrent en nous, en réponse à l'action d'un stresseur en particulier. Un « stresseur » est tout ce qui peut déclencher une réponse d'adaptation de la part de notre système nerveux. Il peut s'agir d'un train manqué, d'un téléphone portable qui tombe en panne au milieu d'une conversation importante, ou d'une dispute avec un supérieur ou un conjoint. Nous percevons ces stresseurs comme des agressions pouvant porter préjudice soit à notre confort, soit à notre sécurité, et notre corps se met alors dans une sorte d'état d'alerte pour assurer sa protection : nos muscles se contractent, notre rythme cardiaque s'accélère et nos pupilles se dilatent. Nous sommes prêts à l'action pour nous défendre : c'est la réaction de fuite ou de combat (« *fight or flight response* ») décrite par Walter Cannon en 1929[1]. Le

---

1. W. B. Cannon, *Bodily Changes in Pain, Hunger, Fear and Rage*, New York, Branford, 1929.

stress constitue donc une réaction de notre corps face à un ou plusieurs stresseurs plus ou moins importants, graves ou menaçants.

Le *burn-out* désigne plutôt un état psychologique, émotionnel et physiologique résultant de l'accumulation de stresseurs variés, caractérisés par une intensité modérée et un aspect chronique et répétitif. L'état de *burn-out* n'est pas consécutif à un seul ou même deux ou trois stresseurs. Contrairement à une réaction de stress qui va être ponctuelle et immédiate, le *burn-out* trouve ses racines dans le temps, c'est-à-dire qu'il va se manifester en réponse à une quantité de stresseurs qui se répètent continuellement et s'inscrivent ainsi dans la durée. Le *burn-out* est ainsi quelque peu comparable au montant total d'une longue addition.

Il est donc plus juste de voir le *burn-out* comme une sorte d'aboutissement, de conséquence de réactions de stress quotidiens qui finissent par *user* et *épuiser* l'individu. Se manifestent alors des symptômes physiologiques et psychologiques spécifiques, plus ou moins intenses, qui deviennent particulièrement dérangeants et handicapants pour son fonctionnement personnel et celui du contexte dans lequel il se trouve.

Parce que ce concept et toute la recherche portant sur le *burn-out* depuis ces vingt dernières années sont actuellement liés aux organismes professionnels, ma recherche sur le sujet s'est limitée pendant quelque temps à ce type de contextes. Une avancée en cette matière m'a fait pourtant prendre conscience que notre compréhension et nos connaissances actuelles du *burn-out* pouvaient s'appliquer à des domaines autres que professionnels : en l'occurrence à celui de l'expérience de la mère.

Une meilleure connaissance des faits pour une meilleure compréhension des émotions

Avant d'aller plus loin, il me semble important d'expliquer et de décrire brièvement le concept du *burn-out* afin qu'il soit plus facile, par la suite, de comprendre dans quelle mesure il peut s'appliquer à l'expérience de la mère.

Puisque à l'origine le phénomène de *burn-out* trouve ses racines dans les milieux professionnels, c'est donc dans ce type de contexte que je vais tout d'abord le décrire pour ensuite le transposer dans un contexte en apparence différent, celui de la maternité. J'insiste sur le terme *en apparence*, puisque je compte démontrer le parallèle entre les facteurs de stress menant au *burn-out* reconnus dans les milieux professionnels et ceux présents dans le travail et les responsabilités d'une mère.

Au départ, le *burn-out* était reconnu essentiellement dans les milieux professionnels où les exigences imposées par certaines responsabilités, surtout celles de nature relationnelle, peuvent mener à une réponse affective répétitive caractérisée par :
— un épuisement émotionnel et physique,
— un sentiment de distanciation vis-à-vis du travail et du contexte qui y est associé,
— et finalement une tendance de la part de l'individu à minimiser ses accomplissements passés et à ne plus se sentir à la hauteur des responsabilités qui lui ont été confiées.

Aux États-Unis, ce phénomène de *burn-out* a tout d'abord décrit l'expérience des avocats travaillant dans les milieux défavorisés et qui, après des années d'exercice, se trouvaient dans un état d'usure et d'épuisement physique et psychologique important. Ces professionnels, qui avaient entamé leur carrière avec dévotion, finissaient par adopter une approche cynique, distante et critique vis-à-vis de leurs clients. Certains sombraient dans la dépression pendant que d'autres quittaient la profession, sans compter les taux de suicides élevés.

Ces réponses affectives correspondent aux différents stades qui définissent le modèle théorique du *burn-out*. Ce modèle, élaboré par le Dr Christina Maslach[2] dans les années 1980, décrit le *burn-out* comme un phénomène résultant d'un processus multidimensionnel défini par trois composantes principales, qui se présentent sous la forme des stades successifs suivants :

1. Épuisement émotionnel et physique.
2. Dépersonnalisation ou distanciation.
3. Reniement des accomplissements passés, présents et futurs et baisse de la productivité.

Regardons à présent de plus près chacun de ces stades, en observant avec attention les circonstances qui y conduisent, et la façon dont ils se succèdent.

— *L'épuisement émotionnel et physique* :
La première phase du *burn-out* est celui de *l'épuisement émotionnel*. Ce stade est caractérisé par une absence quasi totale d'énergie émotionnelle qui se répercute sur la vitalité physique de l'individu. Les personnes susceptibles d'être confrontées à ce genre de problème sont le plus souvent engagées dans des activités qui épuisent leur « capital » énergie. La plupart du temps, leurs occupations exigent d'elles qu'elles donnent aux autres, au travers de leurs responsabilités, de

---

2. C. H. Maslach, « Understanding *burn-out* : Definitional issues in analyzing a complex phenomenon », dans W. S. Paine (Eds), *Job Stress and Burnout*, Beverly Hills, CA, Sage, 1982.

façon quasiment inconditionnelle et continuelle. Elles vont puiser constamment dans leurs ressources d'énergie personnelle la force dont elles ont besoin pour mener leurs tâches à bien. Ces ressources n'étant pas illimitées, elles finissent par s'épuiser et ne parviennent alors plus à donner d'elles-mêmes. Elles sont vidées, « au bout du rouleau », sans opportunité apparente de se ressourcer.

Le contexte environnant exige cependant que cette personne continue de donner toujours plus et mieux, bien qu'elle se sente dans l'incapacité de fournir des efforts qui demandent une énergie qu'elle n'a plus. De plus, elle se sent incapable de recharger ses batteries en se relaxant, car les occasions sont rares. Finalement, la fatigue émotionnelle et physique devient presque constante et telle que les réveils, le matin, sont difficiles et que la simple idée de devoir affronter une nouvelle journée dans ces conditions semble insurmontable. La personne n'en peut plus...

Cet épuisement physique et émotionnel est malheureusement commun dans le monde médical, surtout chez les infirmières dont les responsabilités exigent qu'elles s'occupent constamment de personnes en souffrance. De par leur profession, on attend qu'elles donnent constamment pour soigner, écouter, rassurer et épauler dans l'épreuve. Chaque jour est semblable au précédent, et, lorsqu'un patient s'en va, un autre vient le remplacer. Les infirmières puisent indéfiniment dans leur capital énergie pour faire face aux exigences de leur profession. Les situations auxquelles elles sont confrontées sont généralement lourdes en émotions diverses, sans compter qu'elles obtiennent peu de reconnaissance en retour.

Après des mois, voire des années de travail, certaines infirmières sont *usées*, épuisées et en viennent à redouter chaque nouvelle journée où elles devront se surpasser pour trouver l'énergie nécessaire à travailler. « Dès mon réveil, j'ai un nœud dans l'estomac, me confiait une infirmière travaillant dans le service d'oncologie d'un grand hôpital. La simple idée de devoir retourner dans mon service m'angoisse totalement. Je ne peux plus supporter de voir des gens souffrir et parfois mourir. C'est important que je sois aimable et souriante pour eux et je voudrais tellement les soulager, mais je n'en ai plus ni la force ni la volonté. J'ai juste envie de rester dans mon lit et d'oublier tout ce qui se passe à l'hôpital. »

Vidée de son énergie, la personne va cependant être capable de tolérer cette situation pendant une période plus ou moins longue. Par la suite, elle va sentir instinctivement qu'à moins de se soustraire du contexte dans lequel elle se trouve, elle va devoir trouver un moyen efficace lui permettant de tenir le coup et d'assumer ses responsabilités. Ce qu'elle sait, plus ou moins consciemment, c'est qu'elle ne peut plus continuer dans ces conditions. Elle doit, d'une façon ou d'une autre, se protéger de la pression qui l'entoure afin de reprendre son souffle et de préserver le peu d'énergie qui lui reste. La personne va alors progressivement rentrer dans la deuxième phase du *burn-out*, la phase de « dépersonnalisation » ou de « distanciation ».

— *Dépersonnalisation ou distanciation* :
À ce stade de *distanciation*, l'individu sait exactement ce que l'on attend de lui tout en se sentant peu capable de fournir les efforts nécessaires. Il voudrait être à la hauteur de sa tâche mais n'en a ni la force ni la motivation. Il s'est beaucoup investi dans un travail qui exige qu'il offre le meilleur de lui-même à ceux qui comptent sur lui, mais qui lui donnent peu en retour. Ses responsabilités ont demandé beaucoup de son temps et de son énergie, et il se retrouve vidé, épuisé et démotivé. Pour surmonter le problème, il sent intuitivement

qu'il lui faudrait s'arrêter et s'éloigner des facteurs environnants responsables de son épuisement, mais cette option n'est pas viable : il n'est pas pensable qu'il parte changer d'air, il est contraint de rester et d'être fonctionnel.

Le problème, c'est qu'il n'a pas l'énergie physique ni émotionnelle pour être aussi productif que par le passé : il va donc mettre au point spontanément un mécanisme de défense personnel afin de ne plus « gaspiller » son énergie. Il établit des barrières émotionnelles entre lui, les personnes avec lesquelles il interagit et les situations susceptibles d'exiger trop d'énergie de sa part. Ces limites émotionnelles vont se présenter sous la forme d'une attitude négative et détachée envers toutes personnes et/ou situations « mangeuses » d'énergie. Reprenons l'exemple des personnes dont la profession est de s'occuper constamment des autres et de leurs problèmes, comme les infirmières ou les assistantes sociales. Dans leur cas, cette phase de *dépersonnalisation* se traduit par une distanciation voulue d'avec leurs patients ou leurs clients qui sont relégués au rang d'objets. Pour illustrer cela, je citerai l'exemple d'infirmières interviewées lors d'une évaluation de *burn-out* dans un hôpital et qui m'expliquaient comment la gentille Mme Smith, âgée de 41 ans, mère de deux adolescents et qui souffrait d'une tumeur au foie, était tristement devenue « le cancer du foie de la chambre 14... ».

Beaucoup d'individus dont l'activité principale est de s'occuper des autres et de veiller à leur bien-être physique et psychologique ont tendance à s'investir émotionnellement et à se sentir concernés par ce qui arrive à ceux dont ils s'occupent. Pour être capable d'aider les autres, il est important d'éprouver ce qu'ils ressentent et de se mettre à leur place, même si cette place est inconfortable. Cette approche dite « empathique » paraît indispensable pour apporter l'aide dont les autres ont besoin, mais elle demande une dépense d'énergie importante à long terme. La personne qui cherche à préserver et protéger son énergie va plus ou moins consciemment cesser de ressentir et de comprendre ce que vivent les autres. Si le patient ou le client est considéré et traité comme un objet, il ne justifie pas d'intérêt particulier, et il devient alors facile de s'en occuper sans s'investir émotionnellement. Les fuites d'énergie deviennent minimales, et la personne qui cherche à ménager ses forces physiques et émotionnelles se satisfait d'un tel arrangement qui lui permet de mener à bien les tâches qui lui incombent sans s'épuiser émotionnellement.

Cette attitude de distanciation est le plus souvent accompagnée d'une perte d'idéalisme importante qui peut, à son tour, amener à des prises de conscience douloureuses et négatives.

— *Reniement des accomplissements passés, présents et futurs/ baisse de la productivité* :
Lorsqu'une personne se lance dans une activité professionnelle, elle a le plus souvent une idée relativement précise quant à la manière dont cette activité va pouvoir l'enrichir et à la contribution positive qu'elle va pouvoir apporter. En effet, la nouveauté est presque toujours empreinte d'un certain idéalisme, surtout si l'activité en question est à caractère social. Cependant, lorsque le contexte dans lequel une personne évolue la conduit à faire l'expérience de la première phase du *burn-out* puis de la deuxième, elle en vient à prendre conscience de l'écart qui se creuse progressivement entre l'idée qu'elle se faisait de son travail et la réalité présente telle qu'elle la perçoit. Cette confrontation difficile conduit l'individu à faire une comparaison tout aussi difficile entre ce qu'il voulait être (dans un certain domaine) et ce qu'il considère être devenu. Lorsque l'écart entre les deux est jugé trop

important, l'image et l'opinion de soi deviennent négatives au point de faire passer l'individu dans le troisième et dernier stade du *burn-out*, celui du *reniement des accomplissements passés, présents et futurs/baisse de la productivité*.

« Je voulais être assistante sociale depuis que je suis toute petite. Quand je suis entrée dans la profession, j'étais fière et je voulais changer la vie des gens, mais avec le temps, je me suis rendu compte que les changements que j'apportais étaient toujours limités et éphémères. Je me suis investie à fond dans ce métier, mais je ne suis pas sûre que cela ait servi à grand-chose. Tout mon enthousiasme a disparu et, aujourd'hui, c'est moi qui ai envie de changer de vie... »

À ce stade, si le décalage qui existe entre ce que la personne aurait souhaité devenir en tant que professionnelle et ce qu'elle est devenue est perçu comme négatif, l'heure est à l'autocritique. Elle va avoir tendance à minimiser ses accomplissements passés, présents et à venir. Elle va passer outre ses contributions positives, et même si elle est consciente du succès de certaines de ses entreprises, elle risque d'en minorer l'impact. Cette personne va commencer à sous-estimer ses compétences et ses capacités, risquant ainsi de perdre sa confiance en soi et en ses jugements. Le constat d'échec peut être sévère et donc potentiellement subversif. Chaque nouveau projet ou tâche entreprise paraît insurmontable, et ce qu'elle parvient à accomplir peut lui sembler insignifiant et dépourvu d'originalité. Finalement, elle perd confiance dans le fait qu'elle est capable de contribuer positivement à l'évolution de sa propre vie et de celle des autres par le biais de ses responsabilités, le pire étant qu'au fur et à mesure qu'elle perd cette confiance en elle ceux qui l'entourent finissent par en faire de même.

Voyez plutôt le témoignage d'une jeune psychologue souffrant de *burn-out* : « Je consulte depuis trois ans dans une cellule de soutien psychologique pour les familles démunies. Au départ j'étais enthousiaste, passionnée, tolérante et humaine, et je suis devenue cynique, brutale dans mes propos et indifférente en l'espace de deux ans et demi. J'ai seulement 28 ans et j'ai développé un ulcère à l'estomac à force de travailler dans des conditions de crises permanentes. J'en suis même arrivée à boire pour essayer de mieux me détendre et dormir, à me bourrer d'anxiolytiques et à profiter de toutes les occasions possibles pour me faire mettre en arrêt de travail. Pour faire face chaque jour, je me suis convaincue que je devais accomplir ce travail de la même manière que j'accomplirais un travail de caissière ou un boulot à l'usine. Je commence à me rendre compte qu'il me faudrait lâcher prise et m'éloigner de cette profession pendant quelque temps afin de ne plus avoir à gérer constamment les problèmes des autres. Je ne supporte plus d'arriver au travail angoissée. Pour moi, c'est un véritable constat d'échec en tant que thérapeute que d'admettre l'état dans lequel je suis et le fait que je ne sois apparemment pas capable de faire face aux pressions de mon métier. D'ailleurs mes supérieurs ne me font plus confiance car les patients se sont plaints. Malgré cela, je n'arrive pas à rectifier le tir. »

Lorsque le troisième stade du *burn-out* est atteint, l'individu est déjà affaibli psychologiquement, physiquement et émotionnellement. Il va investir de moins en moins de temps et d'énergie dans un travail qui l'use progressivement et il finit par ne faire que le strict minimum. Non seulement il en fait le moins possible, mais la qualité de son travail se dégrade rapidement. Produire un travail de qualité demande du temps, de l'effort, de la motivation, de la créativité et un investissement personnel important, et l'individu victime du *burn-out* n'est plus capable de faire don de telles qualités.

Le modèle du burn-out *appliqué à l'expérience de la mère*

La question à présent est : dans quelle mesure ce phénomène du *burn-out* est-il applicable à l'expérience maternelle ? Il y a quelques années de cela, un concours de circonstances m'a conduite de façon inattendue à faire un parallèle entre le sujet de ma recherche, le *burn-out* en milieu professionnel, et mon expérience de mère. Cette expérience personnelle a changé ma perception du *burn-out* en en élargissant les applications.

Mes enfants, Léo et Melody, avaient alors respectivement 5 ans et 2 ans. Un dimanche matin, j'étais seule avec eux, fatiguée par des nuits trop brèves : Léo et Melody ne faisaient pas partie de ces enfants merveilleux qui dorment la nuit d'une seule traite, du sommeil tranquille et réparateur décrit dans les livres, et qui sont souvent considérés comme le résultat d'une d'éducation réussie. Dans ce domaine, j'avais clairement échoué, et pourtant ce n'était pas faute d'avoir essayé toutes les techniques possibles et imaginables... Pour ma défense, aussi bien Léo que Melody avaient eu des problèmes de santé relativement importants qui avaient sérieusement perturbé leurs nuits durant leur première année de vie, et bien que ces ennuis de santé aient par la suite disparu leur sommeil était resté de mauvaise qualité.

Ce matin-là donc, après un petit déjeuner agité où les batailles de céréales avaient fait rage, Léo et Melody jouaient dans le salon pendant que je m'attaquais à la tâche rébarbative de la lessive quotidienne. Penchée sur la machine à laver, je triais mon linge et j'entendais, depuis l'autre bout de la maison, mes deux chérubins commencer à se disputer. Je sentis alors la tension monter en moi, proportionnellement à l'intensité des cris. Encore une fois, j'étais épuisée par le manque de sommeil et un rythme de vie quelque peu endiablé, et mes capacités à gérer calmement cette dixième crise (au moins !) depuis le réveil étaient quasi inexistantes. Ce qui devait arriver arriva : les cris des enfants se transformèrent en hurlements, et l'apothéose fut le bruit sourd d'un corps qui atterrit sur le sol, suivi de cris stridents : c'était Melody, dotée de cordes vocales toniques ! À ce tohu-bohu succédèrent les appels désespérés de Melody et les vociférations de Léo qui clamait bien évidemment son innocence. Je lâchai alors un profond soupir de lassitude à l'idée de devoir arbitrer cette nouvelle dispute. Je ressentais une sensation de vide que je connaissais bien : j'étais comme paralysée par ma fatigue. J'avais envie de partir en courant pour échapper aux cris qui ne se calmaient pas. « J'en peux plus, c'est comme ça tous les jours… Je n'en peux vraiment plus », me répétais-je en silence.

Je sentis ensuite une sorte de détachement presque effrayant vis-à-vis du mini-drame qui se déroulait à quelques mètres de moi et dont les principaux acteurs se trouvaient être mes propres enfants. Melody, qui hurlait toujours aussi fort, s'était peut-être fait mal, et mon instinct maternel ne supportait habituellement pas l'idée qu'elle ait pu se blesser sans que j'intervienne. Mais cette fois-ci, j'étais totalement indifférente à ce qui se déroulait sans le salon : je ne ressentais rien, ni colère, ni angoisse, ni sentiment d'urgence, ni quoi que ce fût d'ailleurs. Comme je l'avais fait mille fois dans le passé, j'aurais dû être là pour aider, consoler, gérer la dispute et calmer les esprits, et pourtant je ne bougeai pas et n'en avais d'ailleurs pas la moindre intention. Je n'avais pas l'énergie pour faire face à ce problême : il m'aurait fallu trouver au plus profond de moi des ressources que j'avais l'impression de ne plus avoir. Je me souviens alors de m'être dit : « De toute façon elle ne tombera pas plus bas, et puis d'ailleurs, ça m'est égal. » Sur ce, je me remis à trier mon linge avec l'impression d'être devenue totalement sourde aux cris et aux pleurs qui continuaient de plus belle.

Quelques longues minutes s'écoulèrent sans que je change d'état d'esprit. Finalement, la fin de ma tâche ménagère me sortit de ma torpeur. Je commençai alors à réfléchir sur ce qui venait de se passer et je me rendis compte que ce n'était pas la première fois que je faisais l'expérience de telles sensations. Elles se répétaient assez fréquemment en fait, et je me demandai comment j'avais pu en arriver là. Comment pouvais-je avoir des pensées aussi froides ? Comment en étais-je arrivée à ignorer ce qui pouvait arriver à mes enfants ? Tout cela me semblait si loin de la mère idéale que j'avais rêvé d'être et que j'avais si promptement revendiquée lors de mes grossesses.

Qu'était-il devenu de la maternité épanouissante que je m'étais promise ? La réalité était tellement différente. Toutes mes amies qui avaient des enfants semblaient si bien s'en sortir, elles ! Il fallait bien que je me rende à l'évidence : mon incompétence était incontestable, le meilleur de moi-même ne suffisait pas, et la sentence finale se résumait en ces quelques mots : « Je suis une mauvaise mère. » Tout m'apparut s'effondrer autour de moi, et puisque les mères dans mon entourage semblaient ne pas connaître un tel drame, je pensais que ce sentiment d'échec devenait inavouable.

En analysant d'un peu plus près cette situation récurrente au cours des derniers mois, je remarquai une progression intéressante dans mes émotions et mes réactions :

d'abord l'épuisement psychologique et physique, suivi d'un détachement émotionnel vis-à-vis de mes deux enfants, lui-même suivi d'un reniement de ce qui était positif dans ma vie de mère, pour finalement arriver au jugement négatif que je m'infligeais en me persuadant que j'étais une mauvaise mère. Je découvris soudainement un parallèle entre les différentes émotions que je venais de vivre et le modèle théorique du *burn-out* sur lequel je faisais mes recherches.

Il est vrai que la théorie actuelle du *burn-out* est principalement appliquée aux contextes professionnels, mais en aucun cas il n'est spécifié qu'elle devrait s'y limiter. Le modèle du *burn-out* « collait » parfaitement avec ce que je vivais au quotidien dans mon rôle de mère. La progression des effets du stress était la même que celle décrite par la théorie du Dr Maslach, et les conséquences paraissaient similaires. Mes responsabilités de mère étaient génératrices d'un état de stress bien particulier dont l'impact à long terme était très lourd. L'épuisement physique et émotionnel que je ressentais était bien réel, mais j'avais à présent une meilleure compréhension du pourquoi et du comment, ce qui me donnait les moyens nécessaires pour gérer mes émotions et la culpabilité dont les conséquences étaient négatives pour mon entourage et moi-même.

Cette découverte changea ma perspective sur mon expérience de mère et me permit de faire certains ajustements dans ma vie de tous les jours qui s'avérèrent efficaces et rassurants. Néanmoins, cette prise de conscience était finalement très personnelle, et rien ne me permettait de penser qu'il était raisonnable de généraliser mon expérience à celle des autres mères. Curieuse cependant de savoir si d'autres femmes se reconnaîtraient dans ce que j'avais déjà appelé le *burn-out maternel*, je décidai de donner une nouvelle dimension à ma recherche en en élargissant les délimitations. Je commençai par dévorer les livres sur le stress maternel puis me lançai dans une multitude d'interviews auprès de mères qui se montrèrent toujours très intéressées par l'idée d'échanger sur leurs stress quotidiens.

Je me souviens de ma toute première opportunité de discuter de ce sujet. Dawn, une amie proche, qui ce jour-là se sentait particulièrement déprimée suite à un week-end assez dur avec ses trois enfants, m'avoua : « Je suis à bout. Je les aime plus que tout, mais c'est si dur parfois que j'ai envie de tout quitter, de disparaître un soir et de ne plus jamais revenir. Je sais que je ne le ferai jamais car je ne supporte pas l'idée d'être loin d'eux. C'est complètement contradictoire. Je ne peux pas imaginer la vie sans eux et pourtant, parfois, j'aimerais qu'ils ne soient jamais nés... Quand je crie sur mes enfants, c'est parce que je n'ai plus la force de faire autrement et quand je vois leurs regards tristes en retour, je me sens minable ! Comment est-il possible de penser des choses aussi horribles ? J'ai honte. »

Les émotions de Dawn me paraissaient familières. Je lui décrivis alors les différents stades du *burn-out* et le parallèle qui me semblait patent avec son expérience. Son visage changea d'expression. « C'est exactement ça ! Je n'arrive pas à croire que toutes ces pensées qui me traversent l'esprit puissent être décrites aussi simplement. Je ne suis donc pas seule à ressentir ces émotions ? Est-ce là un phénomène normal et reconnu ? » Je lui assurai que de telles émotions pouvaient être causées par les stress qu'une mère rencontre quotidiennement, mais que cela n'était pas pour autant reconnu. Elle m'encouragea à aller plus loin dans ma démarche pour mieux comprendre l'expérience du stress maternel. « Il faut parler de notre expérience de mère pour que l'on n'ait plus à la vivre dans la solitude, par peur d'être mal jugée et que le reste du monde arrête de nous regarder comme des bêtes curieuses dès qu'on craque ! »

L'idée depuis a fait son chemin. J'ai rencontré, interrogé et vu en thérapie un grand nombre de mères qui se sont reconnues dans le *burn-out* que je décrivais et qui osaient avouer pour la première fois des sentiments qu'elles cachaient, parce qu'elles les jugeaient condamnables. La solitude de certaines de ces femmes était parfois vécue dans la détresse : elles étaient persuadées qu'elles étaient seules à vivre et à ressentir de telles émotions, et elles pensaient ne pas être à la hauteur de leur rôle de mères. Leur détresse les avait parfois menées à des états de dépression dont elles se jugeaient responsables, de par leur incompétence et leur faiblesse.

Ces témoignages m'ont permis, avec le temps, d'adapter la description du modèle du *burn-out* à l'expérience de la mère. Chacun des stades du *burn-out* que j'ai décrits précédemment – soit celui de *l'épuisement émotionnel*, de la *dépersonnalisation/distanciation* et du *reniement des accomplissements passés, présents et futurs/baisse de la productivité* – a trouvé sa place dans cette nouvelle description.

Odile, mère au foyer de deux enfants de 7 ans et 3 ans, me confiait combien elle se reconnaissait dans les trois phases du *burn-out maternel* : « C'est vraiment incroyable l'énergie qu'il faut pour être une maman ! Debout à l'aube, mes journées ressemblent à des marathons qui ne me laissent pas un instant pour souffler. Entre les courses, le ménage, les lessives, les repas et les visites chez le docteur. Ajoutez à cela les "Non, je veux pas !", les caprices, les cris, les disputes, les bêtises qu'il faut réparer, sans compter les trois paires de mains et d'yeux qu'il me faudrait avoir pour arriver à tout faire en même temps et que je n'ai pas... Le soir quand je me couche je suis absolument vannée ! Et le lendemain, ça recommence ! Cela fait sept ans que ça dure et ça s'est multiplié par deux depuis la naissance de Marie. Les enfants ne voient pas ma fatigue. En fait, ils ne s'en rendent même pas compte, et je ne peux pas leur en vouloir. Ils tirent sur la corde sans comprendre que j'ai des limites qu'il faudrait ne pas dépasser. Tout le monde attend de moi que je sois partout en même temps, un peu comme si j'étais superwoman. Mais voilà, je ne suis pas superwoman, et apparemment cette réalité ne convient pas à tout le monde. Alors je donne, je donne et je donne encore sans compter car, de toute façon, les enfants ne savent pas compter ! Mais quand mes batteries sont à plat, elles le sont vraiment. J'ai l'impression d'être entièrement vidée de mon énergie. Je n'ai plus de patience, je crie facilement, je suis à bout, en un mot je n'en peux plus... Pourtant j'aime mes enfants et dans ces moments je me sens très frustrée de ne pas leur donner ce dont ils ont besoin. Quand je suis dans cet état, j'ai l'impression d'être comme anesthésiée, déconnectée. Si je ne déconnecte pas, je ne peux pas gérer le quotidien, je ne tiens pas le coup. Je culpabilise beaucoup dans ces moments-là : j'ai l'impression de baisser les bras. Ce n'est pas que je me moque de ce qui peut leur arriver ou des problèmes qu'ils ont, c'est seulement que je n'ai plus l'énergie d'y faire face. Je crois que toutes les mères rêvent d'être des mères parfaites parce que l'amour que nous portons à nos enfants nous donne envie de leur donner le meilleur de nous-mêmes. Quand je ne me sens pas à la hauteur, j'ai l'impression quelque part de laisser tomber mes enfants et je ne me le pardonne pas... »

Le témoignage d'Odile nous aide à mieux comprendre dans quelle mesure les trois stades du *burn-out* peuvent s'intégrer à l'expérience de la mère. L'épuisement émo-

tionnel de la mère survient lorsque ses responsabilités quotidiennes usent petit à petit l'ensemble de son capital « énergie ». Cette énergie se traduit au travers de :
— la patience
— la tolérance
— la résistance à la frustration
— la capacité à gérer les conflits
— l'écoute et le calme
— la résistance physique à la fatigue
— le dynamisme
— la bonne santé

Je pense souvent à cette chaîne de supermarchés qui utilise pour sa publicité, le slogan suivant : « Donnons plus à celles qui donnent tant ! » Les mères donnent beaucoup en effet. Mais le prix de ce don de soi peut être élevé à long terme. Quand elles ne peuvent plus apporter ce que leur entourage familial attend d'elles, c'est la « déconnexion » d'avec la réalité : « Dans ces moments-là, j'ai l'impression de me comporter comme un robot. Je fais ce que j'ai à faire, mais c'est comme si je ne sentais plus rien. Les problèmes ne m'atteignent plus de la même manière, et c'est aussi bien car je suis fatiguée de me faire tout le temps du souci pour eux ! », m'a confié Cindy, mère de deux adolescents de 13 et 16 ans. Le mythe de la mère parfaite est alors endommagé et fait souvent place à la culpabilité et à l'angoisse d'être une mauvaise mère...

Quand le stress n'en finit pas de finir...

Il me faut insister sur le fait que ce phénomène de *burn-out* ne survient pas soudainement, comme venu de nulle part. La première phase du *burn-out*, celle de *l'épuisement émotionnel*, apparaît le plus souvent à la suite d'une accumulation de stress modérés, mais qui requièrent beaucoup d'énergie pour y faire face parce qu'ils sont chroniques, répétitifs et que rien ne semble présager de leur fin.

Dans l'étude du stress et de ses conséquences, les stress soudains et intenses qui se produisent en général de façon isolée – tels qu'un accident de voiture, un cataclysme naturel ou autres événements du même genre – ont un impact immédiat et d'une autre nature sur les individus. L'émergence du phénomène de *burn-out* est caractérisée par la répétition de stress d'intensité moyenne qui, vécus de façon ponctuelle, ne produiraient sans doute aucun effet néfaste. Prenez par exemple une personne qui se rendrait à son travail chaque jour en voiture et passerait en moyenne une heure à une heure et demie dans les embouteillages à l'aller et au retour, ce qui équivaudrait à être coincé dans les bouchons deux ou trois heures par jour, tous les jours ! En soi, ce type de stress n'est pas aussi éprouvant qu'un stress majeur comme un accident ou un acte de violence. De plus, être bloqué dans les embouteillages une fois de temps en temps est une expérience énervante mais qui n'affecte pas la personne de façon durable. Par contre, si vous vivez ce stress sans relâche, quotidiennement, et que vous vous attendez à le vivre chaque matin et chaque soir sans pouvoir vous y soustraire, alors ce stress est susceptible d'user votre énergie. Un seul de ces stress répétitifs ne suffira sans doute pas à conduire quelqu'un à l'expérience de *burn-out*, mais si vous cumulez trois ou quatre autres stress du même type dans votre vie professionnelle quotidienne, vous risquez à plus ou moins long terme de faire l'expérience du *burn-out*. Un peu comme une goutte d'eau qui, à force de tomber sur une pierre, finirait par l'éroder.

Attention ! il est bien évident que tout le monde n'est pas forcément victime du *burn-out*. Certaines personnes ne subissent pas les effets négatifs du *burn-out*, même si les conditions de stress nécessaires au développement de ce phénomène sont réunies. De la même manière, toutes les mères ne vont pas systématiquement souffrir de *burn-out maternel*. Heureusement, d'ailleurs ! Certaines mères vivent leurs responsabilités de façon paisible et sans problème majeur, même si de temps à autre la pression est plus importante et qu'elles aussi se sentent stressées. Il y a également toutes ces mères stressées et parfois même fortement affectées par ce stress, sans pour cela souffrir des effets du *burn-out maternel*. Par ailleurs, il est possible qu'une mère aux prises avec le *burn-out maternel* n'en ressente les effets au travers de l'expérience des différents stades décrits précédemment qu'à intervalles irréguliers.

Pour en revenir à ces stress modérés mais répétitifs reconnus comme étant à l'origine du *burn-out*, il est important de souligner que la recherche dans ce domaine a permis d'identifier certains facteurs de stress comme jouant un rôle particulièrement prépondérant dans son développement[3]. Quand ces facteurs sont présents dans un milieu professionnel, les individus en font souvent l'expérience au quotidien. Particulièrement difficile à ignorer, leur aspect

---

3. V. Guéritault-Chalvin, « Job-person interaction in the development of occupational burnout : testing the reliability and validity of the job-person interaction scale », thèse de doctorat en cours de publication.

répétitif peut finalement amener l'individu à un niveau de stress élevé.

Faisons un tour d'horizon de ces facteurs, qui ont la capacité de rendre un travail stressant au point de conduire au *burn-out*. Cette liste n'est évidemment pas exhaustive. J'ai choisi les facteurs de stress professionnels les plus reconnus pour leur impact pernicieux et je souhaite démontrer qu'ils s'appliquent au travail de toutes les mères :
— Surcharge de travail
— Absence de contrôle ou contrôle limité (sur situations, événements, conditions de travail, etc.)
— Imprévisibilité (caractère imprévu des situations et des événements)
— Absence de récompenses ou de reconnaissance pour le travail accompli
— Absence de soutien moral et social
— Valeur personnelle assignée par l'individu pour son travail
— Absence de formation appropriée en vue d'accomplir les responsabilités qui vous sont confiées.

Vous voulez parler de *surcharge de travail* ? Essayez donc d'être une mère qui se doit d'être « de garde » vingt-quatre heures sur vingt-quatre, sept jours sur sept, trois cent soixante-cinq jours par an, quelles que soient les circonstances, pendant un nombre d'années indéterminé et sans que la possibilité de démissionner soit jamais une option !

Absence de contrôle ? Asseyez-vous dans la salle des urgences d'un hôpital avec votre enfant de 18 mois à qui l'on vient de diagnostiquer un traumatisme crânien après une chute la tête la première sur le carrelage. Il avait réussi à grimper sur la table de la cuisine, profitant de votre incapacité à être à la fois dans la cuisine et dans la salle de bains où vous étiez occupée à changer la couche de sa petite sœur. Voilà à présent votre enfant sur une civière pendant que vous attendez qu'un médecin, que vous n'avez jamais vu, vienne vous dire si la vie de votre enfant est en danger ou non. Tout, dans ce cas, semble être hors de votre contrôle !

Imprévisibilité ? Avez-vous déjà essayé, jeune maman, de savoir quand vous serez enfin capable d'avoir une nuit de sommeil complète ou quand il vous sera possible de finir n'importe quelle tâche entamée sans être interrompue mille fois ?

Absence de récompense ou de reconnaissance ? Demandez à une mère si elle se souvient de la dernière fois où son mari, un membre de sa famille ou quelqu'un dans son entourage proche lui a dit avec un sourire : « Tu es une maman formidable, les enfants ont beaucoup de chance d'avoir une mère telle que toi... »

Parlons à présent du *soutien social* venant de l'entourage immédiat ! Un sondage conduit à l'échelle nationale aux États-Unis il y a quelques années a publié dans le « Motherhood Report[4] » des statistiques selon lesquelles seulement 25 % des mères américaines étaient « très satisfaites du soutien qu'elles recevaient de la part de leurs maris ». Les autres, plus de sept mères sur dix, se plaignaient de ce que « leurs maris ne participent pas assez aux tâches ménagères et en rapport avec l'éducation des enfants ».

Absence de formation appropriée ? Amusez-vous à être nouvelle dans le monde des mères et à tenter de trier les tonnes de conseils parfois complètement contradictoires sur la façon d'élever vos enfants, en provenance de la

---

4. L. Genevie et E. Margolies, *The Motherhood Report*, New York, Macmillan, 1987.

famille, des livres spécialisés, des magazines et de tous les spécialistes qui défilent à la télé et à la radio !

Baby blues, *dépression* et autres fausses explications

Il est difficile de nier que beaucoup des facteurs de stress reconnus dans le monde du travail se retrouvent aussi dans le travail d'une mère. Et s'il est légitime pour l'employé d'une entreprise d'être stressé quand il y est confronté, il semble que les mères aient aussi des raisons légitimes de ressentir le stress dont elles font l'expérience dans leur travail de mères...

Si le problème du *burn-out maternel* est occulté, l'épuisement des mères et ses conséquences sont également jugés trop hâtivement comme résultant d'une faiblesse intrinsèque, faiblesse sur laquelle on a collé l'étiquette de *dépression*. Que ce soit dans les milieux professionnels ou dans le contexte maternel, parce que le phénomène de *burn-out* est principalement visible au travers des émotions et des comportements, l'opinion communément admise en conclut qu'il s'agit d'un problème relatif à l'individu et non pas à son travail et à l'environnement dans lequel il évolue. Selon la tendance actuelle, une personne souffre de *burn-out* parce qu'elle est faible. La résistance physique et psychologique nécessaire à faire face aux exigences de leur travail leur fait fortement défaut. Dans notre société, seuls les forts survivent ; souffrir de *burn-out*, c'est échouer là où le fort aurait vaincu. C'est ainsi que notre culture en arrive à décréter qu'un individu souffre de *burn-out*, de par l'imperfection de son caractère, de ses comportements ou de son incapacité à produire ce que l'on attend de lui.

Cette approche prétendument logique et objective du problème suggère que le *burn-out* trouve ses racines dans l'individu et que celui-ci est donc responsable de trouver une solution. Cette perspective simpliste vient sans doute de ce que les victimes du *burn-out* décrivent leurs expériences d'un point de vue personnel et tendent à chercher des solutions individuelles, notamment dans la psychothérapie. De plus, lorsque ces personnes se comportent de façon distante et isolée, cela tend à confirmer leur impression que le *burn-out* est l'expression flagrante de leurs imperfections et de leurs échecs personnels. Psychiatres, psychologues et médecins tendent à soutenir cette perspective. Ils voient ce syndrome d'épuisement comme un trouble psychique devant être traité par une approche qui se focalise sur les manques et les incapacités de l'individu et non sur les facteurs extérieurs qui contribuent au développement de leur état. Mais la recherche condamne énergiquement cette perspective.

Des études de plus en plus nombreuses démontrent que le *burn-out* est un problème qui trouve ses racines non pas dans l'individu mais dans son environnement social, quelle que soit la nature de son travail[5]. Nous sommes avant tout des êtres sociaux, et de ce fait la structure et le fonctionnement de l'environnement dans lequel nous évoluons façonnent la façon dont nous interagissons et la façon dont nous menons à bien les tâches qui nous ont été confiées. Quand le contexte ignore la dimension humaine d'un travail, les risques de *burn-out* augmentent, avec toutes les conséquences qui en résultent.

---

5. C. Maslach et M. P. Leiter, *The Truth about Burnout*, San Francisco, Jossey-Bass Publishers, 1997.

Le travail d'une mère : vrai ou faux travail ?

Il suffit d'écouter les récits de la vie quotidienne de nombreuses mères pour comprendre que le stress associé à la maternité est une réalité, peu reconnue certes, mais une réalité tout de même. Ce manque de reconnaissance est-il dû au fait que le travail d'une mère n'est pas considéré comme un *vrai* travail ? Est-il approprié de penser que seul un *vrai* travail peut être source de stress ?

En tant que mère, je me demande comment il est possible que l'on puisse ne pas considérer les responsabilités maternelles comme un véritable travail. Bien sûr, cela dépend de la définition que l'on donne au mot *vrai* et au mot *travail*. Si un travail est considéré comme *vrai* à partir du moment où il s'agit d'une « activité professionnelle rétribuée » pour ne citer qu'une des nombreuses définitions du dictionnaire, et si le critère est un contexte matériel bien précis avec par exemple des bureaux et une structure hiérarchique, des fiches de salaires, des charges sociales, un comité d'entreprise, des clients et la fabrication d'un ou de plusieurs produits distribués sur le marché, il est certain que les activités d'une mère ne rentrent pas exactement dans cette catégorie. Mais le terme *travail* est loin de se limiter à cette définition. Beaucoup de mères ayant une vie professionnelle m'ont confié que la maternité leur semblait souvent plus complexe et plus éprouvante que leurs responsabilités professionnelles.

« Avant la naissance de mon premier enfant, je pensais souvent que je deviendrais mère un jour ou l'autre et que cela me donnerait, entre autres, l'opportunité d'arrêter de travailler pendant quelque temps, me confiait Sandrine mère de trois enfants de 8 ans, 6 ans et 2 ans, je ne voyais pas une telle pause dans ma vie professionnelle comme des vacances où tout ce que j'aurais à faire serait de me prélasser, mais je ne pensais pas non plus que ce serait une période où il me faudrait "travailler" ! Je rêvais alors de sorties au parc et de longs moments à la bibliothèque avec mes enfants. J'imaginais la préparation de gâteaux fabuleux avec l'aide attentionnée de mes enfants pour lécher les cuillères débordantes de chocolat fondu. Sans compter que, dans ce rêve, ma maison était toujours impeccablement rangée et sentait bon le linge propre...

« Aujourd'hui, ma vie quotidienne comprend bien des sorties au parc, de longues heures à la bibliothèque et la préparation d'excellents gâteaux. De fabuleux câlins avec mes enfants, la lecture de livres passionnants et le bonheur de les regarder grandir. Dans tous mes rêves, je n'avais pas imaginé toutes ces joies. Mais ma vie de mère comprend des tas d'autres choses qui ne faisaient pas non plus partie de mes rêves. Je n'avais aucune idée du temps que je passerais à changer les couches, à laver des tonnes de vêtements, à nettoyer les assiettes renversées par terre, à ramasser les jouets qui traînent dans les endroits les plus incongrus, à conduire les enfants à droite et à gauche pour les leçons de piano ou de danse, à m'occuper des bobos en tous genres. Sans parler des nuits sans sommeil que je ne compte plus ou les fins de mois difficiles qui n'arrangent pas les choses. Pas un seul instant, je n'avais imaginé qu'il m'arriverait de crier sur mes enfants quand ils me poussent à bout. Je ne m'étais jamais non plus imaginée stressée à l'idée qu'à mon retour du parc je retrouverais la maison en désordre avec une pile énorme de linge à repasser... Je ne m'attendais pas à des vacances, c'est vrai, mais je ne m'attendais pas non plus à travailler deux fois plus que si j'avais été au bureau ! »

Claire m'expliquait comment elle essayait de concilier au mieux sa vie professionnelle et ses responsabilités de maman. « Valentine a maintenant 3 ans, et Guillaume 6. Depuis leur naissance, j'ai découvert que travailler en tant que directrice de marketing pouvait être parfois plus reposant ou en tout cas pas tellement plus stressant que d'être maman ! Au bureau, j'ai de la pression, c'est vrai, des délais très stricts à respecter, des conflits avec mes supérieurs et je ne suis pas particulièrement satisfaite de la reconnaissance aussi bien verbale que financière que j'ai pour le travail énorme que je fournis. Mais d'une certaine façon, ce n'est pas comparable au stress que je ressens à la maison avec mes deux enfants. J'ai souvent beaucoup moins de contrôle sur ce qui se passe à la maison que sur mes dossiers les plus importants ! L'imprévisibilité des situations est, je crois, ce qui me prend le plus d'énergie : je ne peux jamais prévoir les incidents ou les comportements parfois totalement inattendus de l'un ou de l'autre. Que ce soient les caprices, les multiples petites bêtises ou les maladies infantiles, je me trouve souvent confrontée à des situations fatigantes et pour lesquelles je n'ai pas beaucoup de patience. Et pourtant dans ma vie professionnelle, je suis assez patiente, malgré les pressions et les responsabilités. C'est juste qu'être une maman est pour moi quelque chose d'aussi stressant que merveilleux. »

Comme nous le verrons par la suite, les conséquences du *burn-out* peuvent être graves puisqu'elles vont des troubles physiologiques comme les maux de tête, les nausées, les vertiges, les troubles digestifs, à des troubles du comportement tels que le repli sur soi et la consommation accrue de drogues et d'alcool, en passant par la dépression et parfois même le suicide.

Mieux comprendre les sources de stress qui mènent au *burn-out*, c'est être capable de mieux les reconnaître et donc de mieux s'en protéger. Une meilleure analyse du *burn-out* est également importante pour conforter les mères dans l'idée que la fatigue qu'elles ressentent, leurs changements d'humeur, leurs réactions parfois vives, peut-être même leur dépression, ne sont pas systématiquement à mettre sur le compte d'un déséquilibre hormonal, d'une sensibilité mal contrôlée ou de conflits non résolus remontant à leur enfance. Il est nécessaire de remettre les choses en perspective et de cesser de placer des pseudo-faiblesses de caractère, de personnalité ou d'organisation au centre même du problème de stress chez les mères. Le *burn-out*, qu'il soit d'ordre professionnel ou maternel, n'est pas le fait de l'incapacité d'un individu à faire face aux contraintes qui l'entourent. Il est dû à une dynamique complexe, émergeant de l'interaction entre cet individu et l'environnement dans lequel il se trouve et qui le modèle en partie. Mieux connaître les facteurs de stress dans votre vie, c'est mieux les comprendre et mieux vous comprendre vous-même. Être une maman stressée n'a rien d'inadmissible, de honteux ou d'inavouable.

Il est temps que notre culture autant que les mères elles-mêmes cessent de minimiser les difficultés associées aux responsabilités maternelles. Être une mère est un travail à part entière, et en ignorer les risques et les dangers peut s'avérer un bien mauvais calcul à long terme.

CHAPITRE 2

« J'en peux plus... »
La surcharge de travail

> « N'importe quelle mère pourrait remplir facilement le travail de plusieurs contrôleurs aériens. »
> Lise ALTHER

Numéro un dans le palmarès des facteurs de stress : la surcharge de travail, qui génère frustration et stress dans n'importe quelle activité. Un niveau d'activité insuffisant risque la plupart du temps de mener à l'ennui et à l'isolement, donc à un état de stress plus ou moins important, surtout si cette absence d'activité tend à perdurer (comme dans le cas du chômage). De la même manière, une activité trop importante où les tâches se succèdent à un rythme élevé peut s'avérer particulièrement stressante sur le long terme. Le travail d'une mère n'échappe pas à cette règle, et les exemples abondant dans ce sens ne manquent pas.

Un vieil adage anglo-saxon dit : « Un homme travaille depuis le lever jusqu'au coucher du soleil, mais le travail d'une femme ne finit jamais... » Avez-vous l'impression de passer le plus clair de votre temps à travailler, sans jamais avoir une minute vraiment à vous ? Avez-vous déjà rêvé d'avoir des journées de 48 heures et non de 24 heures ? Qu'une femme soit mère au foyer ou qu'elle travaille hors de chez elle tout en ayant les mêmes contraintes familiales lorsqu'elle rentre le soir à la maison, le nombre d'heures qu'elle passe quotidiennement à mener à bien ses responsabilités a fait l'objet de quelques sérieuses études statistiques dont je reparlerai plus tard.

La surcharge de travail pour une mère se traduit de différentes façons et peut se transformer à tout moment en source de stress aux répercussions plus ou moins importantes.

Les contraintes du temps

« Le pire pour moi, c'est le matin, me confiait Sylvia, mère de trois enfants. Je suis complètement obsédée par le temps, depuis l'instant où je me lève jusqu'au moment où les enfants sont enfin à l'école. »

J'avoue moi-même avoir souvent l'impression d'être prisonnière du temps, avec ma montre pour geôlier. Ce geôlier implacable me bouscule constamment et me traîne d'une tâche à une autre sans avoir le moindre égard quant à la fatigue qui peut résulter d'une telle course. La contrainte la plus importante réside dans le fait qu'il n'y a que 24 heures dans une journée alors qu'il y a toujours beaucoup plus de choses à faire qu'une seule journée peut en contenir.

Chaque famille a ses propres pics de stress dans une journée. Mais le matin est en général l'un des moments records. Les mères qui ont une activité professionnelle

pourront sûrement s'identifier à l'expérience de Paula :
« Le matin, lorsque j'arrive à mon bureau après avoir levé, habillé et nourri ma marmaille, j'ai l'impression d'être aussi fatiguée que si j'avais déjà une journée de travail derrière moi. Je n'ai alors qu'une envie : que ce soit déjà fini, alors que ça vient juste de commencer ! »

Une mère se rend vite compte qu'avoir des enfants peut représenter un véritable défi pour son sens de l'organisation, même si celui-ci est par ailleurs particulièrement bien développé. Le sujet brûlant de la gestion du temps est alors mis en avant, et il n'est pas rare pour une mère de s'entendre dire que, si elle savait mieux gérer ses priorités, elle ne serait sans doute pas dépassée par les événements. Ces conseils déplacés vont alors ajouter une bonne « dose » de stress. « Quand je me lève le matin, je veux que ma journée soit productive, m'expliquait cette mère de trois enfants. Je dresse donc une liste raisonnable de tout ce qu'il y a à faire. Il se passe alors mille et une choses et, en fin de journée, je me rends compte que je n'ai pas accompli la moitié de ce qui était sur ma liste. C'est très frustrant, mais le plus dur pour moi, c'est d'entendre mon mari me répéter sans cesse que je manque d'organisation et que, si je savais mieux établir mes priorités, j'aurais sans doute moins de problème. Ses propos sont d'autant plus énervants que je suis particulièrement bien placée pour savoir qu'être maman ne se réduit pas à la simple volonté de faire ceci ou cela dans l'ordre dans lequel je le souhaite et dans le laps de temps que je me suis assigné. »

Dans tous les cas, nos rapports de force avec le maître Temps se font rarement dans la joie et la bonne humeur. La frustration est souvent au rendez-vous. Et même les moments réservés à la détente, comme les week-ends, finissent par être remplis de contraintes qui nous empêchent de nous détendre et de recharger nos batteries. Sophie, mère de deux jumeaux, disait à ce propos : « Toute la semaine je rêve du week-end. Je ne cesse de penser que, le week-end prochain, j'aurai enfin du temps pour ce que je n'ai pas pu faire durant la semaine, y compris me reposer ! C'est le moment où je voudrais ranger la maison, faire les lessives en retard et cuisiner un bon repas pour changer ou même préparer quelques plats à l'avance pour les soirs où je n'ai pas le temps de faire la cuisine en rentrant du travail. J'attends aussi et surtout le week-end avec impatience pour me relaxer et passer de bons moments avec ma famille. Pourtant parfois, je suis tellement frustrée de ne pas avoir fait la moitié de ce que j'avais prévu de faire que je suis presque contente de voir le lundi matin arriver ! »

La fatigue physique

Le déploiement d'énergie physique qu'exige un emploi du temps très chargé est considérable. J'ai remarqué par exemple que, lorsque mes enfants tombent malades, tout se complique. Ces moments-là sont particulièrement stressants parce qu'il me faut concilier le travail et les nuits passées debout à cause de la fièvre de l'un et/ou des quintes de toux de l'autre. Pendant les épidémies de grippes, j'ai l'impression qu'il me faudrait être à dix endroits à la fois : au travail pour la réunion qu'il est important que personne ne rate, à la maison auprès des enfants qui vont mal, chez le pédiatre, à la pharmacie ou bien encore dans mon lit parce que, de toute façon, je tiens à peine debout à cause des nuits blanches.

Mais le vrai problème se pose quand je suis moi-même malade ou, pire encore, quand nous sommes tous malades en même temps. J'aurais alors besoin de rester au lit pour me reposer, et ma famille, dans l'ensemble, est assez compatissante dans ces moments-là. J'ai tout de même remarqué que, lorsque quelqu'un a besoin de quelque chose, c'est en général à moi que l'on fait appel, et je dois alors, malade ou non, me lever pour aller le chercher... !

Dans un pays comme la France, je pense ne pas me tromper en disant que n'importe quelle profession où le travail de nuit serait obligatoire, de façon régulière, et où il n'y aurait aucune compensation ni de possibilité de congés maladie soulèverait (et à juste titre !) des révoltes syndicales musclées, avec peut-être même un appel à la grève générale ! À défaut de tout cela, on reconnaîtrait sans doute qu'il s'agit d'un travail stressant, aux exigences physiques importantes. Pourquoi cela ne s'appliquerait-il pas au travail des mères ? Après tout, le manque de sommeil et l'absence de mesures permettant les congés maladie représentent seulement une petite partie des exigences physiques qui pèsent sur les mères.

Les dépenses de forces et d'énergie exigées par les responsabilités maternelles passent souvent inaperçues. Pensez un peu à tout ce qu'une mère se doit de soulever, porter, tirer, traîner chaque jour ! Entre les paniers à linge pleins à craquer, les sacs de courses qu'il faut sortir de la voiture puis monter à l'étage. Sans parler de la fatigue des tâches ménagères : frotter, laver, se baisser et se relever vingt fois d'affilée, soulever les meubles, les tirer et les remettre en place. Et tout cela toujours en un temps record.

Je n'ai pas encore mentionné la fatigue physique associée aux enfants. En commençant par la grossesse qui demande beaucoup d'ajustements et d'efforts d'adaptation au corps qui est fortement sollicité pendant neuf mois.

Parce qu'il n'existe pas de parallèle physique aux fonctions reproductrices de la mère, on observe souvent un certain manque de reconnaissance et de compréhension (de la part non seulement des hommes mais aussi des femmes qui n'ont pas fait l'expérience de la maternité) quant à la fatigue engendrée par ce rôle dont la nature nous a fait le cadeau. Saviez-vous qu'une mère qui allaite a besoin de 500 calories et de 20 g de protéines en plus par jour pour que son corps maintienne un niveau d'énergie acceptable ?

Mis à part la fatigue causée par les grossesses, les accouchements, l'allaitement et autres fonctions de ce type, avez-vous déjà calculé le nombre de kilomètres qu'une mère doit effectuer en moyenne en portant dans ses bras, sur sa hanche ou dans un porte-bébé ses rejetons jusqu'à ce qu'ils ne soient plus en âge (et surtout qu'ils n'aient plus envie) d'être portés ? Je n'ai jamais vu de statistiques à ce sujet, mais il serait sans doute intéressant de voir si cela mériterait une qualification pour le livre des records !

Et même lorsque les enfants se déplacent seuls et ne demandent plus à être portés, la mère doit se plier (et plier est bien le mot !) à un tout autre style d'exercice physique. Elle doit être capable de suivre sans faiblir le rythme endiablé des crapahutages de ses chers petits aux esprits décidément très curieux et souvent en recherche de *la* bêtise à ne surtout pas faire. Ce registre ne manque pas d'exemples : de l'escalade sur les objets appartenant à la catégorie « meubles » à tous les petits trous rigolos émaillant les murs de la maison et où il semblerait que glisser les doigts soit une bonne idée. Sans parler des mille et un objets aux formes et couleurs attrayantes qu'il doit être bon de mâchouiller sans retenue, voire d'avaler ! La mère qui suit ardemment les instincts aventuriers de ses enfants à travers la maison, les magasins ou le parc doit de surcroît être capable d'anticiper la bêtise : et ce défi représente un stress physique et émotionnel supplémentaire.

Il semble normal, en de telles circonstances, d'être épuisée, voire blessée comme en atteste l'expérience de cette mère de deux jumelles de 18 mois : « Camille et Magali ont beaucoup d'énergie et, depuis qu'elles savent marcher, on dirait qu'elles s'entraînent pour un marathon ! Rien ne leur échappe, et je dois être constamment sur le qui-vive pour éviter qu'elles ne trouvent quelque chose de nouveau et de passionnant à faire qui risquerait de les blesser. Il y a un mois de cela, à force de me pencher en permanence pour les prendre dans mes bras et les éloigner d'une source quelconque de danger, j'ai fait un faux mouvement en me relevant et me suis retrouvée clouée au lit pendant une semaine avec un lumbago terrible ! »

Les responsabilités maternelles sont autant d'activités dont les exigences physiques peuvent avoir de lourdes conséquences sur le bien-être physique des mères, et pourtant il m'est arrivé de rencontrer des femmes enceintes ou venant d'accoucher qui me disaient ingénument : « Mais pourquoi suis-je tout le temps si fatiguée ? » Nous avons trop facilement tendance à oublier que les responsabilités d'une mère, toutes si naturelles soient-elles, sont fondamentalement fatigantes pour le corps et l'esprit. Ou bien est-ce notre culture et notre entourage qui ne nous autorisent pas à penser ainsi, parce que cette fatigue est considérée comme partie intégrante de la maternité et que, de ce fait, elle est normale ?

Résultat des courses ? La maternité est un marathon physique qui se mesure bien plus en termes d'années qu'en termes de kilomètres parcourus. Ce qui d'ailleurs corse un peu plus ce défi, c'est qu'il est rarement donné aux mères de décider de l'allure à laquelle elles doivent courir ce marathon. En général, elles n'ont pas d'autre choix que celui de suivre le peloton de tête, que cela leur convienne ou non...

Une activité « multicarte »

Les activités d'une mère font d'elle un être multifonctionnel. La plupart sont habituées à faire ce qui doit être fait quand cela doit être fait. D'ailleurs, la cellule familiale ressemble rarement à un atelier d'ouvriers syndiqués où l'on s'inquiéterait de marcher sur les plates-bandes d'autrui si l'on venait à effectuer, par erreur, le travail de quelqu'un d'autre ! En fait, le plus souvent, tout le monde est relativement content de laisser maman se poser en maître absolu de toutes les tâches !

La description du poste de travail d'une mère est aussi large qu'elle est longue. En réfléchissant à ce sujet, je décidai de rédiger la liste de ce que j'avais accompli la veille et je me rendis compte de l'incroyable variété de mes fonctions. J'avais commencé la journée par un long moment au téléphone avec le plombier parce qu'il fallait changer la chaudière qui avait rendu l'âme la nuit précédente après une année de longue agonie et quinze ans de bons mais pas si loyaux services. Il me fallut ensuite me poser en consultante de mode pour Melody qui avait décidé que la seule chose concevable à porter ce matin-là était une robe décolletée et à manches courtes, ce qui posait un sérieux problème sachant que nous nous trouvions en plein mois de février ! Je me transformai ensuite en psy à l'écoute attentive de Léo totalement déprimé à l'idée de se rendre à l'école où il s'était disputé la veille avec son meilleur ami. Je tentai ensuite de devenir une cuisinière à la créativité inégalée pour trouver des tas de bonnes choses à mettre dans le « panier-repas » de Melody qui traverse une phase de « je-n'ai-pas-faim-et-je-ne-veux-rien-à-manger-Merci ! ». Je changeai ensuite de casquette pour me métamorphoser en chauffeur qualifié pour zigzaguer au milieu des embouteillages afin d'emmener les enfants à l'école à l'heure. Je me muai ensuite en écrivain pour tenter de rédiger quelques pages de ce livre en étant, bien entendu, interrompue quatre ou cinq fois par le téléphone. Et bien sûr, j'ai aussi préparé le petit déjeuner, le déjeuner puis le dîner, fait la vaisselle et trois lessives. J'ai également joué à la maîtresse après l'école pour aider Léo à faire ses devoirs et dû finalement essayer de me poser en maître zen afin de gérer la énième dispute de la soirée entre Léo et Melody sans dévoiler mon envie de jeter l'un ou l'autre – voire les deux – par la fenêtre !

Mais il ne s'agissait pas là d'une journée particulièrement hors du commun. En règle générale, il m'arrive de devoir changer de cap et de casquettes tellement souvent et rapidement au cours d'une même journée qu'il m'est difficile de savoir où j'en suis ! Mais une fois de plus, il en va de même pour la plupart des mères. Quelle que soit la journée, on peut s'attendre à ce qu'une mère soit à la fois infirmière, maîtresse, cuisinière, femme de ménage, responsable des achats, médiatrice, mécanicienne, couturière, consultante de mode, secrétaire, chef comptable, chauffeur, jardinière, animatrice, directrice commerciale, conseillère pédagogique, psychologue, et bien plus encore... Et, bien évidemment, tous ces rôles sont quasi simultanés même s'il paraît difficile de tout faire à la fois.

La première frustration qui résulte de la variété de ces tâches et de leur simultanéité, c'est l'impossibilité de se focaliser sur une activité de façon prolongée. Son attention est sans cesse requise à dix endroits différents, et il est très difficile pour la mère de se concentrer sur l'un de ses rôles en particulier. Avez-vous déjà compté le nombre fois où vous êtes interrompue durant la préparation du dîner ? Véronique, 36 ans, mère de trois enfants, m'expliquait que les repas du soir, dont la préparation survient à la fin d'une longue journée de travail et donc de fatigue, sont des moments de stress parce que tout le monde semble avoir besoin d'elle au même moment et pour des raisons relevant toujours de la plus haute importance ! « Pour le dîner, j'essaie de faire un effort de cuisine parce que le repas de midi à la cantine est loin d'être extraordinaire. Mais c'est aussi à ce moment précis que tout le monde se donne le mot pour me demander autre chose. Marie, mon aînée, se pointe désespérée avec un problème de maths avec lequel elle se débat depuis une demi-heure sans succès, suivie de près par Alexandre qui supporte mal l'attention que je donne à Marie et qui voudrait bien que je l'aide à construire un château avec ses Lego. Puis c'est au tour d'Auriane d'insister pour que j'admire son beau dessin qu'elle a fait juste pour moi. Il y a aussi le téléphone qui sonne deux ou trois fois pendant ce temps, les cris et les disputes des enfants. Et mon mari qui ne retrouve plus un papier très important qu'il m'accuse d'avoir rangé quelque part pour finalement se rendre compte qu'il l'a lui-même placé dans un dossier dont j'ignorais l'existence ! Je ne sais plus où donner de la tête, et il est souvent difficile pour moi de rester concentrée sur la préparation du repas. »

Si je devais faire une liste des choses qui m'angoissent tout particulièrement, je placerais sûrement en tête de cette liste le fait d'être constamment interrompue quand j'essaie de faire quelque chose. Dès que j'entame une activité pour laquelle je pense avoir un intervalle de temps donné, je suis régulièrement stoppée dans mon élan, et il va sans dire qu'il s'agit presque toujours d'une situation importante qui requiert mon attention immédiate. Il existe probablement des personnes qui peuvent gérer ces interruptions fréquentes avec sérénité, mais pour ma part, le fait de ne pas pouvoir me concentrer en paix sur une activité sans être dérangée à maintes reprises est frustrant et stressant.

Ces interruptions surviennent aussi au milieu d'activités prétendument relaxantes, ce qui finit par en faire disparaître le côté agréable. Il m'arrive parfois de vouloir regarder une émission ou un film, l'après-midi pendant le week-end ou en début de soirée avant le coucher des enfants. Un tel désir peut vite tourner à la mission impossible ! Et il existe un grand nombre de films dont je ne connaîtrai jamais ni le début, ni la fin, ni ce qu'il y a entre les deux. Et les livres... Ah, la lecture d'un livre en paix ! Quelle merveilleuse expérience sur laquelle je ne pourrai vraisemblablement pas compter avant que Léo et Melody ne quittent la maison à leur majorité ! « Il faut lire une fois qu'ils dorment ! », me direz-vous. Ce n'est pas faute d'avoir essayé, mais lorsqu'ils sont enfin endormis (ce qui n'est pas une mince affaire !) je me glisse dans mon lit, en général fatiguée. Je saisis alors un bon livre avec un grand sourire témoignant de ma liberté provisoirement retrouvée et j'en parcours courageusement deux pages pour finalement sombrer dans les bras de Morphée – que je fais rarement attendre très longtemps.

J'ose à peine parler des conversations téléphoniques... Avez-vous déjà remarqué que l'instant précis où vous parlez de quelque chose d'important devient le moment de prédilection pour que vos enfants viennent vous poser mille questions fascinantes en commençant par le redoutable « Maman, c'est qui ? ».

Le problème des interruptions peut être associé à d'autres, comme celui de l'imprévisibilité ou de l'absence de contrôle que j'analyserai dans les chapitres à venir. Il ne fait aucun doute que le travail d'une mère est particulièrement exigeant. Comme nous l'avons vu, la nature même de ce travail requiert non seulement les qualités d'un bon manager, mais aussi l'énergie d'un excellent manutentionnaire. Ces exigences sont non seulement physiques, épuisantes, monotones et répétitives, mais incessantes et incroyablement variées.

Le rocher de Sisyphe

Lorsqu'on pense au côté imprévisible des responsabilités d'une mère, on se dit que son travail est tout sauf monotone. Pourtant, certains aspects de la vie maternelle sont répétitifs, et, comme l'ont démontré certaines études sur le stress au travail, la monotonie peut favoriser le développement du stress[1].

« Il m'arrive parfois de ressentir un besoin terrible de créativité ! me confiait Françoise, 27 ans et mère d'une petite Chloé de 3 ans. Quand je lis et relis la même histoire de Babar dix fois dans la même journée pour la plus grande joie de Chloé, je dois dire qu'il m'arrive de rêver à des activités plus passionnantes ! »

L'aspect banal et routinier des tâches ménagères accomplies encore et encore fait sans doute partie des res-

---

1. C. D. Fisher, « Boredom at work : a neglected concept », *Human Relations*, vol. 46, iss. 3, 1993 (mars).

ponsabilités les plus lassantes de la maternité. J'ai beau me dire que j'accomplis quelque chose d'utile en agrémentant le confort quotidien de ceux que j'aime et qu'il est très gratifiant de donner le meilleur de soi-même pour aider ses enfants à grandir dans des conditions optimales, il n'en reste pas moins que j'ai du mal à considérer l'aspect valorisant des tâches purement ménagères !

Le côté répétitif de n'importe quelle activité peut s'avérer stressant parce qu'il donne l'impression que cette activité n'en finit pas de finir. Une personne s'acquittant d'une tâche spécifique ressentira une certaine satisfaction lorsque cette tâche sera accomplie : ses efforts sont récompensés par un résultat visible et durable, et l'on peut alors prendre du recul et apprécier ce qui vient d'être fait avant de s'attaquer à quelque chose d'autre. Dans le travail d'une mère, la satisfaction engendrée par ce sens de l'accomplissement et du travail fini et bien fini est quasiment absente. Que ce soit le ménage, les lessives, le rangement ou les autres activités du même type, ces tâches semblent ne jamais en finir. Dès que l'une d'entre elles est terminée, il faut déjà recommencer. Difficile de ne pas voir le parallèle avec le personnage de la mythologie grecque Sisyphe : Zeus le condamna à rouler un énorme rocher en haut d'une colline. Parvenu au sommet, le rocher dégringolait la pente, et Sisyphe devait éternellement recommencer sa manœuvre. Zeus aurait-il des griefs particuliers contre les mères qui remonteraient à la nuit des temps ?

Ariane, mère de deux jeunes enfants, m'expliquait sa frustration quant à cette sensation de ne jamais en finir avec ces tâches ménagères. « Parfois je rentre dans la chambre des enfants et j'ai le souffle coupé en voyant le désordre ! Alors je prends mon courage à deux mains et je range tout avant qu'ils ne rentrent de l'école. Cela me fait plaisir de voir une chambre rangée et dans laquelle il est possible de circuler sans décapiter deux ou trois poupées Barbie ou écraser la boîte de Monopoly qui a déjà subi ce sort une bonne douzaine de fois ! Mais ce plaisir est de courte durée. Une fois les enfants rentrés de l'école, la chambre reprend des allures de champ de bataille en un temps record, et tous mes efforts semblent n'avoir servi strictement à rien ! De plus, ce qui est particulièrement décourageant pour moi, c'est l'impression que j'ai que mon travail n'est pas respecté et encore moins apprécié. »

Une autre mère me disait : « Je suis frustrée par la corvée des lessives. J'ai un panier à linge sale énorme qui se vide lentement mais sûrement après trois tournées de lessive, et c'est un véritable bonheur pour moi lorsque, soulevant le couvercle du panier, je constate qu'il n'y traîne plus la moindre petite chaussette. Vider ce panier me prend plusieurs heures, mais il faudra moins de cinq minutes à ma famille pour le remplir à nouveau ! Et l'on recommence... » La frustration liée à cette impression de travail jamais vraiment terminé devient stressante et se surajoute aux autres responsabilités d'une mère pour entamer un peu plus son capital énergie. À force d'être sollicité, ce capital se vide. Avec le temps, les ressources d'énergie se raréfient jusqu'à leur épuisement quasi total. C'est alors que la mère risque de faire l'expérience du premier stade du *burn-out maternel*, celui de l'*épuisement physique et émotionnel*.

Un métier où l'on est toujours « de garde »

J'avais, aux États-Unis, un ami cardiologue qui m'avait timidement confié qu'être avec ses enfants vingt-quatre heures sur vingt-quatre lorsque sa famille partait en vacances l'épuisait plus que ses journées à l'hôpital ou qu'une garde le week-end. Il lui arrivait parfois d'être de garde plusieurs week-ends d'affilée, et dans ces cas-là la fatigue était importante, mais il savait aussi que ça ne durerait pas, et cela rendait les choses plus faciles à gérer.

La plupart des gens reconnaîtront qu'être de garde, quel que soit le métier : médecin, pompier, plombier, etc., est stressant et épuisant. Qu'en est-il des mères ? La plupart d'entre elles, qu'elles travaillent à la maison ou hors de chez elles, sont *de garde* dans leur rôle de mère vingt-quatre heures sur vingt-quatre, 365 jours par an sans que cela impressionne qui que ce soit.

« Je n'imaginais pas que mes responsabilités maternelles seraient aussi constantes... me disait une jeune maman célibataire de 25 ans qui avait accouché de son premier enfant six mois auparavant. Il était vraiment naïf de ma part de penser qu'avoir un enfant consistait la plupart du temps à jouer avec lui, le coucher pour une sieste pendant laquelle je me reposerais, puis ensuite à le lever, lui donner son bain, le nourrir, le laisser jouer un peu, temps pendant lequel je pourrais me relaxer. Puis viendrait l'heure de le coucher pour la nuit pendant laquelle il dormirait sans problème 8 heures d'affilée, ce qui me permettrait moi-même d'avoir une bonne nuit de sommeil. Je ne me rendais pas compte à quel point avoir un enfant est un travail de chaque instant. Je dois être constamment sur le pont prête à intervenir quelles que soient les circonstances. C'est épuisant ! »

Cette jeune maman a raison, surtout qu'en étant seule à élever son enfant elle perçoit ces responsabilités d'autant plus constantes qu'elle n'a personne vers qui se tourner de temps à autre pour souffler et dire « maintenant, c'est à ton tour ! ».

Même si de nombreuses personnes doivent, en raison de leurs responsabilités professionnelles, travailler parfois chez elles, il y a malgré tout une distance physique, par la force des choses, entre le lieu de travail et la maison. La maison devient alors une sorte de refuge loin des responsabilités professionnelles. Il n'en est pas de même pour les mères. Cela ne signifie pas que les mères sont incapables de trouver un lieu dans leur propre maison où souffler un peu (encore que je connaisse des mères qui se plaignent d'être poursuivies par leurs chers bambins jusque dans les toilettes !), mais il n'est pas vraiment un seul endroit dans une maison, pas une chaise où elles peuvent s'asseoir sans qu'en regardant autour d'elles elles ne voient une bonne demi-douzaine de choses qui les rappellent à leurs responsabilités. Il ne s'agit pas de quelque chose qu'elles ont besoin de faire sur-le-champ, c'est souvent quelque chose qu'elles devraient faire ou même qu'elles souhaitent faire. Dans tous les cas, il n'y a pas d'échappatoire possible.

Et les vacances, me direz-vous ? Les vacances en famille sont en effet une excellente occasion de s'amuser et d'être tous ensemble, mais elles ne sont pas pour autant une opportunité pour les mères de s'éloigner de leurs responsabilités maternelles. À ce propos, Alexandra, mère de trois enfants de 14, 10 et 6 ans, me disait : « J'aurais vraiment besoin de me reposer car je passe le plus clair de mon temps à courir comme une folle. J'aimerais pouvoir partir quelque part où je pourrais ne penser qu'à moi, où il n'y aurait aucune contrainte familiale, aucune responsabilité et surtout personne dont je devrais constamment m'occuper. Ce seraient de vraies vacances ! Je suis bien sûr heureuse de partir avec les enfants, mais c'est difficile pour moi de voir cela comme de vraies vacances. Même si je suis sur la plage, je n'ai jamais l'impression de pouvoir relâcher la pression pour me relaxer complètement. Je sais que, de toute façon, il va me falloir m'occuper d'une chose ou d'une autre, que ce soit surveiller la baignade des enfants, préparer le pique-nique, faire les courses et m'assurer que le dîner soit prêt pour toutes les bouches affamées au retour de la plage. Je ne peux pas me laisser aller à faire une bonne sieste sans craindre d'être réveillée au bout de dix minutes et je sais qu'il y aura toujours quelque chose qui viendra me rappeler, à l'instant le plus inattendu, que j'ai un repas à préparer, un bobo à soigner ou un château de sable à construire ! »

Le stress engendré par l'aspect constant des tâches d'une mère peut l'amener à souhaiter se distancer de cette source de stress afin de pouvoir se ressourcer physiquement et émotionnellement. Beaucoup de mères pourraient d'ailleurs sans doute s'identifier avec Anne, mère de trois enfants, qui me disait lors de l'une de nos discussions : « J'aimerais pouvoir "démissionner" pour un jour ou deux, ou même pour toute une semaine ? J'en rêve ! Cela ne veut pas dire que je souhaite abandonner ma famille, divorcer et encore moins laisser tomber mes enfants que j'adore. Mais de temps en temps, j'aimerais pouvoir m'échapper pendant quelques heures durant lesquelles je ne serais plus ni une mère ni une épouse et où je pourrais être moi-même pour faire ce que je voudrais, quand je le voudrais et comme je le voudrais ! »

Ce désir d'échapper temporairement à leurs responsabilités est souvent vécu secrètement par les mères qui tendent à culpabiliser. Elles ont tendance à confondre leur besoin physique et émotionnel de se reposer et de se ressourcer avec ce qu'elles qualifient parfois de lâcheté et d'irresponsabilité envers leur devoir maternel. Nous verrons pourtant par la suite à quel point il est important pour les mamans de reconnaître cette nécessité de se ressourcer et de profiter des opportunités qui peuvent se présenter à elles de le faire car ces moments de calme sont très réparateurs et vont leur permettre de refaire le plein d'énergie. Le fait de se reposer va les aider à reprendre leurs activités quotidiennes avec plus de sérénité et de patience et d'éviter de sombrer dans l'*épuisement physique et émotionnel* caractéristique du *burn-out maternel*.

Dépassée par les événements...

Une mère de quatre enfants me confiait : « Il faut que je me rende à l'évidence : je n'ai ni la force ni l'énergie pour donner à mes enfants l'attention dont ils ont besoin, tout en étant la parfaite ménagère, la parfaite cuisinière et bien sûr la parfaite épouse. J'aimerais bien pourtant être tout cela pour ceux que j'aime et plus encore, mais je n'y arrive tout simplement pas ! »

Dans ces témoignages, je remarque souvent l'impression qu'ont les mères de pouvoir s'acquitter de toutes leurs tâches, et en même temps la survenue à l'improviste de quelque chose leur fait prendre conscience qu'il s'agit là seulement d'une illusion. Par conséquent, la frustration fait souvent place à leur détermination. Et leur premier réflexe est de se dire : « Si seulement j'étais un peu plus organisée... » Certaines savent pourtant qu'elles sont capables d'une grande organisation au travers de leurs responsabilités professionnelles, par exemple, dans lesquelles le manque de rigueur, de précision et d'ordre ne pardonne pas et risque de les mettre hors course en un rien de temps.

Une des raisons pour lesquelles les listes de choses « à faire » s'avèrent particulièrement frustrantes pour une mère vient de ce qu'il y a toujours bien plus de tâches qu'il n'est humainement possible d'en accomplir au cours d'une journée, d'une semaine ou d'un mois. C'est ainsi que le nombre élevé de responsabilités, associé à la prise de conscience qu'elle ne parvient pas à remplir celles-ci en temps et en heure, contribue au fait que les mères puissent se sentir débordées et dépassées par les événements.

Par ailleurs, l'aspect répétitif des tâches ménagères dont j'ai parlé auparavant peut s'additionner à ce sentiment de saturation et de frustration. Il est vrai que je me sens quelque peu découragée quand je regarde le salon ou la chambre des enfants que j'ai rangés le matin même et qui le soir venu sont encore plus en désordre qu'avant mes efforts de rangement ! C'est ainsi que je finis par trouver beaucoup de satisfaction dans des petites activités qui peuvent paraître insignifiantes comme planter des fleurs pour mon balcon, astiquer l'argenterie (et pourtant Dieu sait si c'est ennuyeux !) ou bien encore laver le chien parce que j'ai enfin l'impression d'accomplir quelque chose qui restera tel quel plus de deux jours d'affilée !

Dans l'un de ses livres, Susan Alexander Yates[2] explique « combien il est difficile pour les mères de jeunes enfants d'accomplir quoi que ce soit qui va durer ne serait-ce que quelques heures. Dans une maison avec cinq enfants, dit-elle, j'ai découvert que des enfants propres parvenaient à se resalir en un temps record, qu'une maison rangée ne le restait pas plus longtemps que le temps de la sieste de l'après-midi et que les dîners ressemblaient à tout sauf à des repas gastronomiques [...]. Nettoyer et ranger la cuisine pour finalement la retrouver salie cinq minutes plus tard a plus

---

2. S. A. Yates, *And then I Had Kids*, Brentwood, Tennessee, Wolgemuth and Hyatt, 1988.

de chance de produire une grande frustration qu'un fort sens d'accomplissement ».

Il est rare pour une maman de pouvoir prendre du recul et d'admirer un travail bien fait parce que le résultat ne dure jamais très longtemps. Les études sur le stress démontrent par ailleurs que, lorsque le sens d'accomplissement est absent et qu'une personne n'a jamais l'impression d'avoir achevé une tâche sur laquelle elle travaille, le stress associé à ce travail ne s'estompe pas[3].

Tous ces aspects de la vie quotidienne d'une mère contribuent grandement à alourdir son emploi du temps et de ce fait à renforcer les conséquences néfastes engendrées par une surcharge de travail. Frustration et stress sont alors au rendez-vous, et pour venir à bout de sa charge de travail la mère va chercher à donner toujours plus et encore mieux, mettant ainsi en péril ses réserves d'énergie qui vont graduellement s'épuiser au risque de conduire la mère à un *épuisement physique et émotionnel*, premier stade du *burn-out maternel*.

---

3. J. Bensahel, « How to get home unpursued by the five work demons », *International Management*, vol. 33, iss. 3, 1978 (mars).

CHAPITRE 3

Avec ou sans contrôle ?
Là est la question

> « Les mères humaines sont les seules créatures qui permettent à leur progéniture de continuer à les inquiéter durant leur vie entière. »
>
> Annelou Dupuis

L'absence de contrôle sur les événements est toxique pour l'individu

La sensation de ne pas pouvoir contrôler ce qui lui arrive constitue un facteur de stress majeur pour l'être humain. L'absence de contrôle peut être particulièrement néfaste pour la santé tant physique que mentale des individus. Nous avons tous besoin de sentir que nous avons un certain pouvoir sur ce qui nous arrive, que ce soit au travail ou dans la vie en général. Lorsque ce contrôle est faible ou inexistant, nous sommes stressés parce que nous avons l'impression de vivre dans un état d'instabilité et d'incohérence.

La recherche scientifique dans ce domaine a démontré les effets nuisibles d'un manque de contrôle des individus sur leur environnement. Voici ce que révèle une expérience sur des animaux. Deux rats reçoivent des chocs électriques simultanés. L'un a la possibilité de les arrêter en faisant tourner une roue, alors que l'autre est totalement impuissant. On a observé que le rat n'ayant pas de contrôle sur les chocs électriques développait des ulcères et voyait son système immunitaire s'affaiblir rapidement[1].

Chez les humains, une infection bactérienne est souvent associée à un stress sur lequel un individu a peu de contrôle. Les chercheurs ont remarqué que ce type d'infection peut donner lieu à des ulcères particulièrement sévères[2]. Une autre étude a montré que les personnes âgées, dans les maisons de retraite, ayant peu de contrôle sur leurs activités, avaient une santé plus déficiente et mouraient plus rapidement que celles à qui il est donné de décider de leurs activités[3].

Dans les milieux professionnels, ce manque de contrôle peut avoir des répercussions sur l'ensemble du travail : celui qui ne fait que subir a la sensation de ne pas avoir son mot à dire dans l'exécution de certaines tâches dont il sera malgré tout tenu responsable. Par ailleurs, l'employé qui manque de contrôle voit son sens de l'initia-

---

[1]. M. Laudenslager & M. Reite, « Losses and separations : Immunological consequences and health implications », *Review of Personality and Social Psychology*, 5, 285-312, 1984.

[2]. J. Overmier & R. Murison, « Animals models reveal the "psych" in the psychosomatics of peptic ulcers », *Current Directions in Psychological Science*, 6, 180-184, 1997.

[3]. J. Rodin, « Aging and health : Effects of the sense of control », *Science*, 233, 1271-1276, 1986.

tive se détériorer et sa créativité affectée, pour finalement en arriver à un état de démotivation important qui risque d'affecter son efficacité et sa productivité. Ainsi, les employés qui ont la possibilité de décider de l'emplacement des meubles dans leurs bureaux et qui sont capables de contrôler la fréquence des interruptions qu'ils subissent dans leur travail, rapportent des niveaux de stress moindres, comparés à ceux qui ne peuvent pas exercer de contrôle sur leur environnement[4]. Le célèbre chercheur américain Robert Karasek[5] a par ailleurs démontré qu'un travail combinant de fortes demandes et peu de contrôle pour l'accomplissement de ces demandes générait des taux de stress élevés. Un ouvrier travaillant à la chaîne, par exemple, soumis à une forte demande et disposant d'un faible contrôle, subit un stress très important.

Avant d'aller plus loin, je souhaite définir le plus précisément possible ce que j'entends par « absence de contrôle » dans la mesure où le manque de contrôle et le problème de l'imprévisibilité que nous aborderons dans le prochain chapitre peuvent paraître très similaires. Il est pourtant essentiel de distinguer ces deux concepts.

— L'absence de contrôle se démarque de l'imprévisibilité parce qu'elle met en jeu une situation où un individu ne peut rien faire d'autre que la subir. Dans ce cas, il ressent un fort sentiment d'impuissance. Il lui semble impossible d'agir de façon à faire cesser le problème. Quoi qu'il arrive, l'événement responsable de ce sentiment d'impuissance continue de se dérouler inexorablement, sans qu'il soit pos-

---

4. M. O'Neill, « The relationship between privacy, control, and stress responses in office workers », Human Factors and Ergonomics Society convention, 1993.
5. R. Karasek, « Occupational distribution of psychological demands and decision latitude », *International Journal of Health Services*, 19, 481-508, 1989.

sible de s'y soustraire, créant ainsi une frustration et un stress indiscutables. Prenez l'exemple d'un nourrisson qui se met à pleurer sans raison apparente. Malgré les tentatives de sa mère pour le calmer, il continue de s'époumoner. À ce moment précis, la mère n'a aucun contrôle sur les pleurs de son enfant, et le stress qui en résulte est très élevé.

— L'imprévisibilité d'une situation se situe à un autre niveau. Dans ce cas, l'émergence d'un problème est hors de notre contrôle dans la mesure où celui-ci n'était pas prévu. Mais il est possible d'agir pour trouver une solution et y mettre fin. Il existe donc une possibilité de contrôle. Admettons qu'une mère vienne d'installer ses enfants dans la voiture et soit prête à partir faire des courses. L'un d'eux annonce soudainement qu'il a un besoin urgent d'aller aux toilettes. Les plans de la mère sont immédiatement bousculés : elle doit faire face à la situation imprévue. Elle a cependant le pouvoir de régler le problème en ramenant son enfant à la maison. Je développerai en détail cette notion d'imprévisibilité dans le prochain chapitre.

Le sentiment d'impuissance

Le sentiment d'impuissance engendré par l'absence de contrôle est central dans la vie d'une mère. En fait, ses responsabilités quotidiennes sont souvent ponctuées de circonstances où tout sens de contrôle semble lui échapper. Ce manque de maîtrise des événements peut émerger de situations aussi bien critiques que banales. Dans tous les cas, le stress qui en résulte est bien réel et plus ou moins bien vécu.

Considérez par exemple le cas de Sarah, dont la fille Virginie, alors âgée de 5 ans, s'est en quelques heures retrouvée à l'hôpital avec une méningite : « Nous sommes arrivés aux urgences à 11 heures du soir. Virginie avait de forts maux de tête et une fièvre très élevée : elle ne répondait plus à rien. C'était d'autant plus effrayant que nous n'avions aucune idée de ce qui lui arrivait. Les médecins nous ont annoncé qu'il fallait effectuer toute une série de tests, y compris une ponction lombaire, ce qui me fit trembler parce que je compris qu'ils redoutaient un cas de méningite. Nous sommes restés pendant des heures dans l'attente des résultats, sans savoir à quoi nous en tenir. Je savais ma petite fille entre les mains d'inconnus, je ne pouvais pas être auprès d'elle pour la rassurer, et ça me rendait folle. Puis la nouvelle est tombée comme une sentence à laquelle on ne peut échapper. Méningite ! Et du pire type encore, de celles qui figent votre enfant entre la vie et la mort sans que vous puissiez faire quoi que ce soit sinon attendre, et attendre encore de voir si le traitement administré va la faire basculer du bon côté. Finalement, Virginie s'en est sortie sans séquelle après plusieurs jours d'angoisse intense, mais je n'oublierai jamais cette sensation d'*impuissance totale* à laquelle nous avons été confrontés, une impuissance qui vole toutes vos forces et votre courage. La vie de notre petite fille tenait à un fil, et nous ne pouvions rien faire, absolument rien sinon espérer et prier... » Sarah mit de longues semaines à se remettre de cette dure épreuve, pendant laquelle le stress intense avait fait place à un état dépressif passager, qui lui valut malgré tout d'être mise sous anxiolytiques pendant quelque temps.

L'expérience de Sarah est un exemple relativement extrême, fort heureusement. Dans la vie de tous les jours, le manque de contrôle se limite le plus souvent à des situations beaucoup moins traumatisantes et dont la banalité peut paraître insignifiante. Toutefois, le stress qui l'accompage est loin d'être banal et insignifiant. Valérie, 32 ans et mère de deux enfants, Jérémie 3 ans et Guillaume 8 mois, me disait à ce propos : « Beaucoup de gens pensent que, parce que je suis mère au foyer, je suis libre de décider exactement ce que je vais faire, quand je vais le faire et comment je vais le faire. Mais en réalité, je n'ai que peu de contrôle sur le déroulement de mes journées. Tout ce que je fais tourne autour des besoins, de l'emploi du temps et des attentes de mes enfants et de mon mari. Mon temps ne m'appartient pas, et je suis à la merci de circonstances que je ne contrôle pas forcément. Il y a une semaine, j'étais dans la voiture avec les enfants. La radio passait des chansons qui plaisaient beaucoup à Jérémie, dont une qui lui plut particulièrement. Il chantonnait gaiement et, lorsqu'elle fut finie, il cria tout excité : "Encore ! Encore !" C'était la radio, et j'étais dans l'impossibilité de la lui faire réentendre. J'ai essayé de lui expliquer pourquoi il n'était pas possible de la réécouter, mais faites donc comprendre cela à un enfant de 3 ans qui n'a pas la moindre idée de la différence entre une radio et un lecteur de cassettes ou de CD ! Jérémie ne voulait rien entendre et criait de plus en plus fort. J'essayai de le raisonner, mais en vain : en l'espace de quelques minutes, mon petit garçon chantonnant s'était transformé en monstre hurlant ! Frustrée par mon impuissance, j'ai fini par perdre patience et me suis mise à crier moi aussi, ce qui ne servait à rien. Pour ne rien arranger, les cris de Jérémie ont fini par faire peur à Guillaume qui s'est mis lui aussi à pleurer. Plus je durcissais le ton, plus les choses s'envenimaient. Pour couronner le tout, j'étais coincée dans les embouteillages et ne pouvais même pas faire cesser ce cauchemar. Je sentais que je n'avais aucun contrôle sur la situation et, quoi que je fasse ou dise, je ne pouvais rien changer. Ce qui me mit dans un état de stress incroyable... »

Bien que cette impression de manque de contrôle perdure tout au long de la vie d'une mère, et surtout pendant les années où ses enfants sont sous sa responsabilité directe, il arrive qu'elle s'intensifie à la naissance de chaque nouvel enfant. La complète dépendance d'un nouveau-né vis-à-vis de sa mère peut créer des sentiments de manque de contrôle d'autant plus importants que la mère doit s'occuper des autres enfants en même temps.

Le stress engendré par cette absence de contrôle est encore plus durement ressenti par les femmes qui ont retardé leur maternité pour des raisons professionnelles ou personnelles. Certaines d'entre elles se sont focalisées sur leur carrière et ont appris à contrôler de nombreux aspects de leur vie. Lorsqu'elles deviennent mères, elles changent radicalement de rôle et doivent s'habituer à des contraintes, dans lesquelles les pertes de contrôle et de liberté sont indéniables. Ces changements sont d'autant plus déstabilisants pour les femmes qui occupaient auparavant des postes de haut niveau, dans lesquels elles exerçaient un contrôle sur leur travail et leurs employés. Comme tous les parents, elles sont alors dans l'obligation d'apprendre les exigences associées à la maternité et d'accepter que les enfants sont des personnes à part entière, difficilement malléables, qu'il n'est pas évident de contrôler à loisir !

Virginie, consultante en ressources humaines et mère de deux jeunes enfants, me racontait son expérience : « J'ai l'habitude, dans mon travail, de gérer mon emploi du temps comme je l'entends. J'adore mon travail et j'ai préféré attendre un peu avant d'avoir mon premier enfant : je me doutais que son arrivée changerait beaucoup de choses dans ma vie. J'avais 33 ans lorsque Laure est née, et pour un changement radical, ce fut un changement vraiment radical ! Laure dormait mal, et j'étais épuisée en permanence.

À l'âge de deux mois, elle a commencé à avoir des coliques du nourrisson. Un vrai cauchemar ! Tous les soirs vers 5 ou 6 heures elle se mettait à pleurer pendant plusieurs heures pour finalement s'arrêter brutalement vers 8 heures ou 9 heures du soir. Pendant ces deux ou trois heures de pleurs continus, rien ne pouvait la soulager. Je portais ma petite fille dans mes bras pendant des heures en la berçant et en marchant de long en large, sachant qu'il n'y avait rien d'autre à faire. De ma vie entière, je n'avais jamais eu autant la sensation d'être impuissante face à un problème, surtout que ce problème touchait mon bébé. Et pour moi, c'était insoutenable. Laure a souffert de ces coliques du nourrisson pendant près de deux mois. J'étais dans un état de stress constant : je voyais les fins d'après-midi arriver avec horreur, j'étais complètement angoissée à l'idée de devoir affronter une nouvelle soirée de pleurs, sachant que je ne pouvais pas l'éviter. Je suis sortie de ces deux mois épuisée, à bout de force. J'étais vidée de mon énergie. »

Il est par ailleurs important pour les mères de comprendre que ce ne sont pas juste leurs enfants et leurs besoins qui ne sont pas aisément contrôlables, mais aussi les circonstances. « Je me souviens de l'époque où j'étais enceinte de notre quatrième enfant. Les nausées et la fatigue étaient insupportables, me disait Catherine, une maman de 38 ans. Je faisais de mon mieux pour tenir le coup au travail et faire mon boulot aussi bien que possible. Mais à la maison rien n'était facile. Mon fils aîné avait de gros problèmes à l'école, et mon deuxième traversait une phase d'allergies inquiétantes. Il y avait aussi mon mari qui croulait sous le travail et les incertitudes professionnelles suite à une restructuration au sein de sa compagnie. Il était très stressé, et nul ne l'ignorait à la maison ! Je ne savais plus où donner de la tête, chacun d'entre nous avait besoin que l'on s'occupe de lui en priorité. Mais à qui était-ce le tour ? Durant cette période, j'avais l'impression de n'avoir aucun contrôle sur ma vie ni sur celle de ceux qui m'entouraient ! »

Le témoignage de Catherine montre à quel point les mères se trouvent au centre des activités ou des crises survenant au sein de leur famille, ou concernant l'un de ses membres. C'est la mère qui est en général responsable d'assurer le confort de chacun et de préserver la stabilité de la cellule familiale. Contre vents et marées, elle se pose en élément modérateur qui maintient le calme et la tranquillité de la famille dans son ensemble. C'est elle aussi qui, lorsque l'adversité frappe, se retrouve en première ligne pour affronter les problèmes qui menacent le bien-être de ceux qu'elle aime. En de telles circonstances, un sentiment de contrôle est un élément essentiel. Sa disparition représente une source de stress considérable à long terme.

Des tâches et des responsabilités complexes

Toutes les mères accomplissent quotidiennement un véritable tour de force. Elles jonglent constamment avec les besoins, les sentiments, les désirs et les rêves de chacun. Elles doivent faire face aux demandes qui proviennent de tous les fronts à la fois. Leurs enfants, leur conjoint, leurs amis, leurs parents ou leur employeur contribuent à rajouter de nouveaux défis à leur vie. Elles sont obligées d'y faire face en même temps, chacun demandant à être traité avec le même égard et la même considération.

Alexia, mère de trois enfants, me disait : « J'ai parfois l'impression d'avoir une pile d'assiettes posée en équilibre sur la main gauche, une sur la main droite et une autre sur la tête. Mes responsabilités me font penser à un numéro d'équilibre dans lequel il n'y a pas de place pour l'erreur. Il suffit d'une bavure dans ma performance, et l'équilibre de mon entourage peut s'écrouler comme un château de cartes. Mes initiatives, mes décisions et mes choix ont un impact sur tous ceux que j'aime. »

Cette impression de devoir jongler avec les responsabilités et le temps qui nous est imparti pour les mener à bien a, là aussi, tendance à s'intensifier à la naissance de chaque nouvel enfant. Au fur et à mesure que la famille s'agrandit, une mère doit faire preuve de beaucoup d'ingéniosité pour tout mener de front.

Cette notion d'équilibre fragile nous fait prendre conscience de l'importance des responsabilités qui nous sont confiées. La crainte de ne pas être à la hauteur de ces responsabilités est une source de stress pour la mère. Il lui est difficile de l'ignorer tant elle est soucieuse du bien-être de ceux qui l'entourent. Elle va s'efforcer de satisfaire tout le monde sachant que les besoins des uns peuvent être en conflit avec ceux des autres.

J'illustrerai ce dernier point par une expérience personnelle. À notre retour des États-Unis, nous avons dû « camper » pendant près de deux mois dans la petite chambre d'un hôtel parisien. C'était la fin du mois d'août, et la rentrée scolaire approchait. Léo et Melody comprenaient le français mais ne le parlaient quasiment pas, et la transition entre les États-Unis et la France leur était difficile non seulement à cause de la langue, mais aussi à cause des différences culturelles. La rentrée scolaire en France fut une expérience marquante pour eux deux, et très rapidement Léo eut des problèmes d'adaptation. Alors qu'il n'avait que très peu de devoirs à la maison aux États-Unis, il s'est soudain retrouvé dans une école française où la quantité de devoirs était nettement plus importante. Il était d'autant plus stressé que tout autour de lui était instable, et le petit bout de table qui lui était alloué pour faire ses devoirs, les piles de cartons et le désordre qui régnait dans cette chambre d'hôtel ne contribuaient guère à l'aider. De mon côté, j'avais enfin trouvé un appartement qui avait cependant besoin d'être rénové avant de pouvoir y emménager. Impatiente d'y installer les enfants afin qu'ils retrouvent équilibre et stabilité, j'y passais le plus clair de mon temps à poncer, frotter, faire des plâtres, carreler, peindre, creuser, percer et tirer des fils dans tous les sens pour remettre à neuf une installation électrique vétuste. Les enfants rêvaient d'avoir un « vrai » chez eux, et je voulais finir ces travaux pour emménager le plus rapidement possible. D'un côté, j'avais une forte pression de la part des enfants pour finir l'appartement le plus vite possible, et, de l'autre, Léo réclamait ma présence à la sortie de l'école pour l'aider à faire ses devoirs et passer le cap de cette rentrée difficile. Melody quant à elle vivait assez mal ce retour en France et réclamait, elle aussi, beaucoup d'attention de ma part. Tiraillée de tous les côtés, j'aurais voulu pouvoir satisfaire tout le monde mais n'en étais pas capable : le conflit entre les besoins de chacun représentait une source de stress importante pour moi. L'aide sollicitée par Léo et Melody était ma priorité, et les travaux dans l'appartement devraient attendre. Mais je savais aussi que, de ce fait, leur souhait d'avoir enfin un chez-eux prendrait plus de temps, et je me reprochais de ne pouvoir faire des miracles !

Le problème pour la mère qui s'efforce de jongler avec les exigences et les désirs de ses proches, et de ceux dont elle est responsable, c'est qu'il y a sans cesse quelqu'un qui vient ajouter une demande supplémentaire. Alors qu'elle essaie de garder tout autour d'elle dans un état relativement stable et constant, il lui faut accepter que son environnement n'a rien de statique et qu'il change en permanence. Jusqu'à ce que tout finisse par revêtir un caractère temporaire, exception faite du stress !

La mère doit apprendre à manier toutes ces demandes de façon à satisfaire tout le monde. « Dans mon travail de commerciale, m'expliquait une maman de deux enfants, j'ai toujours eu un descriptif de poste auquel je peux me référer et qui est remis à jour régulièrement. Si ma fonction est modifiée d'une façon ou d'une autre, c'est écrit noir sur blanc. En règle générale, je sais toujours exactement ce que l'on attend de moi. Pour ce qui est de mon travail de mère, il en va différemment. Le descriptif de poste d'une mère change d'un jour sur l'autre, et, le temps d'écrire les nouvelles directives, l'information n'est déjà plus d'actualité ! »

Plus les informations données dans un descriptif de poste sont complexes, variées et changeantes, plus le travail en question devient stressant car le manque de contrôle se fait ressentir. Afin de compenser cette absence de contrôle, la mère s'efforce de garder son entourage le plus stable et plus constant possible afin d'éviter les dérapages et de préserver l'équilibre de sa famille. Pour ce faire, elle dépense une énergie considérable qui finit par amoindrir son capital énergie. L'absence de contrôle devient alors un facteur de stress supplémentaire capable de mener la mère à l'état d'*épuisement physique et émotionnel* caractéristique du premier stade du *burn-out maternel*.

CHAPITRE 4

Un quotidien imprévisible

> « L'amour d'une femme est puissant, mais le cœur d'une mère est faible. Et par ses faiblesses, il vainc. »
>
> James RUSSELL LOWELL

Des situations et des événements imprévisibles

Dans le chapitre précédent, j'ai établi une distinction entre la nature imprévisible des événements et l'expérience du manque de contrôle. Les interruptions imprédictibles ne revêtent en général pas un caractère grave, mais représentent des contretemps plus ou moins majeurs, sources de frustration et de stress. Contrairement à l'absence de contrôle, l'imprévisibilité ne donne pas forcément lieu à un sentiment d'impuissance. La personne confrontée à ce problème va pouvoir agir assez rapidement en s'organisant de façon à le contourner et à le régler afin de poursuivre l'action qu'il est venu troubler.

Dans les contextes professionnels, l'imprévisibilité constitue un facteur de stress non négligeable dans la mesure où elle empêche l'individu de se concentrer sur une tâche donnée. Ces interférences pénibles perturbent le bon déroulement de sa journée de travail et l'accomplissement de ses responsabilités. Plus ces interruptions sont fréquentes, plus le stress qu'elles engendrent est important. Prenez l'exemple de cet ingénieur interviewé lors d'une évaluation de *burn-out* dans son entreprise. Il m'expliquait qu'il avait dû travailler d'arrache-pied pour préparer une présentation importante. Cette présentation se devait d'être excellente, et cet employé avait besoin de calme et de tranquillité pour rassembler ses idées avant le moment clé. Arrivé tôt dans son bureau, il s'était à peine mis au travail que le téléphone sonna. L'un de ses collègues avait besoin d'un renseignement urgent. Il lui fallut interrompre son travail pour une vingtaine de minutes. Il ne s'était pas remis au travail depuis un quart d'heure qu'un autre de ses collègues entra dans son bureau pour lui demander son avis sur un dossier. Puis ce fut au tour de son chef qui avait besoin de le voir immédiatement dans son bureau afin de le briefer sur un nouveau projet. Suivirent une série de coups de fil de clients soucieux de savoir quand leur parviendrait le matériel qu'ils avaient commandé. Constamment perturbé dans sa tâche, cet ingénieur sentait la pression monter au fur et à mesure que la matinée s'écoulait, stressé de voir que, d'une interruption à l'autre, il perdait sa concentration et le fil de ses idées. En fin de journée, il était particulièrement stressé. Il n'avait pas réussi à rédiger un tiers de sa présentation qui n'aurait pris que deux ou trois heures s'il n'avait été constamment dérangé.

La plupart des professionnels sont confrontés à ce type de problème, quotidiennement, et l'imprévisibilité fait partie intégrante de leur travail. Néanmoins, bien que cet aspect de la vie professionnelle soit jugé comme normal, il est générateur de frustrations et de stress répétitifs qui contribuent à long terme à l'émergence du problème de *burn-out*.

Il est possible de considérer le problème sous un autre angle et de voir l'imprévisibilité comme une source de nouveauté. Un certain niveau d'imprévisibilité peut être une valeur ajoutée dans n'importe quel travail. La nouveauté casse la routine qui engendre l'ennui et stimule la créativité ainsi que la productivité. Mais il est bien connu que l'excès en toutes choses n'est pas forcément bon...

Revenons-en à l'expérience des mères. Est-il possible d'imaginer un travail ponctué de plus d'événements imprévisibles que celui d'une maman ? Comme nous l'avons déjà vu, l'emploi du temps d'une mère est en général extrêmement chargé, et l'un de ses principaux soucis est de savoir par quel miracle elle va pouvoir tout faire dans une même journée. Il n'y a guère de place pour l'erreur ou la survenue de situations imprévues qui mettraient forcément un frein à son élan initial. Mais l'imprévu a ceci de particulier : il est justement imprévu et demande rarement l'autorisation d'entrer en scène. C'est ainsi que la mère se retrouve régulièrement interrompue dans son emploi du temps et ses projets par des événements qui l'empêchent de mener à bien ses tâches, que celles-ci soient d'ordre professionnel ou familial.

Marine, maman d'Arthur 6 mois et Nicolas 3 ans, me confiait l'une de ses expériences : « L'autre jour, je m'apprêtais à quitter la maison pour aller faire des courses. Le réfrigérateur était vide, et il était urgent de le remplir. J'ai mis Nicolas et Arthur dans la voiture quand le téléphone a sonné. J'attendais un coup de fil important et j'ai donc répondu. Il s'agissait en fait d'un représentant dont j'ai eu un mal fou à me débarrasser. De retour à la voiture, je n'ai eu que le temps de m'asseoir avant de me rendre compte qu'Arthur avait sérieusement besoin d'être changé. Je le sortis donc de son siège et grimpai les escaliers de la maison quatre à quatre, le changeai en vitesse et le ramenai à la voiture. Une fois Arthur dans son siège, c'est Nicolas qui se mit à pleurer. Son biberon s'était ouvert, et son contenu s'était renversé sur lui. Il était trempé, la banquette de la voiture aussi ! Je suis donc retournée à la maison avec Nicolas pour changer ses habits mouillés. Je voyais le temps passer, ma patience était à bout, et j'avais beaucoup de mal à rester calme. Finalement tout le monde était au sec et dans la voiture. Je m'apprêtais à sortir du garage lorsque j'ai regardé ma montre. Avec tout ce temps perdu, il était déjà midi moins le quart. Dans moins de trois quarts d'heure, ce serait l'heure du déjeuner, et l'expérience m'avait appris que faire des courses avec des enfants qui ont le ventre vide relevait de l'inconscience. J'ai donc sorti tout le monde de la voiture, direction la maison. Je me suis assise sur une chaise dans la cuisine et j'ai pleuré... »

Les contretemps qui résultent de ces imprévus sont souvent mal vécus par les mères. Dans le cas de Marine, toute la journée était bouleversée par des imprévus successifs. Les courses programmées pour la matinée ne pouvaient pas attendre et devaient donc se faire dans l'après-midi. Mais à 14 heures, Marine avait rendez-vous chez le pédiatre pour Nicolas. Elle devait ensuite se rendre chez une amie pour lui rendre des ustensiles de cuisine qu'elle lui avait empruntés et dont cette amie avait besoin pour préparer un dîner ce soir-là. Il fallait aussi trouver le temps de passer chez le cordonnier, au pressing et sûrement à la pharmacie suite à sa visite chez le pédiatre. Quand pourrait-elle faire ses courses pour lesquelles elle avait besoin d'une bonne heure ? Son impossibilité de caser toutes ces activités dans une seule après-midi rendait son expérience du matin d'autant plus frustrante, et son niveau de stress était par conséquent élevé. Marine finit sa journée avec une forte migraine et des nausées qui la forcèrent à se coucher dès le retour de son mari à la maison.

Laquelle d'entre nous n'a jamais eu la mauvaise surprise, au petit matin, de réveiller l'un de ses petits chéris et de découvrir un front chaud comme la braise, événement synonyme d'un chamboulement général de la journée en cours ? Une bonne grippe inattendue est particulièrement problématique pour la mère qui travaille hors de la maison. À moins d'avoir une âme charitable (et disponible !) à qui faire appel pour s'occuper de l'enfant malade pendant qu'elle est au travail, la mère n'a d'autre alternative que de rester à la maison.

Lorsque j'enseignais à l'université aux États-Unis, le programme du trimestre était en général très serré. Je pouvais difficilement me permettre de prendre du retard dans mes cours sans créer un décalage qui m'empêchait par la suite de couvrir tous les sujets du programme. Quand Léo ou Melody étaient malades et que je devais donner mes cours ce jour-là, c'était pour moi un stress gigantesque : je voyais toute l'organisation de mes cours pour le trimestre s'effondrer. Si mon mari n'avait pas la possibilité de prendre le relais ce jour-là, il me fallait annuler mes cours, en croisant les doigts pour que la grippe ne cloue pas au lit sa petite victime plus de 24 ou 48 heures. Si le problème persistait au-delà, je devais faire face à un retard qu'il m'était quasiment impossible de rattraper et qui perturbait le trimestre entier.

Plus les facteurs de stress se présentent de façon concomitante et requièrent l'attention immédiate de la mère sur plusieurs fronts à la fois, plus l'émergence d'événements imprévus génère un niveau de stress élevé. Et plus l'énergie déployée pour y faire face est importante. Je me souviens d'une journée qui restera inoubliable tant les facteurs de stress se sont combinés de façon à créer un état hors du commun. J'ai soutenu ma thèse de doctorat un jeudi. Le samedi, nous commencions notre déménagement qui ne devait pas durer plus de deux jours puisque nous rentrions en France le mercredi suivant. L'emploi du temps était particulièrement chargé. Suite à ma soutenance et comme il est habituel de le faire, on m'avait indiqué une liste de modifications à intégrer dans ma thèse pour la version finale. Prise entre la rédaction de ces révisions et le déménagement à préparer, je sentais le stress s'installer d'heure en heure. Les déménageurs arrivèrent comme prévu le samedi matin et commencèrent à tout emballer. Je leur avais demandé expressément de laisser mon bureau et mon ordinateur pour la fin.

Le dimanche, tout sembla s'accélérer. Les cartons se remplissaient en un temps record. Les déménageurs débarquaient régulièrement dans le bureau pour vérifier où j'en étais. Je sentais la pression monter. Je ne parle pas du nombre incalculable de fois où il me fallut interrompre mon travail pour répondre à leurs questions. Un bon exemple d'interruptions constantes qui me perturbaient dans mon travail et rendaient chaque reprise plus difficile. Vers 8 heures du soir, ils embarquèrent les livres, les dossiers et autres objets. Je me retrouvai alors avec mon ordinateur portable sur les genoux et mon imprimante par terre, travaillant toujours plus vite, secouée par les grincements infernaux de leur visseuse électrique. Deux heures plus tard, je mettais enfin un point final à mes révisions et imprimais ma thèse.

Il était 23 heures, et j'étais épuisée. Je me dirigeai vers ce qui restait de ma chambre et m'allongeai par terre, vidée. Je n'avais plus aucune envie de bouger. Cet instant de repos fut malheureusement bref, et au moment où j'avais le plus besoin de calme, j'entendis des hurlements. Je me précipitai vers la source des cris pour découvrir Melody recroquevillée par terre, et tenant son pied en grimaçant et en gémissant. Elle venait de marcher sur la lame d'une sorte d'énorme cutter oublié par les déménageurs. La coupure était large et particulièrement profonde. La question ne se posait pas, le départ pour les urgences s'imposait... Direction l'hôpital, et après quelques imprévus supplémentaires (comme la résistance de Melody aux anesthésiques), je suis finalement rentrée à la maison à 4 heures du matin à bout de force.

« *Mais qu'est-ce qu'il va bien encore pouvoir inventer ?* »

Les maladies soudaines et les incidents inattendus ne sont pas les seules sources d'imprévisibilité dans la vie d'une mère. De par leur nature même, les enfants sont sans doute les petites créatures les plus imprévisibles qui soient. Chaque bébé, chaque enfant et certainement chaque adolescent est imprédictible. Nous, les parents, avons tendance à sous-estimer ce qu'un enfant peut ou essaiera de faire, jusqu'à ce que nous en fassions l'expérience, à nos dépens ! Il semble que nous soyons toujours irrémédiablement mal préparés à de telles éventualités...

Au risque de faire frémir ma pauvre mère en lui rappelant un tel souvenir, j'illustrerai ce dernier point en rapportant l'un de mes souvenirs d'enfance. Je devais avoir environ 5 ans, et notre maison de l'époque possédait une sorte de grande terrasse intérieure, traversée en son milieu par une longue corde à linge en métal souple. Aventurière dans l'âme et inconsciente à souhait, je me souviens d'avoir passé de longs moments à admirer ce grand étendoir car je trouvais qu'il ressemblait très exactement à la corde des funambules que je vénérais chaque fois que j'allais au cirque. Convaincue de cette similarité qui n'était évidente que pour mon esprit d'enfant, je décidai un beau matin de me lancer à la conquête du vide, tels mes héros. S'ils étaient capables de tenir en équilibre, il n'y avait aucune raison pour que je ne puisse pas en faire autant ! J'escaladai donc les rebords du mur pour me hisser jusqu'à ce fil et parvins à poser un pied dessus. Lorsque ma mère, effarée, s'aperçut de ma tentative d'exploit, elle n'eut que le temps de me rattraper au vol. Alors que je venais de poser délicatement mon second pied sur le fil, celui-ci céda sous mon poids et celui de l'imprévisibilité de ma bêtise !

Et que dire du comportement inattendu d'Amélie, qui me fut rapporté par sa mère ? Amélie avait 18 mois environ et semblait déjà faire preuve d'un amour débordant pour les animaux. Pour Pâques, sa mère avait acheté deux poussins adorables qu'elle avait placés dans un panier à salade avec un petit nœud jaune accroché à l'anse. Totalement séduite par ces deux petites choses piaillantes, Amélie avait grimpé sur la table et s'était saisie du panier à salade. Elle entreprit alors de leur prouver son amour en les câlinant avec une telle ferveur que les deux poussins durent être enterrés le soir même dans le jardin par sa mère désespérée, et sous le regard plein de larmes d'Amélie !

Toute mère sait qu'il est difficile parfois de prévoir les comportements ou les lubies d'un enfant. Les surprises de ce côté-là manquent rarement. Les caprices, par exemple, quels qu'ils soient, sont le plus souvent inattendus, désarmants et, de ce fait, stressants pour les mères qui ne comprennent pas forcément ce qui les engendre.

Les caprices et autres comportements imprévisibles des enfants représentent une source de stress d'autant plus importante pour les mères que celles-ci se trouvent souvent dépourvues face aux raisons qui les motivent. Cette imprévisibilité peut être en effet déconcertante pour les mères qui raisonnent avec un esprit d'adulte, car la communication avec leurs enfants n'en devient que plus difficile. Pour ma part, je ne cherche même plus (enfin presque plus !) à deviner quel sera le type de nourriture que Melody a décidé de ne pas aimer cette semaine !

Des priorités mal définies

L'imprévisibilité est une donnée normale de la vie d'une mère, mais cela ne la rend pas pour autant moins stressante. Dans cette imprévisibilité, nous retrouvons le problème des priorités mal définies, souvent présentes dans notre quotidien. Combien d'entre nous ne se retrouveront pas un peu dans le témoignage de cette mère qui me disait : « J'ai toujours l'impression d'être en train de retenir ma respiration... J'essaie d'être le plus organisée possible, mais si on m'enlève ma précieuse liste de choses "à faire", je me sens perdue car je n'ai plus rien de tangible pour me rappeler tout ce que je dois faire. »

Dans notre emploi du temps de mères, nous découvrirons rapidement que l'on ne peut programmer les désirs et les attentes de nos enfants et de nos proches comme on jonglerait avec des rendez-vous d'affaires. Des priorités, les mères en ont à revendre, mais quand des situations imprévisibles viennent se glisser parmi elles, les priorités sur nos listes changent. Il arrive même que cette liste ne serve strictement à rien. Ces événements imprédictibles qui nous obligent à constamment changer nos plans génèrent souvent de la frustration, donc du stress. Ils nous forcent à réorganiser nos journées de telle façon que nous avons l'impression de n'avoir rien accompli de ce qui était prévu. Pire encore, l'imprévu nous conduit à décevoir ceux qu'on aime et qui comptent sur nous.

Prenons l'exemple de Juliette, 37 ans et mère de deux enfants de 5 et 8 ans, qui m'expliquait sa culpabilité lorsqu'une situation imprévue est venue gâcher un projet de longue date auquel ses enfants tenaient beaucoup : « Le spectacle de *La Belle et la Bête* sur glace passait à Paris, et les enfants mouraient d'envie de le voir. J'avais pris des billets deux mois à l'avance, et ma fille en parlait presque tous les jours. Le jour J arriva, et les enfants étaient très excités. Ce jour-là, je devais aussi me rendre dans un magasin de bricolage hors de Paris. J'ai quitté le magasin de façon à rentrer à temps à la maison, mais nous avons été coincés dans les embouteillages à cause d'un accident. La circulation était tellement bloquée que mes deux heures de marge sont vite devenues insuffisantes. Je suis arrivée avec plus d'une demi-heure de retard. Le spectacle commençait vingt minutes plus tard, et il nous fallait près de cinquante minutes pour nous y rendre. J'avais beau expliquer aux enfants ce qui s'était passé et leur dire à quel point j'étais désolée, ma fille était en larmes, et mon fils aîné faisait la tête. Pour eux, ce spectacle était une priorité absolue, et les embouteillages étaient venus tout gâcher. Nous sommes quand même allés au spectacle mais nous avons raté la première partie. Même si ce qui s'était passé n'était pas ma faute, j'avais l'impression d'avoir trahi la confiance des enfants et je culpabilisais énormément. »

Outre le fait que l'imprévisibilité oblige les mères à changer fréquemment leurs priorités, il leur est parfois difficile de gérer le stress causé par leur difficulté à établir un ordre de priorité. Souvent, les tâches les plus ingrates ou celles qui semblent être de moindre importance, comme faire une tournée de lessive, doivent être accomplies le jour même. D'autres, par contre, peuvent sembler prioritaires (comme acheter de nouvelles chaussures au cadet dont la dernière paire convenable vient de rendre l'âme), mais peuvent en fait être remises à plus tard, toujours plus tard. C'est ainsi qu'une jeune mère m'expliquait son angoisse de ne pas toujours savoir faire son choix entre les tâches les plus urgentes et celles qui lui semblaient les plus importantes : « C'est comme une situation sans issue dans laquelle je ne peux pas gagner la partie : quelle que soit ma décision, frustration, culpabilité (ou les deux) sont au rendez-vous. »

Culpabilité et frustration font en effet partie du paysage quotidien de la vie d'une mère, que ces émotions résultent d'interruptions répétées, de priorités divergentes ou d'attentes irréalistes. Dans tous les cas, elles engendrent presque toujours un sentiment d'incapacité à gérer au mieux leur rôle de mère, ce qui donne lieu à un stress plus ou moins bien vécu et supporté sur le long terme. Forcées d'accepter le caractère imprévisible de certaines circonstances associées à leurs responsabilités, les mères puisent dans leurs réserves d'énergie pour faire face. Ces réserves, une fois épuisées, vont progressivement faire place à l'*épuisement physique et émotionnel* du *burn-out maternel*.

CHAPITRE 5

« Tu veux une médaille ? » : l'absence de reconnaissance

> « Ta vie n'est faite que de chaos. Tu ne t'entoures et ne génères que le chaos... »
>
> Un mari à sa femme.

Il y a quelque temps de cela, lors d'un jeu télévisé, je fus surprise d'entendre une candidate répondre à l'animateur, après les questions habituelles (« Quel âge avez-vous ? Où habitez-vous ? ») : « Ce que je fais dans la vie ? Oh ! rien du tout !... Je m'occupe seulement de mes enfants... » Cette réponse candide et spontanée montrait à quel point les femmes semblent avoir intégré le message de notre culture selon lequel une mère au foyer qui s'occupe de ses enfants est une femme qui « ne fait rien ».

Que de fois ai-je vu en thérapie des mères écœurées et démoralisées du peu de considération qu'elles recevaient de la part de leur entourage immédiat et de la société dans son ensemble ! Animées par le désir de bien faire et soucieuses de donner le meilleur d'elles-mêmes, ces mères s'effondrent souvent en consultation, devant moi, blessées par la dévalorisation dont elles sont l'objet. « Je me sens si découragée, m'expliquait l'une d'elles. Je m'efforce d'être une bonne mère, une bonne épouse et une bonne maîtresse de maison. J'ai pourtant de plus en plus l'impression de ne rien valoir du tout. Quand j'étais assistante de direction, je travaillais dur, mais j'étais toujours récompensée par de bonnes augmentations de salaire et par la gratitude de mes patrons. Il m'était toujours possible de mesurer mes capacités et ce que je valais de façon tangible. Mais maintenant que je suis à la maison avec les enfants, je n'ai plus rien de tout cela. Le fait d'être une bonne mère qui s'occupe de sa famille, de ses enfants et de sa maison est considéré comme parfaitement normal par mes proches. Même quand j'essaie de ne pas sombrer dans la routine en préparant un bon dîner ou en faisant quelque chose d'original, mon mari ne le remarque même pas. En fait, il rentre de plus en plus tard le soir à la maison, et je finis par avoir l'impression d'être complètement transparente. C'est comme si personne ne remarquait tout ce que je fais et l'énergie constante dont j'ai besoin pour faire toutes ces choses. Personne ne se préoccupe ou ne comprend ce qu'est ma vie et qui je suis en tant que maman ! »

L'être humain a besoin de gratifications

Beaucoup de mères ne se sentent ni appréciées ni remerciées ou félicitées pour les tâches maternelles qu'elles accomplissent. Il en résulte non seulement un sentiment d'inutilité et d'incompétence, mais aussi parfois de colère et de ressentiment sur le long terme.

De grands noms de la psychologie contemporaine, comme celui de B. F. Skinner, ont montré, par leurs recherches, que les comportements humains sont gouvernés principalement par des systèmes de récompense et de punition[1]. Une personne qui voit l'un de ses comportements suivi par un résultat positif et agréable va reproduire ce comportement par la suite. Si ce comportement se solde par un résultat négatif et désagréable, le comportement en question va avoir tendance à disparaître. Le type et la fréquence des comportements humains découlent de ce principe très simple. Nous aimons et avons besoin de voir nos actions récompensées de façon positive parce que l'être humain, de par sa nature, attache beaucoup d'importance à ce qui lui procure un plaisir physique, émotionnel et psychologique. Il s'efforce donc de renouveler tous les comportements qui lui auront valu ce type de plaisir. De la même manière, l'individu va naturellement éviter de reproduire les actions qui lui ont procuré des sensations et des expériences négatives.

Nous avons besoin de savoir que ce que nous faisons est apprécié à sa juste valeur. Cela nous permet d'accéder à un bien-être matériel et psychologique. Dans le cas contraire, pourquoi continuer d'avoir un comportement qui requiert efforts et énergie de notre part, si celui-ci ne nous permet pas de satisfaire notre besoin de reconnaissance, d'attention et d'affection ?

Une mère qui donne le meilleur d'elle-même, tout en recevant peu en retour, n'a aucune raison de penser que ce don d'elle-même serve vraiment à quelque chose. Alors pourquoi continuer ? Pourquoi donner toujours plus si ses

---

1. B. F. Skinner, *Cognitive Science and Behaviorism*. Manuscrit non publié, Harvard University, 1985.

efforts ne rencontrent qu'indifférence et dédain ? Comment peut-elle ne pas se sentir en situation d'échec personnel ? Quelle motivation intérieure a-t-elle pour persévérer dans cette voie, sinon son sens des responsabilités envers ses enfants et sa famille ? Si son sens des responsabilités n'est pas payé de retour, il risque de s'essouffler, de faire place alors à la rancœur et à l'insatisfaction personnelle. Le stress qui en découle est compréhensible mais se heurte souvent à l'incompréhension de l'entourage.

Il est important de noter que ce besoin de voir nos actions récompensées n'est pas juste le résultat d'un esprit capricieux. Les recherches en neurophysiologie ont permis de déterminer des bases biologiques de notre besoin de récompenses en identifiant des « centres du plaisir » dans notre cerveau au niveau de l'hypothalamus. En 1954, James Olds, neurophysiologiste à l'université de McGill au Canada, fit une série d'expériences sur des rats qui lui permirent d'identifier ces « centres du plaisir ». Dans ces expériences, Olds permettait à des rats, pourvus d'électrodes implantées sur leur hypothalamus, d'autostimuler ces « centres du plaisir » en appuyant sur une pédale. Non seulement les rats apprirent très rapidement à appuyer sur la pédale en question, mais Olds observa aussi qu'ils pouvaient répéter ce comportement de façon intensive et jusqu'à sept mille fois par heure, jusqu'à ce qu'ils s'écroulent d'épuisement ! De plus, ces rats auraient fait n'importe quoi pour être en mesure d'accéder à la pédale permettant cette autostimulation, allant jusqu'à traverser une grille électrifiée, chose qu'un rat affamé ne ferait pas même si de la nourriture se trouvait de l'autre côté de la grille[2].

---

2. J. Olds, « Self-stimulation of the brain », *Science*, 127, 315-324, 1958.

Ces « centres du plaisir », situés près ou au sein même de l'hypothalamus, ont été par la suite découverts chez d'autres espèces animales comme les poissons rouges, les dauphins et les singes. D'autres chercheurs, dont un neurochirurgien, ont démontré l'existence de ces « centres du plaisir » chez l'être humain[3][4].

L'attribution de récompenses et de reconnaissance pour un travail ou un comportement va aussi avoir des répercussions sur la motivation de l'individu. Dans les séminaires professionnels visant à apprendre aux managers comment développer la motivation de leurs employés, les consultants insistent sur l'importance des systèmes de récompenses et de reconnaissance. L'équation est simple : l'absence de récompenses mène à un déclin de la motivation qui se traduit ensuite par une forte diminution de la productivité, ce qui représente une grave menace pour n'importe quelle entreprise.

Par ailleurs, la quantité, le ton (positif ou négatif) et le timing du *feed-back* qu'une personne reçoit pour son travail affecte directement le niveau de stress dont elle fait l'expérience. Dans le cas du travail maternel, les mères sont souvent bien en reste quant à ces trois dimensions. Elles sont frustrées de constater que ce qu'elles accomplissent passe inaperçu, comme si leur rôle était relativement insignifiant...

---

3. J. A. Deutsch, « Brain reward : ESP and ecstasy », *Psychology Today*, 46-48, 1972 (juillet).
4. J. Hooper & D. Teresi, *The Three-Pound Universe*, New York, MacMillan, 1986.

Les vertus du dialogue

Roseline, mère de trois enfants et souffrant de dépression, m'expliquait combien il était dur pour elle de ne pas recevoir de *feed-back* clair quant à la façon dont elle élève ses enfants : « Je fais de mon mieux, mais ce n'est pas facile, et j'aimerais de temps à autre qu'on me dise ce que je vaux. Je donne beaucoup de moi-même, mais apparemment cela ne veut pas dire grand-chose puisqu'on ne me fait aucun compliment ni aucune remarque à ce sujet. Il n'y a personne pour me dire que je suis une bonne mère. Je ne sais pas si ce que je donne à mes enfants est appréciable ou si cela sert vraiment à quelque chose. Parfois, j'ai juste envie de m'asseoir et de ne plus rien faire puisque de toute façon tout le monde s'en fiche... Pourtant, j'ai dans l'idée que, si je faisais ça, tout le monde me tomberait dessus, à commencer par mon mari. Autant mon boulot passe inaperçu, autant je sais que je croulerais sous les critiques si je m'avisais de cesser de le faire correctement ! »

Parce qu'elles sont conscientes de ce besoin d'être valorisées et appréciées pour ce qu'elles font, je conseille aux femmes d'ouvrir un dialogue à ce sujet avec leurs proches et plus particulièrement avec leur mari ou partenaire. Il est primordial pour elles de faire comprendre à leur entourage que le manque d'appréciation est source de frustration et de ressentiment. La colère que ces émotions engendrent finit toujours par éclater après avoir été longuement réprimée, risquant ainsi de créer des heurts et des disputes qui auraient pu être évités.

Certaines mères sont parvenues à instaurer un dialogue qui a permis de faire prendre conscience à leur conjoint combien il était blessant d'avoir l'impression d'être transparentes à leurs yeux. Elles ont ensuite observé un certain changement dans leurs comportements : ils semblaient plus attentifs et attentionnés à leur égard. D'autres m'ont rapporté avoir eu moins de chance dans la mesure où elles ne se sont senties ni entendues ni comprises. Tatiana me disait, lors de l'un de nos entretiens : « Mon mari ne me fait jamais de commentaires, ni en bien ni en mal, sur tout ce que je fais à la maison et sur la façon dont je m'occupe des enfants. J'en ai pourtant tellement besoin ! J'en ai assez de travailler pour les autres sans être appréciée. Lorsque j'en ai parlé avec mon mari, il a eu l'air perplexe : "Je ne comprends rien à ce que tu me dis !" m'a-t-il rétorqué, ce qui m'a encore plus énervée. Face à mon irritation, il m'a dit qu'il pensait que j'étais une bonne mère, mais lorsque je lui ai demandé de me dire pourquoi, il n'a pas su me répondre ! Comment voulez-vous, après ça, ne pas avoir l'impression que mon travail est complètement insignifiant ? Je ne comprends pas comment des responsabilités aussi fatigantes et constantes pour moi peuvent passer aussi inaperçues. »

Pourquoi l'absence de reconnaissance est source d'épuisement émotionnel

L'absence de reconnaissance ne touche pas seulement les mères. Dans le monde professionnel, le problème se pose couramment, mais, alors, il est reconnu comme une source de stress importante, ce qui est rarement le cas pour les mères. Patrick Légeron, psychiatre et spécialiste du stress au travail, explique dans son livre *Le Stress au travail*[5] comment les entreprises réclament toujours plus de

---

5. P. Légeron, *Le Stress au travail*, Paris, Odile Jacob, 2001.

la part de leurs employés, surtout au niveau de l'investissement affectif. Si l'employé développe une relation affective avec son contexte professionnel, il va se sentir dans l'obligation de donner plus et mieux. Mais le Dr Légeron souligne que le sacrifice non payé de retour et l'impression d'avoir donné en pure perte font naître « un insupportable sentiment de frustration » et insiste sur le fait que « l'absence de renforcements sociaux chez les travailleurs […] est un facteur de stress gigantesque ».

Difficile de passer outre le parallèle entre les exigences d'une entreprise vis-à-vis de ses employés et celles de notre société envers les mères. Notre culture attend des mères un investissement affectif et personnel illimité et inconditionnel, dans lequel le sentiment qu'il faut donner plus et mieux est fortement présent. Dans un contexte professionnel, l'absence de retour sous forme de renforcement positif et de reconnaissance est dénoncée et critiquée. Elle perdure néanmoins, et passe même totalement inaperçue, dans le cas des responsabilités maternelles, bien que les conséquences émotionnelles et humaines soient les mêmes.

Patrick Légeron décrit aussi la frustration des employés lorsqu'on ne vient jamais les voir pour leur dire qu'ils ont bien fait leur travail : « Quand ils sont efficaces et que les résultats le prouvent, personne ne vient les remercier, ou si rarement. En revanche, à la moindre défaillance, on débarque dans leur bureau et on met le doigt sur l'erreur. » L'absence de récompense pour un travail bien fait doublée d'une critique assurée si une erreur est commise fait partie des plus sûrs moyens pour épuiser un individu physiquement et émotionnellement, et pour lui dérober toute motivation à donner le meilleur de lui-même.

La recherche expérimentale fait d'ailleurs cas de l'épuisement des rats lorsque ceux-ci ne sont confrontés qu'à des conséquences négatives pour leurs actions[6]. Les expériences dans ce domaine consistent à priver de récompenses matérielles (boulettes de viande) des rats qui ont accompli ce qui leur avait été demandé, et à leur infliger des punitions (chocs électriques) chaque fois que l'animal se trompe ou fait quelque chose de mal. Ce type de traitement est générateur d'un lourd stress et se solde par l'épuisement du rat : il finit par cesser son activité puisque celle-ci ne lui procure aucune récompense.

Il est peu surprenant, dans ces conditions, d'observer chez les mères privées de reconnaissance pour leur travail un essoufflement de leur motivation à bien faire. Épuisées de donner sans compter, sans être valorisées pour leurs efforts, les mères se sentent isolées. Elles subissent le poids des exigences d'une culture qui dicte les règles du jeu, un jeu dans lequel leur rôle se cantonne à donner beaucoup et à recevoir peu en retour. L'*épuisement physique et émotionnel* qui en résulte contribue au développement du *burn-out maternel* souvent mal identifié par l'entourage qui va voir dans l'expression de celui-ci un signe de dépression et d'incapacité à gérer le quotidien de façon adéquate et appropriée.

Pourquoi si peu de reconnaissance envers les mères ?

Si la reconnaissance sociale est si importante pour nous, êtres humains, nous sommes alors en droit de nous demander pourquoi il est si difficile de l'obtenir. Pourquoi les mères reçoivent-elles si peu de reconnaissance de la

---

[6]. D. G. Myers, *Psychology*, 6ᵉ édition, USA, Worth Publishers, 2001.

part de ceux à qui elles donnent tant ? Tout d'abord, il ne faut pas oublier que les hommes ont parfois une vision relativement limitée de ce qu'englobe réellement la maternité. Ils ont vu ce que faisait leur propre mère et, à présent, ils sont témoins de ce que fait la mère de leurs enfants. La sagesse et l'expérience aidant, ils ont appris que comparer les deux n'est pas toujours une excellente idée. C'est l'une des raisons pour lesquelles beaucoup d'hommes font peu de commentaires sur les capacités de leur femme à être une bonne mère : de telles remarques risquent d'être vécues comme des comparaisons et parfois mal interprétées. Mais le problème ne se limite pas à cette explication, loin de là.

Pour expliquer ce phénomène, Patrick Légeron dénonce notre culture du négatif. Pour lui, trois explications sont possibles :
— « Bien faire son boulot, c'est normal ! »
Dans les contextes professionnels, les managers exigent beaucoup de leurs employés mais considèrent que la rémunération suffit en retour. Si les employés sont payés, c'est pour faire du bon travail. Dans ce cas, il n'y a pas de commentaires à faire. C'est normal. Par contre, un mauvais travail mérite d'être sanctionné. Pour résumer : faire bien, c'est normal, mais faire mal, c'est anormal ! Néanmoins : « Raisonner ainsi, c'est oublier que bien faire, même si ce n'est pas un exploit, ne va pas de soi. C'est quelque chose de formidable, et on doit le dire ! »
Une femme sait mieux que quiconque qu'être une bonne mère ne va pas de soi ! De plus, voir ses efforts couronnés de succès est formidable en soi donc digne d'être remarqué. Non seulement on attend des mères qu'elles fassent leur travail sans la moindre reconnaissance matérielle, mais, en plus, elles sont critiquées si elles ne le font pas

correctement. Dans leur cas, c'est un véritable sentiment de don à sens unique qui s'installe. Frustration, ressentiment et stress en résultent.

— « Il n'est pas bon de faire trop de compliments. »

Notre culture à tendance judéo-chrétienne nous apprend dès le plus jeune âge que faire des compliments n'a rien de bon et contribue à développer en nous orgueil, vanité et paresse. Mais il s'agit là d'un très mauvais calcul qui démontre une méconnaissance des principes de base de la psychologie. Encouragements, félicitations et renforcements positifs participent à l'épanouissement de l'estime de soi de l'individu dont la confiance en soi va ainsi grandir et lui permettre de générer des comportements sains et constructifs[7].

Comment est-il possible de penser que faire des compliments à une mère pour le travail qu'elle accomplit puisse la desservir de quelque façon que ce soit ? Pourquoi nous est-il si difficile de comprendre que cette absence de compliment conduit à une dévalorisation telle que les mères se trouvent confrontées à des sentiments d'impuissance et d'incapacité qui mettent en péril leur dignité ainsi que leur bien-être émotionnel et psychologique ?

— « Faire des compliments, c'est être faible. »

Pour le Dr Légeron, beaucoup de gens n'ont pas de problèmes à faire des critiques, mais, lorsqu'il s'agit de faire un compliment, ils sont gênés et se « sentent presque ridicules ». Ainsi, la critique s'accompagnerait « d'émotions agressives qui permettent d'établir un rapport de force en vue de dominer l'autre ». Un tel rapport de force ne serait-il pas en partie responsable de la difficulté qu'ont certains

---

7. J. Crocker & C. Wolfe, « Rescuing self-esteem : A contingencies of worth perspective », manuscrit non publié, Université du Michigan, 1999.

hommes à complimenter leurs femmes sur leur travail de mères... ?

Je réagis, donc je suis !

Face à cette absence de reconnaissance, les mères réagissent plus ou moins intensément en laissant éclater leur frustration au grand jour. Ces réactions se traduisent souvent par un sentiment de dépréciation qui affecte leur estime d'elles-mêmes et leur confiance en elles. Cela peut aboutir à une autocritique sévère qui, à son tour, contribue à l'apparition d'états dépressifs, comme je l'ai souvent constaté.

Il y a aussi ces femmes qui réagissent en utilisant des moyens parfois peu communs mais apparemment efficaces. Ce fut le cas de cette mère de famille de la banlieue de Chicago aux États-Unis qui, il y a quelques années de cela, avait fait la une des journaux. Elle était exaspérée par le manque d'attention et le peu de reconnaissance qu'elle recevait de la part de son mari et de ses trois enfants. Ces derniers trouvaient naturel que leur mère coure constamment dans tous les sens pour s'occuper d'eux sans jamais lui dire ne serait-ce que « merci ! » Elle décida alors de grimper au plus haut d'un arbre de leur jardin. Elle décréta qu'elle y resterait tant que sa famille ne ferait pas l'effort de comprendre la valeur du travail qu'elle fournissait ! J'entendis son interview à la radio ; je m'attendais au témoignage d'une mère en colère et dépressive. C'était en fait une femme *a priori* équilibrée, énergique et pleine d'humour : elle dénonçait le peu, de reconnaissance dont elle bénéficiait. Elle pensait que, si les membres de sa famille se retrouvaient sans elle pendant quelques jours, elle recueillerait peut-être un peu plus de considération de leur part. Elle resta deux jours perchée sur son arbre et semblait ravie des résultats de son entreprise !

Les mères reconnues dans leur activité professionnelle ne sont pas toujours valorisées dans leur rôle de mères. Elles me font souvent remarquer qu'il leur est difficile d'accepter ce contraste entre leur vie professionnelle et leur travail de mère, contraste qui suggère : « Tu fais du bon travail au bureau... Par contre à la maison, ça laisse à désirer ! »

Les dégâts d'un feed-back *négatif*

Le stress causé par l'absence de *feed-back* positif est cependant moindre que celui qui résulte d'un *feed-back* négatif ou indélicat.

Magali, mère de deux enfants et en psychothérapie depuis six mois, me confiait : « J'ai toujours l'impression de tout faire de travers, comme si ce que je faisais n'était jamais assez bien. Ma fille vient d'être malade pendant plusieurs jours. Elle n'a que 3 ans, et les poussées de fièvre à 40° ne sont pas faciles à gérer, de jour comme de nuit. Un matin, après deux jours à ce rythme et une nuit blanche, j'étais totalement épuisée et à bout de force. Je n'avais pas eu une minute à moi depuis plus de 48 heures. Mon mari est alors entré dans la chambre de ma fille où je me trouvais et m'a dit d'un ton réprobateur : "Tu n'as pas lavé le manteau de Pierre ? On peut savoir ce que tu comptes lui mettre aujourd'hui ?" Non, je n'avais pas eu le temps de laver le manteau de mon fils tombé dans la cour de récréation. Je n'avais pas arrêté depuis deux jours, mais pour mon mari, j'étais restée à la maison tout ce temps-là, donc il était inadmissible que je ne l'aie pas lavé. Si quelque chose ne va pas, mon mari ne manque jamais de me faire sentir que c'est ma faute, et moi, je finis par le croire ! »

De nombreuses mères que je vois en consultation se plaignent de ce que leur mari ou partenaire est insensible à ce qu'elles ressentent et manque de tact quant aux efforts qu'elles fournissent dans leurs responsabilités maternelles. Même lorsqu'elles ont été particulièrement productives, la simple remarque : « Qu'est-ce que tu as fait aujourd'hui ? » peut être interprétée comme : « Je ne vois pas une chose qui me fasse penser que tu aies accompli quelque chose aujourd'hui. » Si, de surcroît, il s'agit d'une de ces journées où le manque de contrôle et l'imprévisibilité ont bouleversé tout leur programme, cette question innocente peut être perçue comme une véritable critique. Une mère déjà découragée par le manque de temps va la vivre comme un *feed-back* négatif, alors qu'elle n'a cessé de s'efforcer de bien faire.

Pire encore que les remarques insensibles, il y a les critiques pures et dures, celles qui ont l'air d'insinuer qu'une mère est incapable d'élever ses enfants correctement. Estelle, mère de trois enfants, me racontait sa colère suite à une critique de ce genre. Son mari avait été absent pendant une semaine pour un séminaire en Thaïlande. La semaine avait été particulièrement éprouvante pour Estelle, seule à gérer ses trois enfants qui avaient mis sa patience à rude épreuve. La dernière soirée s'était avérée particulièrement difficile. Elle avait dû lutter pied à pied pour que ses enfants lui obéissent. « Il a fallu que je me batte pour tout : pour qu'ils se déshabillent pour le bain puis pour qu'ils rentrent dans le bain et ensuite pour qu'ils en sortent, pour les mettre en pyjama et enfin pour les faire manger. C'est comme si, ce soir-là, ils s'étaient surpassés ! » Estelle, à bout de patience, s'était mise à crier pour tenter vainement de se faire obéir. Son mari est alors rentré et, sans chercher à comprendre ce qui se passait, ni la fatigue que sa femme ressentait, lui dit sur un ton de reproche : « Tu es toujours en train de crier ! Si tu criais un peu moins et si tu t'occupais un peu mieux des enfants en étant plus calme, tout le monde serait beaucoup plus décontracté, et les enfants seraient sûrement beaucoup plus gentils ! Ce ne sont pas les enfants qui sont insupportables, c'est toi ! Tu es toujours stressée, tu vas finir par tomber malade ! » La sentence était tombée : Estelle, habituée à ce type de commentaires, s'était peu à peu convaincue d'être une mauvaise mère. Sa culpabilité grandissante la rongeait, et plus son mari la critiquait, plus elle avait l'impression qu'elle était totalement incompétente.

« Miroir, miroir, dis-moi si je suis une mauvaise mère ! »

Le cas d'Estelle n'est malheureusement pas unique et illustre les dangers engendrés par les critiques répétitives qui touchent directement l'aptitude d'une personne à accomplir une tâche correctement. Le concept de « prophétie autoréalisée » (*self-fulfilling prophecy*) introduit par le Dr Snyder en 1977[8] explique que l'opinion d'une personne à l'encontre d'une autre incite cette dernière à se comporter de manière à confirmer l'opinion que l'on a d'elle, même si celle-ci est fausse au départ. Ce phénomène de « prophétie autoréalisée » a été testé à maintes reprises

---

8. M. Snyder, E. D. Tanke et E. Berscheid, « Social perception and interpersonal behavior : On the self-fulfilling nature of stereotypes », *Journal of Personality and Social Psychology*, 35, 656-666, 1977.

dans de nombreuses expériences. L'une de ces expériences met en scène des maîtresses de primaire. On leur dit, en début d'année, que certains de leurs élèves ont obtenu des scores exceptionnels sur des tests de QI alors que d'autres avaient eu des scores médiocres, laissant à penser qu'ils étaient limités intellectuellement. Un test de QI avait en effet été proposé à tous ces élèves, mais les noms des élèves cités avaient été choisis de façon totalement aléatoire, sans même que leurs scores aient été consultés. D'entrée de jeu, les maîtresses avaient une opinion soit très positive, soit très négative à l'égard de leurs élèves. Elles se comportèrent tout au long de l'année de façon complètement différente selon qu'elles pensaient avoir affaire aux enfants surdoués ou aux enfants intellectuellement limités. Dans le premier cas, leurs attentes se traduisaient par beaucoup d'encouragements et de renforcements positifs, et, dans le second cas, par des critiques incessantes et dénigrantes. En fin d'année, les chercheurs ont effectué de nouveaux tests psychologiques et d'aptitudes intellectuelles. Les enfants jugés comme surdoués ont obtenu des scores de QI nettement plus élevés qu'en début d'année ainsi que sur les échelles visant à mesurer l'estime de soi et la confiance en soi. Les enfants considérés comme limités, par contre, obtinrent des scores inférieurs sur toutes ces mesures, comparés à ceux recueillis en début d'année. Il va sans dire que cette expérience conduite dans les années 1970 fut fortement critiquée pour son manque d'éthique. Elle est malgré tout restée une véritable référence quant aux dangers engendrés par le phénomène de « prophétie autoréalisée ».

Il arrive que les mères soumises à des critiques constantes finissent, tout comme Estelle, par se comporter de façon à confirmer l'opinion de leur entourage. Si leur entourage faisait preuve d'opinions positives et encourageantes à leur égard, il y a de bonnes raisons de penser que leurs comportements répondraient à ces attentes de façon constructive et épanouissante pour elles-mêmes et pour les autres.

Il est impossible de nier l'importance capitale que joue l'estime de soi dans l'épanouissement de tout être humain, et les mères n'échappent pas à cette règle. J'ai constaté maintes fois chez les femmes combien une pauvre estime de soi liée à leur rôle de mère peut aboutir à des états dépressifs alarmants. Hans Strupp[9], chercheur et psychothérapeute, remarquait : « Dès que vous écoutez l'historique d'un patient, on découvre invariablement de la tristesse, de la frustration et du désespoir... À la base de ces difficultés se retrouvent la plupart du temps des défaillances au niveau de l'acceptation de soi et de l'estime de soi. » Les personnes ayant une pauvre estime d'elles-mêmes ne se voient pas nécessairement comme méchantes ou ne valant rien, mais elles disent rarement des choses positives à leur propos. Une faible estime de soi comporte de lourdes conséquences. Ainsi la tristesse et le désespoir vont-ils souvent de pair avec une estime de soi défaillante.

Abraham Maslow[10] montre explicitement dans sa célèbre « pyramide des besoins » que les besoins des êtres humains en termes d'appartenance, d'acceptation de la part d'autrui, d'estime de soi et de compétence viennent tout de suite après nos besoins physiologiques les plus basiques, comme la nécessité de satisfaire la faim et la soif

---

9. H. H. Strupp, « The outcome problem in psychotherapy : Contemporary perspectives », dans J. H. Harvey et M. M. Parks (éds.), *The Master Lecture Series : vol. 1. Psychotherapy Research and Behavior Change*, Washington DC, American Psychological Association, 1982.

10. A. H. Maslow, *Motivation and Personality* (2e édition), New York, Harper & Row, 1970.

ou le besoin de nous sentir en sécurité et à l'abri de tous dangers.

« Au départ, les critiques de mon mari et de ma famille me mettaient seulement en colère, m'expliquait Corinne, 28 ans et mère de deux petites filles, mais avec le temps j'ai commencé à y croire et à me demander si j'étais capable de faire quoi que ce soit correctement... » Même un nombre peu important de critiques ou de *feed-back* négatifs peut finir par ébranler l'estime et la confiance en soi d'une mère. Parfois, la simple absence de reconnaissance ou la sensation d'être transparente va avoir les mêmes conséquences. Lorsqu'une mère ne reçoit pas de *feed-back* positif de son mari ou de son partenaire, cela veut dire qu'elle n'est pas valorisée par l'une des personnes qui comptent le plus pour elle, et cela représente une source de tristesse et de stress considérable dans sa vie.

Sentiment d'être transparente, manque de reconnaissance, critiques, sentiments induits de n'être pas à la hauteur de la tâche à accomplir, estime de soi et confiance en soi ébranlées sont autant de circonstances qui finissent par avoir raison de la bonne volonté d'une mère. Elle sombre alors dans la mélancolie, la tristesse et la frustration. Dans le but d'obtenir un peu de reconnaissance ou seulement de mettre fin aux critiques, les mères vont donner toujours plus, dans l'espoir de voir leurs efforts enfin reconnus et appréciés. Confrontée de façon répétitive à ces sources de stress, l'énergie physique et émotionnelle de la mère s'épuise pour finalement s'éteindre. Si cet épuisement est trop fort, elle finit par baisser les bras et se sent incapable de donner le change. C'est la porte ouverte au *burn-out maternel* et à la dépression qui l'accompagne.

Se pose alors la question : à qui la faute ?

CHAPITRE 6

« Chéri, il faut qu'on parle ! »
L'importance du soutien social

> « Les enfants sont comme des ancres qui tiennent les mères accrochées à la vie. »
> SOPHOCLE

L'Homme est un être social

« L'enfer, c'est les autres », écrivait Jean-Paul Sartre. Néanmoins, avant d'être un enfer, les autres sont une nécessité pour l'être humain. Vivre avec les autres, c'est éviter l'isolement et la souffrance émotionnelle qui en découle. Les autres nous aident aussi à affronter les multiples situations de stress qui jalonnent nos vies.

L'être humain est avant tout un être social, comme l'affirmait déjà Aristote. Hormis ceux qui trouvent leur équilibre en vivant loin du monde, nous avons en général tous un besoin vital d'être entourés de gens qui comptent pour nous et qui sont capables de nous apporter présence et soutien dans notre vie quotidienne. Une fois de plus, il ne s'agit pas là d'un caprice mais bien d'une nécessité en partie biologique.

Shelley Taylor, spécialiste en psychologie sociale à l'université de UCLA aux États-Unis, effectue en 1989 une étude très intéressante[1]. Elle interviewe plusieurs femmes d'une cinquantaine d'années, toutes mariées, mères de trois enfants, et qui ont souffert d'un cancer du sein comparable sur le plan médical. Ces femmes sont en rémission à la suite d'une opération et six mois de chimiothérapie. Il existe cependant une différence fondamentale entre elles : certaines vivent seules suite à un veuvage ou à un divorce, et leurs enfants résident dans d'autres états des États-Unis ou à l'étranger. Les autres ont en revanche toujours leurs conjoints à leurs côtés ainsi que leurs enfants dans la même ville : ils leur rendent visite fréquemment et leur offrent ainsi une vie familiale active et agréable. Trois ans après les premières interviews, le Dr Taylor reprend contact avec toutes ces femmes. Elle découvre alors que la moitié de celles qui vivaient seules sont décédées dans les trois années. Par contre, celles qui jouissaient de la présence de leur famille à leurs côtés, coulent des jours paisibles, soutenues par l'attention affectueuse de leurs enfants, de leurs conjoints et de leurs amis. Elles se disent heureuses et en bonne santé.

Il est bien évident que deux cancers ne sont jamais exactement similaires et qu'il est impossible d'être absolument certain que seuls les contextes familiaux sont à l'origine des taux de survie observés. Cette étude rejoint néanmoins d'autres études importantes selon lesquelles le soutien social – qui se traduit par le sentiment d'être aimé,

---

1. S. E. Taylor, *Positive Illusion*, New York, Basic Books, 1989.

d'exister pour autrui et d'être encouragé par la famille et les amis – favorise non seulement l'épanouissement personnel, mais aussi la bonne santé des individus.

Gros plan sur le stress

Le stress est un terme utilisé de maintes façons. Si l'on s'en remet strictement à la recherche scientifique, nous savons qu'il est défini comme un processus par lequel nous percevons et initions des comportements en réponse à certains événements, communément appelés *stresseurs*, que nous évaluons comme menaçants ou comportant un défi que nous devons relever. Ces *stresseurs* peuvent représenter une source de motivation et une opportunité pour nous de grandir sur un plan personnel parce que nous apprenons à les surmonter. Ils peuvent aussi constituer une véritable menace pour nos ressources personnelles, notre sécurité et notre santé.

Les événements de notre vie quotidienne déclenchent des réactions émotionnelles et psychologiques importantes qui vont avoir de fortes répercussions sur notre corps. Ils produisent en effet un flux d'hormones du stress connues sous les noms d'*adrénaline*, de *noradrénaline* et de *cortisol*. Je reparlerai plus longuement des effets physiologiques du stress dans le chapitre 11 réservé aux conséquences du *burn-out*. Il est cependant important pour l'instant de préciser que ces hormones de stress ont été reconnues dans de nombreuses études comme ayant un fort impact sur notre système immunitaire – affaibli en leur présence.

De plus, les stress d'intensité moyenne mais chroniques semblent avoir un effet particulièrement néfaste. La réponse physiologique qu'ils produisent place le corps dans un état d'alerte quasi constant qui entraîne une production continuelle de ces fameuses hormones. D'où le *burn-out*, caractérisé par la présence de ces stress répétés, et ses effets dévastateurs sur notre santé et bien évidemment sur celle des mères qui en souffrent.

Comment le soutien social agit sur le stress

Pour en revenir à l'importance du soutien social que nous apportent les autres dans nos vies, il faut savoir, comme je l'ai indiqué précédemment, qu'il joue un rôle prépondérant dans la minimisation des effets nuisibles du stress. Je citerai en exemple cette étude effectuée au début des années 1990[2] auprès de patients atteints de leucémie et s'apprêtant à subir une transplantation de moelle osseuse. Seulement 20 % de ceux qui disaient jouir de peu de soutien émotionnel et affectif étaient encore en vie deux ans après leur opération, contre 54 % de ceux qui rapportaient bénéficier d'un excellent soutien de leurs proches. Prenons encore cette étude, conduite auprès de 1 234 patients ayant souffert d'une crise cardiaque, et parmi lesquels ceux qui vivaient seuls, donc avec un soutien social minimal, avaient deux fois plus de risques de souffrir d'une nouvelle attaque dans les six mois[3] suivants.

Pourquoi la présence bienveillante des autres et le soutien social qu'ils offrent ont-ils de tels effets sur le stress ? Lorsque nous sommes confrontés à des situations de stress

---

2. E. A. Colon, A. I. Callies, M. K. Popkin et P. B. McGlave, « Depressed mood and other variables related to bone marrow transplantation survival in acute leukaemia », *Psychosomatics*, 32, 420-425, 1991.

3. R. B. Case, A. J. Moss, N. Case, M. McDermott et S. Eberly, « Living alone after myocardial infarction : Impact on prognosis », *Journal of the American Medical Association*, 267, 515-519, 1992.

plus ou moins importantes, nous éprouvons de l'angoisse, de l'incertitude et une certaine vulnérabilité : nous ressentons un mal-être général qui requiert une part importante de notre énergie pour le gérer. Le simple fait de pouvoir extérioriser nos craintes, de confier notre douleur et nos doutes nous permet d'éviter de ruminer des idées négatives et des événements auxquels nous devons faire face. La présence d'autrui et l'écoute permettent de relâcher la tension et de diminuer les effets émotionnels et physiologiques néfastes qui y sont associés.

Plus de cinquante études ont révélé que le soutien social de l'entourage calme de façon significative le système cardiovasculaire en faisant baisser la pression artérielle et la production des hormones de stress. Si on réprime ses pensées négatives, ses doutes et ses peurs, on peut avoir l'impression temporaire d'en être débarrassé. Mais elles ressurgissent par la suite de façon intrusive et préoccupante. L'opportunité de confier à autrui ces pensées angoissantes peut permettre de briser ce cercle négatif. Le psychologue James Pennebaker[4] a illustré ce phénomène dans l'une de ses études : il demanda à des volontaires de confier anonymement à un expérimentateur un souci qui les tourmentait. Avant cela, les volontaires devaient d'abord raconter une situation banale qui ne leur causait pas d'inquiétude particulière. Des mesures physiologiques relevées au cours des interviews ont révélé que le corps des participants restait particulièrement tendu durant toute la période pendant laquelle ils parlaient de l'événement sans importance. Il se relaxait ensuite de façon très significative quand les sujets pouvaient enfin confier le problème

---

4. J. Pennebaker, *Opening up : The Healing Power of Confiding in Other*, New York, William Morrow, 1990.

majeur qui les préoccupait : leur pression artérielle avait chuté, leur rythme cardiaque avait diminué ainsi que la tension musculaire, et ils étaient beaucoup moins agités.

Quand nous sommes confrontés à une situation de stress, il semble que l'écoute, la présence et le soutien bienveillant des autres soient une aide précieuse qui encourage, rassure et permet à notre corps de mieux gérer le stress auquel il est soumis.

Le besoin de soutien des mères

Comme nous l'avons vu, les stresseurs maternels, aussi variés que répétitifs, usent petit à petit le capital énergie de la mère. Si cette réserve ne se renfloue pas au fil du temps, l'expérience du *burn-out maternel* est un risque que le soutien des proches pourrait réduire de façon significative. Cependant, de la même manière que les mères rapportent une absence de récompense et de reconnaissance pour leur travail, elles disent aussi souffrir du manque de soutien émotionnel, d'écoute et d'encouragement de leur entourage. Ce manque représente pour elles une source supplémentaire de stress : elles se sentent seules pour affronter les situations difficiles qu'elles rencontrent. Isolées dans ce stress, dont l'entourage ne comprend pas toujours l'ampleur et la gravité, elles ont fréquemment la sensation d'être responsables de leur mal-être. Elles se sentent coupables de ne pas savoir gérer leurs angoisses que le manque d'attention des autres peut faire paraître comme sans fondement.

« Quand les enfants me poussent à bout et que mon manque de patience est à son comble, j'ai des idées affreuses qui me traversent l'esprit, me confiait Chloé mère de trois enfants en bas âge. C'est comme si tout mon corps devenait tendu comme un arc. J'essaie de rester calme, mais il y a des fois où je n'en peux plus. C'est alors que je me surprends à imaginer des choses épouvantables où je me vois prendre l'un d'eux et me mettre à le frapper pour qu'il se taise enfin. Mais le pire, c'est que dans ces scénarios imaginaires je suis tellement à bout que je n'arrive plus à me contrôler, et je frappe encore et encore. C'est horrible ! J'ai honte d'avoir de telles pensées car je me sens la plus indigne des mères. Je ne frappe pourtant jamais mes enfants, mais ces sortes de fantasmes me terrorisent car, même s'ils ne sont pas réels, ils me donnent l'impression que je serais capable de leur faire du mal. » Chloé était très marquée par ses pensées. Elle aurait aimé en parler avec son mari, mais celui-ci était très pris par son travail et, lorsqu'il rentrait tard le soir, il réagissait négativement aux confidences de sa femme. « J'ai d'autres soucis en tête, lui disait-il, je n'ai pas besoin de ça en plus. Si les enfants sont insupportables, donne-leur une bonne fessée, et on n'en parle plus. T'occuper des enfants est la seule chose que tu aies à faire, alors s'il te plaît tu gères, et je ne veux pas en entendre parler ! »

Chloé avait donc appris à n'attendre aucun soutien de sa part, mais ces pensées restaient très présentes et l'inquiétaient au point qu'elle en avait perdu le sommeil. Elle restait des heures, éveillée, la nuit, à ruminer ses idées, affolée à l'idée qu'elle puisse un jour réellement perdre le contrôle de ses actes et devenir violente avec ses enfants. Sachant, par ailleurs, qu'elle ne pouvait pas attendre de soutien de sa famille, Chloé n'osait pas non plus se tourner vers ses amies, persuadée que celles-ci ne pourraient la comprendre. Elle craignait d'être sévèrement jugée et considérée comme une mère dangereuse. Après quelques semaines de ce stress, Chloé commença à voir sa santé se dégrader. Le manque de sommeil aidant, elle avait des maux de tête de plus en plus fréquents ainsi que des vertiges qui l'inquiétaient d'autant plus qu'ils l'empêchaient parfois de rester debout. C'est dans cet état de stress intense qu'elle est venue me consulter. Lors de notre premier entretien, elle décrivait des épisodes d'angoisses extrêmes durant lesquels les vertiges devenaient insupportables. Son cœur se mettait à battre la chamade, et elle avait des sueurs profuses. Je reconnaissais dans ces épisodes des attaques de panique caractérisées. Persuadée qu'elle était en train de perdre la raison et qu'elle devenait folle, Chloé pensait qu'elle était un danger pour ses enfants et qu'elle n'était plus en mesure d'assumer son rôle de mère.

Cet exemple n'est pas rare, et Chloé fut surprise d'apprendre que beaucoup de mères subissant des stress semblables aux siens en venaient aussi à avoir des pensées négatives à l'égard de leurs enfants. La thérapie lui permit de se confier et d'extérioriser ses angoisses sans être jugée, et d'être rassurée sur le fait qu'avoir de telles pensées ne signifie bien évidemment pas qu'elle les mettra à exécution. Le stress avait cependant créé une telle tension émotionnelle et physique chez Chloé qu'elle avait fini par se rendre malade. Quelques séances de thérapie lui permirent de soulager ses peurs. Elle admit, elle-même, qu'un peu d'écoute de la part de son mari et l'opportunité de discuter dans un climat de confiance avec lui auraient sans doute évité que la situation prenne une telle ampleur.

« J'ai besoin de parler ! »

« Il faut qu'on parle ! » Voilà une phrase que bien des femmes, qu'elles soient mères ou non, disent à leur conjoint dans l'espoir d'ouvrir un dialogue à propos des pensées ou des situations qui les préoccupent. Et combien de fois cette simple phrase est-elle accueillie par un soupir, un recul ou même un refus catégorique de communiquer ? Je ne souhaite pas ouvrir une polémique sur les différences fondamentales entre les hommes et les femmes dans leur mode de communication. Je voudrais cependant aborder les difficultés que beaucoup de mères rencontrent lorsqu'elles cherchent un soutien de leurs partenaires face à leur stress.

Qu'il soit dû à un emploi du temps surchargé, à l'absence de contrôle, au caractère imprévisible de certains événements, au manque de reconnaissance ou à l'association de tous ces facteurs et d'autres encore, le stress ressenti par une mère peut être tel qu'elle a besoin de savoir qu'elle n'est pas seule à en porter le poids, et qu'elle peut compter sur une personne proche pour l'aider à y faire face. Ses responsabilités usent son énergie, et si l'occasion de se ressourcer ne lui est pas donnée, l'épuisement physique et émotionnel qui caractérise le *burn-out* devient à la longue inévitable. Le soutien, l'écoute, les encouragements et la présence bienveillante de ses proches représentent pour la mère une source de bienfaits extraordinaire qui lui permet de se décharger du poids de son stress et de recharger ses batteries. En l'absence d'un tel soutien, la mère se retrouve isolée, et sa détresse psychologique s'avère particulièrement néfaste. Tantôt incertaine de ses choix et de ses décisions, tantôt dépassée par les événements et la fatigue, la mère qui n'est pas épaulée, écoutée et soutenue par son entourage sent la tension monter en elle, sans opportunité apparente de l'évacuer de quelque façon que ce soit.

Christine, mère d'une petite fille de 4 mois, m'expliquait combien le soutien de son mari avait fait toute la différence dans sa vie de jeune maman : « Depuis la naissance d'Anaïs, je suis à la maison avec elle en permanence. Entre les nuits sans sommeil et tous les chamboulements créés par cette naissance dans mon quotidien, j'ai vraiment l'impression d'avoir découvert la signification du mot stress ! Il y a des soirs où je suis absolument à bout de fatigue et de résistance, soit parce que Anaïs a beaucoup pleuré, soit parce que je n'ai pas pu me poser une seconde dans la journée. Je suis alors tellement stressée que la première chose que fait mon mari en rentrant du travail, c'est de prendre Anaïs et de partir pendant une demi-heure la promener. Je peux alors enfin souffler et profiter du silence qui règne dans la maison. Mais ce qui est encore plus important pour moi, c'est de savoir que je peux lui parler de tout ce que je ressens et lui dire combien je trouve mon rôle de maman difficile et frustrant. Il m'écoute, me comprend, et trouve toujours les mots qui me rassurent et me redonnent confiance en ce que je fais et en la façon dont je le fais. Malgré tous mes doutes, il me fait sentir que je suis une bonne maman. Anaïs n'est pas un bébé facile, mais je sais que je ne suis pas seule à porter le stress et la fatigue qu'elle représente, et cela change tout pour moi. »

Le soutien de l'entourage est important pour soulager la tension causée par le stress des responsabilités quotidiennes d'une mère. Il devient tout à fait primordial lorsque celle-ci se trouve confrontée à de sérieux problèmes comme des soucis de type scolaire ou comportemental chez l'un de ses enfants.

Lorsque j'ai interviewé Marianne, elle vivait seule avec sa petite fille de 9 ans depuis six années. Son quotidien était d'autant plus dur qu'elle ne recevait aucune aide financière de son mari qui avait disparu sans laisser de trace. De plus, sa famille résidait à l'étranger. « C'est très difficile d'élever ma fille toute seule car je suis incapable de lui donner tout ce qu'une famille stable et soudée pourrait lui apporter. Je me bats comme une folle pour joindre les deux bouts et je fais ce que je peux pour l'élever correctement, mais je suis tout le temps fatiguée et je reconnais ne pas avoir beaucoup de patience. De plus, je travaille tard le soir et ne suis pas assez présente pour l'aider avec ses devoirs. Elle n'a pas un caractère facile. Elle se met souvent en colère pour un rien, et je sais qu'elle me tient responsable de l'absence de son père, même si j'ai essayé de lui expliquer les circonstances de son départ. À l'école, ça va de moins en moins bien. Elle devient de plus en plus agressive avec les autres enfants. La directrice m'a convoquée plusieurs fois parce qu'elle avait frappé d'autres élèves et que ses résultats sont médiocres. Je fais ce que je peux pour lui parler, mais ça finit toujours par des disputes terribles. Je ne sais plus quoi faire et je n'ai personne à qui parler et me confier, personne qui pourrait peut-être me donner des conseils et m'aider à voir ce que je fais de travers. J'ai très peu d'amis parce que je n'ai pas le temps de sortir, et ma famille est loin. La psychologue de l'école connaît les problèmes de ma fille et lui parle régulièrement, mais, moi, personne ne m'aide, personne ne voit à quel point je me sens perdue, à quel point je suis seule et combien c'est dur pour moi... »

Dans le cas de Marianne, les conséquences de l'isolement et de l'absence de soutien furent particulièrement catastrophiques. Son stress quotidien et sa solitude ont fini par avoir raison d'elle en la faisant plonger dans un état de *burn-out maternel* important. À bout de forces, physiques et émotionnelles, Marianne a peu à peu baissé les bras et abandonné la partie. Dépassée par les problèmes de sa fille, elle a cessé de se battre, atteignant ainsi le stade de *distanciation* du *burn-out*. Finalement, convaincue de son incapacité à remplir son rôle de mère et d'offrir un avenir décent à son enfant, Marianne fit une tentative de suicide qui valut à sa fille de lui être enlevée et placée dans un foyer d'accueil.

Le soutien au quotidien

Nous avons vu dans quelle mesure le soutien émotionnel qui se traduit par l'écoute, l'encouragement et la présence bienveillante des autres contribue à alléger le stress des mères afin d'éviter que celui-ci ne s'intensifie et ne les conduise à faire l'expérience du *burn-out maternel*. Ce soutien émotionnel est donc très important, mais il est un autre type de soutien qui joue un rôle tout aussi essentiel dans la réduction du stress maternel et qui semble, lui aussi, faire souvent défaut. Il s'agit du soutien et de l'aide apportés à la mère par ses proches, et plus particulièrement par son conjoint, dans les tâches et responsabilités quotidiennes qui concernent les enfants et l'entretien de la maison.

Il est indiscutable que l'un des facteurs de stress majeurs, capable de consommer le capital énergie d'une mère, et de la conduire à *l'épuisement physique et émotionnel* est la surcharge de travail qui est d'autant plus importante que le nombre des enfants se trouvant sous sa responsabilité est élevé. Le stress engendré par un emploi du temps lourd peut être considérablement diminué s'il existe une volonté de la part des proches de partager les tâches et de participer aux obligations familiales. Une mère dont le mari ou partenaire l'aide à donner le bain, à gérer une dispute entre les enfants, à passer l'aspirateur le week-end, à plier le linge propre, à mettre la table et même, comme beaucoup d'hommes savent de mieux en mieux le faire de nos jours, à préparer le dîner va voir son stress et sa fatigue réduire de façon très significative.

Ne pas se sentir seule, à devoir tout faire, est très réconfortant pour une mère qui, d'entrée de jeu, sait qu'elle peut se reposer sur son conjoint. Avant même d'entamer l'ensemble de ses tâches, la tension intérieure de la mère diminue, et sa longue liste de choses « à faire » ne paraît plus aussi insurmontable. Une fois de plus, ce qui importe pour la mère, c'est de savoir qu'elle n'est pas seule face à ses obligations. Un fardeau est toujours beaucoup moins lourd à porter à deux que seul, et bien que les responsabilités maternelles ne soient pas considérées comme un fardeau, elles sont malheureusement trop souvent perçues comme telles lorsqu'elles deviennent trop importantes.

À l'inverse, l'absence de soutien contribue à accroître le stress maternel, non seulement physique et émotionnel, mais aussi psychologique. Ce dernier sera d'autant plus fort que la fatigue physique est importante et que la mère va développer un fort sentiment de frustration et d'injustice vis-à-vis de son conjoint. « Je fais tout, tu ne fais rien », est une sensation qui apparaît bien souvent et qui aboutit la plupart du temps sur une colère grandissante. Ce « ras-le-bol » représente en soi un autre facteur de stress qui peut avoir des répercussions graves au sein de la famille.

« C'est moi qui faisais tout dans la maison, confiait Agnès, mère de deux enfants de 6 et 9 ans. Le ménage, la vaisselle, les lessives, les courses, les factures et les enfants avec tout ce que cela comporte : c'est moi qui devais tout mener de front en permanence. Mon mari considérait que, travaillant toute la journée, il avait le droit le soir de se reposer. Mais moi aussi j'ai une activité professionnelle, et j'étais tout aussi fatiguée que lui en rentrant le soir. Mais dans mon cas, je n'avais pas d'autre choix que de prendre sur moi et d'assumer toutes les responsabilités pendant qu'il regardait la télé ou passait son temps sur l'ordinateur. Pour lui, je suis la mère, donc c'est mon rôle que de m'occuper de la maison et des enfants. Je savais que je n'avais aucune aide à attendre de lui. Il me voyait m'agiter dans tous les sens pour tout faire, mais n'avait aucun problème avec ça. J'étais tout le temps épuisée et je lui en voulais de plus en plus : je trouvais cette situation terriblement injuste. J'étais très en colère contre lui, mais quand j'essayais de lui parler, il se braquait, et nous finissions par nous disputer. S'il ne m'aidait jamais, c'est parce qu'il se rendait bien compte que tout ce que je faisais était fatigant et rébarbatif, et bien sûr il n'avait aucune envie d'y prendre part. Un jour, j'en ai eu tellement assez d'avoir l'impression de vivre seule tout en étant deux que j'ai demandé le divorce. Quitte à me sentir toujours seule, là au moins je savais pourquoi je l'étais ! Il n'y avait rien de pire pour moi que de vivre avec quelqu'un qui disait m'aimer, mais sur qui je ne pouvais jamais compter pour m'aider et être présent dans les moments difficiles. »

Résumons-nous : la recherche sur le stress et le *burn-out* dans les contextes professionnels ou personnels nous montre de manière consistante que le soutien social apporté par l'aide et la présence pacifiante d'autrui est un puissant élément réducteur de stress. Ses effets protecteurs s'observent, au niveau physiologique, en atténuant la production des hormones de stress et, au niveau émotionnel et psychologique, en procurant à l'individu stressé l'opportunité d'extérioriser ses pensées négatives et ses angoisses associées à l'état de stress, allégeant ainsi les tensions intérieures qu'il produit.

La mère est, la plupart du temps, affairée, souvent débordée, devant faire face à mille obligations ménagères ou en rapport avec ses enfants. Elle ne connaît que de rares répits dans son travail. Elle est, de ce fait, une excellente candidate pour expérimenter le *burn-out* suscité par l'accumulation de stress modérés mais répétitifs et durables. Au même titre que n'importe quel autre type de stress, celui de la mère va bénéficier des avantages apportés par le soutien émotionnel et matériel de son entourage. Ce soutien permet aux mères non seulement d'éviter un isolement durement vécu en période de stress, mais aussi de restaurer leur énergie indispensable pour continuer à assumer leurs responsabilités sans risquer de souffrir de *l'épuisement physique et émotionnel* qui marque immanquablement l'entrée dans l'état de *burn-out maternel*.

CHAPITRE 7

Pas le droit à l'erreur

> « L'avenir d'un enfant est l'œuvre de sa mère. »
> Napoléon BONAPARTE

Être mère,
un travail de la plus haute importance

Tout travail auquel est associée une position de pouvoir génère un stress élevé chez celui qui doit l'accomplir. Qui dit « pouvoir » dit aussi « responsabilités importantes » qui doivent être remplies consciencieusement car, la plupart du temps, cela signifie qu'un ensemble de personnes vont être tributaires des choix et des décisions de celui ou de celle qui est doté d'une telle position de pouvoir.

Nous acceptons volontiers la notion que des responsabilités dont la portée peut avoir un impact sur un groupe d'individus, voire sur un organisme professionnel entier, augmentent les stress inhérents à n'importe quel travail. Nous sommes pourtant loin de reconnaître aussi facilement le stress immanent aux obligations maternelles. Ce travail s'accompagne de responsabilités incroyables, face auxquelles il serait bon de faire preuve d'humilité quand on pense aux répercussions qu'elles ont sur l'avenir et le bien-être physique, émotionnel et social de nos enfants.

Grâce à son instinct maternel, une mère ressent intuitivement l'importance de ses responsabilités, et une telle prise de conscience est généralement génératrice de stress. Malgré tout ce qu'elle a pu lire ou entendre, personne ne lui a véritablement appris que, sur ce petit bébé qui lui est confié lorsqu'elle sort de la maternité, elle va exercer un pouvoir extraordinaire, qu'elle le veuille ou non. Il est profondément impressionnant pour une mère de se trouver dans une telle position de pouvoir à l'égard d'une créature frêle et vulnérable. Elle découvre qu'elle a le pouvoir de le rendre heureux ou malheureux, de le faire sourire ou pleurer, de faire en sorte qu'il se sente bien ou mal, aimé ou mal aimé. Il n'est peut-être pas de plus grand pouvoir que de mesurer l'importance de son influence sur la vie et le bonheur d'un être humain. L'ascendant d'une mère sur son enfant n'est bien évidemment pas le seul dont il fera l'expérience dans son existence, mais c'est certainement celui qui se présente le plus tôt dans sa vie. Cet impact est le plus omniprésent et potentiellement le plus pernicieux si l'on en croit les études portant sur les effets des liens entre mère et enfant durant l'enfance. Amis et amants le feront peut-être souffrir ou pleurer, mais il aura toujours la possibilité de les tenir à l'écart ou d'en changer. Sa mère sera en revanche unique, que cela lui convienne ou non.

Il arrive souvent à mes enfants de se blottir dans mes bras. Débordants de tendresse, ils me disent en me regardant fixement dans les yeux : « Je t'aime tellement, maman. » Ce simple aveu m'emplit toujours d'un immense sentiment d'amour, et ma première réaction est de leur dire combien je les aime aussi. À cette effusion d'affection succède cependant une prise de conscience de tout ce que cet amour représente pour eux et du désir, du besoin que j'ai d'être présente pour eux à tout moment.

J'ai toujours ressenti cet amour entre eux et moi comme un *honneur*. C'est un cadeau extraordinaire qui m'a été offert par la vie, mais le poids d'une telle responsabilité peut aussi engendrer un stress important parce que j'ai l'impression, malgré moi, de ne pas avoir le droit à l'erreur. Je ne peux pas me permettre de faire de faux pas dans ce que je leur apporte, dans ce que je leur apprends et leur transmets. Les pères portent une partie de ce poids lorsqu'ils assument leurs responsabilités paternelles, mais il est un niveau de responsabilités que seule la mère ressent de par le lien physique, émotionnel et affectif qui l'unit à ses enfants. Ce lien trouve en partie ses racines dans la merveilleuse expérience de la grossesse et de la relation étroite qui s'ensuit. C'est la découverte des merveilles de l'instinct maternel.

Au travers de ces responsabilités, la mère participe au développement de son enfant de mille façons. Elle l'aide à construire son estime de soi, ses valeurs et sa confiance en soi. Elle contribue au développement du regard qu'il portera sur le monde qui l'entoure et la place qu'il y tiendra. Autant d'atouts et d'éléments qui jouent un rôle prépondérant dans l'évolution de l'identité de l'enfant et dans sa capacité à percevoir le monde comme un environnement inquiétant ou bénéfique qui le contrôle ou qu'il maîtrise. L'enfant doté d'une estime de soi solide aura confiance en lui et dans ce qui l'entoure, tout en faisant preuve d'un esprit d'initiative précieux. Il n'est pas étonnant que la conscience d'une telle responsabilité fasse la plupart du temps naître chez la mère un besoin de don de soi qui, malgré les difficultés rencontrées au jour le jour et la fatigue, est le plus souvent immuable. Donner sans compter requiert la plus grande partie des réserves d'énergie de la mère qui, comme nous l'avons vu, vont avoir tendance à s'amenuiser si elle ne peut se ressourcer correctement. *L'épuisement physique et émotionnel* risque alors de conduire la mère à l'expérience du *burn-out* dont les stades suivants, la *distanciation* et le *reniement des accomplissements passés, présents et futurs*, sont en complète contradiction avec les aspirations de son instinct de mère.

L'impact du lien mère-enfant

La conscience du rôle tenu par la mère, quant à l'évolution positive de l'enfant, a fait l'objet de nombreuses recherches. L'épanouissement social et cognitif de l'enfant passe par la qualité de son attachement à sa mère. Pendant des années, les psychologues spécialistes du développement des jeunes enfants pensaient que ces derniers s'attachaient à ceux qui étaient capables de satisfaire leurs besoins de nourriture et de sécurité matérielle. Par la suite, ces mêmes chercheurs se sont rendu compte qu'il s'agissait là d'une approche incomplète. Le psychologue Harry Harlow, de l'université du Wisconsin aux États-Unis, sépara des bébés singes de leur mère peu de temps après leur naissance pour les élever dans des cages indépendantes, où se trouvaient des couvertures de tissu doux. Le Dr Harlow fut étonné de voir que les bébés singes devinrent très attachés à ces morceaux de tissu. Lorsque les couvertures étaient retirées des cages afin d'être lavées, les bébés singes faisaient preuve d'une grande détresse.

Cet attachement à un simple morceau de tissu permit au Dr Harlow de révéler que le phénomène d'attachement n'était pas uniquement associé à la nourriture. Il démontra même que l'attachement affectif prévalait sur l'apport de nourriture. Pour ce faire, le Dr Harlow plaça dans la cage des bébés singes deux sortes de poupées métalliques servant de mères artificielles. L'une de ces poupées était faite de métal nu avec une tête en bois à laquelle était attaché un biberon auquel le bébé pouvait se nourrir. La seconde poupée était simplement enveloppée d'un linge doux. Lorsqu'un bébé singe était élevé avec ces deux mères artificielles dans sa cage, il démontrait une très nette préférence pour la poupée revêtue du tissu doux, allant seulement de temps en temps vers l'autre poupée, dans le seul et unique but de se nourrir. Des études ultérieures ont révélé que d'autres qualités telles que la chaleur, les bercements et la nourriture rendaient la poupée de tissu doux encore plus attrayante[1].

De la même manière, les jeunes enfants deviennent très attachés au parent, en l'occurrence leur mère, capable de procurer douceur, chaleur, bercements et nourriture. L'attachement de l'enfant va aussi dépendre de la capacité de cette personne à offrir une présence réconfortante en cas de détresse et une base sécurisante de laquelle l'enfant s'éloignera pour explorer le monde. Lorsque l'enfant mûrit, cette base sécurisante se déplace et passe du parent aux amis ou aux partenaires. Dans tous les cas et quel que soit l'âge, l'être humain est avant tout un être social. Il va s'épanouir grâce aux paroles et actions de ses proches qui lui diront : « Je suis là et je serai toujours là. Ce que tu fais, penses et ressens m'importe beaucoup et tu pourras

---

[1]. H. F. Harlow, M. K. Harlow et S. J. Suomi, « From thought to therapy : Lessons from a primate laboratory », *American Scientist*, 59, 538-549, 1971.

toujours compter sur moi. » Sa mère est la première personne, et sans doute la plus importe, à lui faire parvenir ce message. De là découlera sa capacité à entendre et à interpréter correctement les messages d'ordre affectifs envoyés par les personnes qui traverseront sa vie par la suite.

Le Dr Mary Ainsworth[2] a elle aussi, par sa recherche, contribué grandement à notre compréhension du développement émotionnel de l'enfant. Ses études ont permis de constater que les mères sensibles et attentives, c'est-à-dire celles qui sont à l'écoute des besoins de leurs enfants et y répondent de façon appropriée, avaient en général des enfants qui développaient un attachement positif et équilibré, permettant l'établissement de relations saines avec autrui par la suite. De la même manière, les mères insensibles et peu attentives, c'est-à-dire celles qui ne sont à l'écoute des besoins de leurs enfants que lorsqu'elles en ont envie et les ignorent le reste du temps, avaient des enfants qui leur vouaient un attachement précaire et mal adapté.

Les effets de l'attachement sur le développement de l'enfant

La qualité du lien entre mère et enfant semble avoir des retentissements importants à long terme sur le fonctionnement social et cognitif des enfants. Les études montrent que les enfants dont l'attachement à leur mère est sain et équilibré ont plus confiance en eux que les enfants ne jouissant pas de ce type d'attachement. Mis en présence d'activités stimulantes, ces enfants font preuve de plus

---

2. M. D. S. Ainsworth, « Infant-mother attachment », *American Psychologist*, 34, 932-937, 1979.

d'enthousiasme et de persistance et se comportent de façon plus sociable et attentive avec les autres enfants[3].

Le célèbre théoricien Erik Erikson avançait aussi l'idée que les enfants sainement attachés à leurs mères ont une approche de la vie basée sur un sens de confiance qui se traduit par la conviction que le monde est un lieu prévisible et fiable. Erikson n'attribuait pas ce sens de confiance au tempérament inné de l'enfant, mais à la relation avec sa mère durant les premières années de sa vie. Selon cette théorie, les enfants dont la mère était sensible, attentive et aimante, développaient une attitude marquée par la confiance plutôt que par la peur, attitude qui les accompagnait tout au long de leur vie[4]. Alors que la recherche à ce sujet se poursuit, nombreux sont ceux qui pensent que le développement du lien entre mère et enfant établit les bases de nos relations futures avec les autres et le monde qui nous entoure.

Un lien sain et équilibré entre une mère et son enfant est prédictif de sa compétence sociale. Par contre, un enfant dont l'attachement à sa mère est pauvre, fragile, mal adapté, ou même totalement absent, va avoir tendance à être renfermé, facilement effrayé et à montrer des comportements agressifs. L'impact de la pauvreté des liens affectifs entre mère et enfant a fait l'objet d'autres études. L'une d'entre elles démontre que des hamsters de tempérament calme et placide, qui ont été privés de leurs mères ou qui ont été maltraités ou négligés à un jeune âge, faisaient preuve de comportements mal adaptés lorsque placés dans des cages avec d'autres hamsters. Soit ils se laissaient dominer par les hamsters de taille égale ou supérieure, soit

---

3. L. A. Sroufe, N. E. Fox, V. R. Pancake, « Attachement and dependency in developmental perspective », *Child Development*, 54, 1615-1627, 1983.
4. E. H. Erikson, *Childhood and Society*, New York, Norton, 1963.

ils se comportaient de façon agressive et tyrannique quand leurs compagnons étaient plus petits qu'eux. Les chercheurs ont remarqué que le cerveau de ces animaux avait subi des modifications chimiques au niveau de certains neurotransmetteurs comme la sérotonine, connue pour calmer les pulsions agressives[5]. Une diminution des niveaux de sérotonine a été pareillement détectée dans le cerveau d'enfants maltraités ou ayant développé un attachement de pauvre qualité avec leur mère et qui deviennent agressifs durant l'adolescence et à l'âge adulte.

Le poids de la responsabilité

Les mères ressentent instinctivement ce que la recherche démontre sur l'importance des liens affectifs qui existent entre elles et leurs enfants. Leur instinct maternel les trompe rarement à ce sujet, et elles savent que d'elles dépendent, pour beaucoup, le bien-être et l'épanouissement de leur enfant. Cette prise de conscience représente une lourde responsabilité que l'on peut qualifier de *responsabilité émotionnelle*. Celle-ci est génératrice d'un stress justifié, compte tenu des enjeux familiaux qui y sont associés.

Que se passerait-il si une mère venait à disparaître ? Qu'adviendrait-il de ses enfants ? Cette pensée terrible traverse l'esprit de toutes les mères à un moment ou à un autre et engendre inévitablement angoisse et stress. Les mères sont parfaitement conscientes des répercussions qu'un tel événement aurait sur la vie de ceux qu'elle aime et qui dépendent d'elle. « Nous étions mariés depuis quel-

---

5. C. F. Ferris, « The rage of innocents », *The Sciences*, p. 22-26, 1996 (mars).

ques années lorsque nous avons eu notre premier enfant, me confiait une maman de 34 ans. J'aime énormément mon mari et j'ai toujours pensé qu'il était formidable. Cependant, à la naissance de notre aîné, j'ai découvert un amour tout autre et dont je ne soupçonnais pas l'existence. Je ne dis pas que l'un de ces amours est plus grand ou plus fort que l'autre, ils sont tout simplement différents. Je sais que si je venais à disparaître, mon mari serait très triste, mais je sais aussi qu'il serait capable de surmonter cette tristesse avec le temps et même peut-être de se remarier. Par contre, la vie de mon enfant ne serait plus jamais la même. La perte d'une maman est traumatisante pour un enfant. Il ne pourrait jamais me remplacer, et le simple fait de penser à sa détresse me terrifie totalement. Je ne peux pas supporter l'idée de ne pas être là pour lui. »

La recherche sur les effets de l'interruption du développement de l'attachement montre que les enfants confrontés à une séparation définitive d'avec leur mère sont tout d'abord accablés, puis finissent par se renfermer dans un état de désespoir profond[6-7]. Cette maman n'avait nul besoin de connaître le contenu de ces études pour savoir au fond d'elle-même que, si elle venait à disparaître, il s'ensuivrait une souffrance immense pour son enfant. Le stress que lui procurait cette pensée était insupportable et la tourmentait au point qu'elle ne parvenait plus à maîtriser ses angoisses devenues constantes et handicapantes pour elle.

Toutes les mères connaissent les sensations procurées par cette responsabilité émotionnelle. Les obligations qui s'y rattachent sont d'autant plus stressantes qu'elles exigent

---

6. J. Bowlby, *Separation : Anxiety and Anger*, New York, Basic Books, 1973.
7. S. Mincka, S. J. Suomi, « Social separation in monkeys », *Psychological Bulletin*, 85, 1376-1400, 1978.

une disponibilité physique, émotionnelle et affective considérable et constante. La mère doit donner beaucoup d'elle-même, et même si son souhait le plus cher est de pourvoir aux multiples besoins de ses enfants, donner est stressant car cela nécessite effort, énergie et patience.

Pas le droit à l'erreur

Mais le stress ne s'arrête pas là. Avec la conscience d'une telle responsabilité vient le stress lié à la crainte hypothétique et constante de faire une erreur. De nombreuses mères craignent de ne pas être à la hauteur de leurs responsabilités, ce qui pourrait avoir des conséquences très négatives sur la vie et l'avenir de leurs enfants. Cette crainte est vécue comme une épée de Damoclès constamment présente au-dessus de leur tête. La mère sait combien les choix qu'elle fait pour ses enfants sont importants parce qu'ils les influencent non seulement dans le présent, mais aussi tout au long de leur vie. Les enfants n'ont que peu de contrôle sur ce qu'il leur arrive et sont dépendants de nous et des décisions que nous prenons à leur égard. Si ces décisions sont mauvaises ou inappropriées, ils en subiront les conséquences à long terme.

Caroline, maman d'un petit garçon de 2 ans, me disait : « Je me demande sans cesse si l'éducation que je donne à mon fils lui permet de développer au mieux ses capacités. Qui me dit que dans vingt ans il n'y aura pas quelqu'un pour dire : "Si sa mère avait fait ceci ou cela, il s'en sortirait sans doute beaucoup mieux !" Aura-t-il son bac ? Fera-t-il des études supérieures qui lui permettront d'obtenir un travail qui lui plaît et bien payé ? En cas d'échec il y aura toujours des gens pour dire : "Si seulement sa mère avait été plus présente, lui avait lu plus de livres pendant son enfance afin de stimuler sa curiosité intellectuelle et l'avait plus aidé avec ses devoirs scolaires, il n'en serait pas là aujourd'hui !" »

Cette mère assume une responsabilité émotionnelle pour le développement de son enfant, consciente des répercussions de sa contribution pour son avenir. Dans son esprit, la moindre erreur de sa part peut avoir des conséquences négatives et handicapantes pour son fils. Cette angoisse de mal faire et de commettre des erreurs irréparables est un stress qui pèse lourd sur ses épaules. Elle va alors s'efforcer de prévenir l'occurrence de telles erreurs en redoublant de vigilance, ce qui exige d'elle une concentration de force et d'énergie énorme.

Avant d'avoir des enfants, Hélène craignait de ne pas entendre son enfant pleurer la nuit. « J'ai toujours eu un sommeil de plomb et j'étais persuadée que rien ne pourrait me réveiller. À la naissance de mon bébé, j'avais peur de ne pas l'entendre pleurer et de ne pas pouvoir être là s'il avait besoin de moi. Mais la nuit qui suivit mon retour de la maternité, je me suis vite rendu compte que mes peurs n'étaient pas fondées. J'avais placé mon bébé dans un petit berceau près de moi et j'ai découvert que le moindre de ses mouvements ou de ses gémissements me réveillait instantanément. » Hélène vit ses habitudes de sommeil se modifier de façon permanente. Elle était à présent une maman et à ce titre avait immédiatement assumé une responsabilité émotionnelle qui lui était inconnue jusqu'alors. Elle s'était tellement inquiétée auparavant de ce que l'instinct maternel puisse lui faire défaut que de se réveiller et de sentir cette responsabilité émotionnelle pour son bébé était pour elle aussi rassurant que stressant et fatigant.

Il y a aussi ces mères pour qui cette responsabilité devient tellement extrême qu'elle finit par représenter un réel danger pour leur santé physique et psychologique. « Quand mon premier enfant est né, j'avais tellement entendu parlé du syndrome de la mort subite du nourrisson (SMSN) que j'étais obnubilée par l'idée que cette catastrophe puisse arriver à mon bébé, m'expliquait Jessica, une jeune maman de 28 ans. Bien que Nicolas soit né à terme et qu'il ne présente aucun problème de santé particulier, j'étais néanmoins terrifiée et la nuit je n'osais pas dormir. Je restais allongée dans le noir pendant des heures à écouter Nicolas respirer, prête à bondir et à intervenir en cas de problème. Je m'assoupissais de temps en temps, mais le moindre bruit me réveillait, et je restais ensuite éveillée de peur de ne plus entendre ses respirations. » Après une semaine entière d'un manque quasi total de sommeil, Jessica était épuisée, et sa santé commença à se détériorer. Sa mère dut venir l'aider pendant une semaine. Elle dormait avec Nicolas dans une autre chambre afin que Jessica puisse se reposer et dormir. Cette semaine passée à l'écart de son fils pendant la nuit aida aussi Jessica à se rendre compte que Nicolas ne montrait aucun signe laissant présager qu'il pourrait être victime du SMSN. Elle était rassurée et put reprendre un rythme de vie et de sommeil normal pour autant que le sommeil de la maman d'un nourrisson puisse être considéré comme normal !

Cet exemple est évidemment extrême, mais il illustre bien comment ce sens de responsabilité émotionnelle que les mères ressentent au fond d'elles-mêmes est particulièrement puissant et peut parfois paraître irrationnel vu de l'extérieur. La plupart d'entre nous apprennent à se détendre un peu avec le temps, et bien souvent le deuxième enfant ainsi que les suivants bénéficient de ce recul. Nous finissons par développer des techniques qui nous sont propres pour faire face à ce sentiment de responsabilité. Il arrive même que nous perdions de vue, de temps à autre, l'importance et le sérieux de notre travail de mère. Mais au fond de nous, au plus profond de notre subconscient, nous ne nous libérons jamais totalement du poids de cet incroyable pouvoir qu'il nous est donné d'exercer sur la vie de nos enfants, de telle manière que le stress qui y est associé ne disparaît jamais non plus complètement.

CHAPITRE 8

Si la maternité m'avait été contée... !

> « Il n'y eut jamais d'enfant aussi mignon, mais sa mère était heureuse quand il s'endormait. »
> Ralph WALDO EMERSON

Toutes les activités demandent un savoir-faire, une connaissance des techniques qui permettront de les accomplir dans les meilleures conditions. Une connaissance insuffisante ou une formation inappropriée représentent un sérieux handicap.

La recherche sur le stress professionnel montre que l'absence de formation appropriée produit des niveaux de stress importants qui contribuent au développement du phénomène de *burn-out*[1]. Les employés concernés par ce problème disent être stressés lorsqu'ils sont placés dans des situations nouvelles qui requièrent des capacités particulières et pour lesquelles ils n'ont reçu aucune formation

---

1. V. Guéritault-Chalvin, « Job-person interaction in the development of occupational burn-out : Testing the reliability and validity of the job-person interaction scale », thèse de doctorat en cours de publication.

ou si peu. La plupart du temps, cette absence de formation est due à des réductions budgétaires de plus en plus fréquentes ; aujourd'hui les entreprises considèrent que l'employé doit « apprendre sur le tas. »

« Apprendre sur le tas » est certainement ce qui caractérise le mieux l'expérience de la femme qui fait ses premiers pas, ainsi que les suivants, dans la maternité. Il est très regrettable que nous, les mères, ne soyons pas renvoyées dans nos foyers à la sortie de la maternité avec un mode d'emploi clair, concis, complet et infaillible sur le comportement à adopter vis-à-vis du petit être fragile à qui nous venons de donner naissance ! La plupart d'entre nous deviennent mères sans avoir reçu la moindre préparation pratique. Malgré les grandes responsabilités qu'implique le fait d'avoir des enfants, aucune formation n'est exigée pour entrer dans l'univers extraordinaire de la maternité. Aucune formation n'est d'ailleurs véritablement mise à notre disposition. Pas d'apprentissage des rudiments nécessaires au bon accomplissement de nos obligations maternelles avant le moment fatidique de la naissance de notre enfant.

L'absence de formation pratique

Une formation adéquate et pratique sur ce que les mères doivent savoir faire avec leurs enfants me semble être un élément manquant. Nombreuses sont les femmes qui ne connaissent pas les gestes les plus élémentaires lorsqu'elles se retrouvent pour la première fois face à leur bébé.

Lorsque mon fils Léo est né, bien qu'envahie par la sensation sublime de l'instinct maternel, je n'avais pas la moindre idée de la façon de m'occuper de lui. Je ne savais pas par quel bout prendre ce petit bout de chou qui me paraissait si fragile et devant lequel je me sentais totalement désarmée. Je me souviens de mes premiers jours à la maternité. J'étais complètement à la merci des infirmières du service qui, à ma grande surprise, me donnaient des conseils variant considérablement de l'une à l'autre. Et du pédiatre qui passait après elles et remettait alors en question tout ce que j'avais essayé d'assimiler jusque-là. Un matin, alors que Léo pleurait et que je tentais de le consoler en le berçant, une infirmière entra dans ma chambre et s'exclama, comme si elle m'avait surprise en train de commettre une erreur flagrante : « Ne le prenez surtout pas dans vos bras ! Il ne faut pas qu'il s'y habitue sinon il va vous manipuler et il fera de vous son esclave ! » Sa recommandation me paraissait d'autant plus absurde qu'elle allait à l'encontre de tout ce que mon instinct de mère me dictait. Mais mon inexpérience me fit douter de la valeur de mon jugement. Je me sentais perdue face à tous les soins à donner à un nouveau-né. Je ne savais pas comment l'allaiter, comment lui donner un bain, comment le moucher ou changer ses couches. Ces couches qui furent trop serrées tout le premier mois, jusqu'à ce que ma belle-sœur me fît remarquer, avec beaucoup de tact, qu'il serait peut-être préférable de laisser un peu d'espace autour de son petit estomac !

Nous faisons toutes l'expérience de ce manque de savoir-faire, et le quotidien se charge petit à petit de combler nos lacunes. C'est ainsi que nous faisons l'apprentissage de notre rôle de mère : à tâtons. Nous apprenons de nos erreurs et, avec le temps, nous finissons par acquérir plus de confiance en nous. Mais cet apprentissage est stressant parce que la marche à suivre est mal définie et que bien souvent nous ne sommes pas certaines de bien nous y prendre.

Ce doute, ce manque de confiance qui accompagne la mère dans l'éducation qu'elle donne à ses enfants (surtout le premier) génère des angoisses, une agitation intérieure, un sentiment de frustration et donc du stress. Dans la mesure où le manque d'expérience vient s'ajouter au sentiment de responsabilité émotionnelle dont nous avons parlé précédemment, un stress important s'accumule qui conduit la mère à remplir ses responsabilités de façon parfois mal contrôlée, désordonnée, voire inefficace. Beaucoup d'énergie est engagée afin de compenser les hésitations, sans pour autant que les résultats s'avèrent immédiatement probants. Être mère demande d'adopter un système où on n'avance que par approximations successives, où on apprend à retenir les techniques qui permettent d'obtenir des résultats satisfaisants et à rejeter celles qui ont échoué.

Ce désordre et ces frustrations dues à l'inexpérience consument une énergie considérable. Si elle n'est pas renouvelée par le soutien, l'aide au quotidien, la reconnaissance et les encouragements de l'entourage, à une période où la confiance en soi est mise à rude épreuve, cette énergie s'épuise. Je n'insisterai donc jamais assez sur l'importance d'une présence chaleureuse et d'une écoute attentionnée dans le cercle familial des mères. Si celles-ci font défaut, les réserves d'énergie de la mère vont se détériorer, et cela risque alors de la faire entrer dans la phase d'*épuisement physique et émotionnel* du *burn-out maternel*.

La peur de l'inconnu est génératrice de stress. Dans ce cas, l'angoisse et le stress causés par la crainte de l'erreur sont d'autant plus grands que la mère ne se sent pas armée pour les éviter. S'y ajoute le stress engendré par le sentiment d'absence de contrôle. Nous avons déjà vu à quel point l'absence de contrôle favorise l'apparition d'un stress important et d'un *épuisement physique et émotionnel* chez les mères. L'absence de connaissances pratiques fait resurgir la sensation de manque de contrôle.

Julie, 27 ans et maman d'une petite Flora âgée de 6 mois, me disait : « Quand Flora est née, je n'arrêtais pas de penser à tout ce que j'avais lu et entendu sur l'importance d'allaiter. Entre les avis des pédiatres dans les magazines et les émissions vues à la télé, j'avais la sensation que, si je n'allaitais pas Flora, je lui enlevais une chance de se développer dans les meilleures conditions tant au niveau physique qu'intellectuel et psychologique. Je ressentais une forte obligation de nourrir mon bébé de cette manière, mais je n'avais pas la moindre idée de comment m'y prendre. Lorsque j'ai essayé de nourrir Flora pour la première fois, ce fut un vrai désastre ! Je ne savais pas comment la tenir ou comment me tenir. C'était toujours trop haut ou trop bas, trop à gauche ou à droite. Ça ne marchait jamais comme je le voulais, et Flora ne semblait jamais satisfaite. Elle avait toujours faim et pleurait beaucoup. Je croyais qu'allaiter mon enfant serait une expérience unique et extraordinaire pour moi et pour mon bébé, mais il n'en était rien. Tout le monde m'avait dit que c'était important, mais personne ne m'avait jamais expliqué comment le faire ! La puéricultrice à la maternité a essayé de m'aider : "Faites comme ci et comme ça, détendez-vous, et tout se passera bien. Vous êtes trop tendue et stressée, c'est pour cela que ça ne marche pas !" Son aplomb m'énervait d'autant plus que je n'arrivais pas à faire ce qu'elle me disait. En rentrant de la maternité, j'avais toujours autant de mal à allaiter. Plus j'essayais, et moins j'y arrivais. Je ne contrôlais rien du tout. J'étais stressée par ce qui me semblait être un échec. Mon incapacité à nourrir mon bébé me culpabilisait terriblement. Je finissais par faire n'importe quoi dans l'espoir que ça marche et que Flora s'arrête enfin de pleurer, mais rien n'y faisait. C'est finalement moi qui me mettais à pleurer, découragée et angoissée à l'idée que mon bébé ne mangeait pas à sa faim !

J'ai fini par abandonner l'allaitement et je suis passée aux biberons. J'étais très déçue, mais j'étais tellement stressée que ce n'était plus vivable ni pour elle ni pour moi. »

Mais où est donc le mode d'emploi ?

À la recherche de réponses aux multiples questions qu'elle se pose, la mère se plonge dans la lecture assidue de magazines ou de livres offrant des conseils susceptibles de combler ses lacunes. Face à l'inconnu, il faut apprendre. C'est pourquoi elle se met en quête d'articles et de livres sur toutes les facettes de l'éducation de l'enfant : les premiers jours de la vie, les coliques du nourrisson, les pleurs nocturnes, l'angoisse de séparation chez le jeune enfant, les colères, les cauchemars, l'agressivité envers les autres, la désobéissance, l'adolescence, et tous les autres sujets dignes de sa plus grande attention.

Ces articles et livres sont écrits le plus souvent par des pédiatres, des psychologues ou des pédopsychiatres, et représentent une source d'informations précieuse et réconfortante pour les mamans. L'expérience et les connaissances de leurs auteurs sont une référence rassurante, et vont permettre aux femmes de réduire leur stress et leur angoisse. La mère se sent épaulée par ceux dont elle sait que c'est le métier de s'occuper d'enfants et, face à une situation nouvelle, elle pourra appliquer toutes les recommandations qu'elle jugera être de bon conseil.

Mais cet apport d'informations est à double tranchant. Face à l'incroyable diversité de ces informations, certaines mères se sentent souvent déconcertées. L'effet peut être contraire à celui recherché. Confrontée à des avis différents ou mêmes complètement contradictoires sur un même sujet, la mère incertaine se demande quel est l'avis le plus juste et le plus adapté à son cas.

Marlène, maman d'une petite fille de 6 ans, m'expliquait son incertitude et son désarroi face aux problèmes d'endormissement de sa fille : « Oriane a toujours eu beaucoup de mal à s'endormir. Une fois qu'elle dort, tout va bien, mais l'endormissement est un véritable cauchemar depuis qu'elle est toute petite. Même fatiguée, elle lutte contre le sommeil. Elle peut mettre jusqu'à une à trois heures avant de s'endormir d'épuisement. Elle est très agitée et veut que je reste à côté d'elle. Si je m'éloigne, elle se met à pleurer avec un regard de détresse qui me brise le cœur. J'ai tout essayé, la méthode douce et la méthode forte, et à peu près toutes les méthodes pouvant exister entre les deux, mais rien n'a marché, et je ne savais plus quoi faire. J'étais désemparée et à bout de patience car cela dure depuis des années. Persuadée que je m'y prenais mal, j'ai lu plusieurs livres et tous les articles sortant sur le sujet, convaincue que j'y trouverais la solution à mon problème. Mais quand j'eus fini de les lire, je me suis sentie encore plus perdue qu'avant. Personne ne semblait d'accord. Les contradictions étaient flagrantes, et je n'avais pas la moindre idée de qui avait raison. D'après l'un de ces livres, je devais croire que ma fille était en train de me manipuler. Il me fallait adopter une attitude très stricte et implacable et faire cesser ces caprices avant que ma fille ne devienne un véritable enfant tyran. Un autre livre me conseillait d'adopter une approche calme et rassurante, les troubles de l'endormissement pouvant être causés par une vive angoisse de séparation qu'il fallait éviter d'exacerber. Avec le temps et beaucoup de patience de ma part, le problème se dissiperait peu à peu pour finalement disparaître. Toutes ces lectures m'ont laissée perplexe et sans réponse. Qui avait raison ? À qui fallait-il faire confiance ? »

Pourquoi tant de recommandations parfois contradictoires ?

La variété des recommandations glanées dans les livres et les magazines est déroutante pour les mères en quête de réponses claires et efficaces. Ces avis divergents laissent à nouveau la mère dans l'incertitude. Comment peut-on faire confiance à des experts qui ne sont apparemment pas d'accord ?

Il arrive que les conseils des experts ne soient pas contradictoires et qu'ils soient même unanimes. Les mères ne sont cependant pas prévenues de la possibilité de voir ces conseils se solder par un échec lorsqu'ils sont appliqués à leurs enfants. Dans ce cas, le stress est associé à un sentiment de culpabilité dû à l'incapacité de la mère à suivre des conseils pourtant explicites et qui, s'ils sont appliqués comme indiqué, devraient donner des résultats satisfaisants. Chaque enfant, chaque famille est unique et comporte des caractéristiques qui lui sont propres. Une solution à un problème donné ne prend pas toujours en considération ces aspects uniques.

Anne-Marie, mère d'un petit garçon de 4 ans, était confrontée aux crises de colère de son fils sur lesquelles elle n'avait aucun contrôle. Ces colères se déclenchaient la plupart du temps pour des raisons mineures qui ne justifiaient pas de telles réactions de la part de l'enfant et laissaient Anne-Marie désarmée. Elle avait essayé d'y répondre par la patience, la douceur et même par les punitions. Mais une fois déclarées, ces crises de colère devenaient incontrôlables. Anne-Marie avait consulté deux pédiatres et lu tout ce qu'elle avait trouvé sur le sujet. Tout le monde semblait s'accorder à dire qu'il était primordial pour elle de ne pas offrir de renforcement positif à ce comportement colérique. Un enfant en proie à ce type de colère est un enfant qui exige l'attention immédiate de sa mère. Anne-Marie devait enseigner à son fils que la méthode qu'il employait pour obtenir gain de cause était inacceptable. Elle devait apprendre à ne pas lui offrir de renforcement positif, c'est-à-dire à ne pas l'encourager à utiliser la colère pour obtenir son attention. L'important était d'éviter de lui donner ce qu'il voulait en lui accordant de l'attention pendant ces crises. Il fallait que Anne-Marie l'ignore complètement pendant ces colères en s'efforçant de ne jamais céder jusqu'à ce que son fils apprenne que sa technique était irrémédiablement vouée à l'échec. Par contre, chaque fois que son petit garçon tenterait d'attirer l'attention de sa mère autrement que par la colère, Anne-Marie se devait d'y répondre immédiatement afin de l'encourager à répéter ce nouveau comportement aussi souvent que possible. Cette technique est une technique de longue haleine qui demande beaucoup de patience. Céder au milieu du processus envoie le message à l'enfant qu'il suffit pour lui d'insister pour que sa mère abandonne la partie, que ce n'est qu'une question de temps. Anne-Marie était décidée à écouter les conseils qui lui avaient été donnés. Elle les suivit à la lettre pendant plusieurs semaines sans voir de véritable changement dans le comportement de son fils. Pourquoi ces recommandations apparemment excellentes ne marchaient-elles pas avec elle ? Que faisait-elle de travers, quelle erreur commettait-elle ? Elle était persuadée qu'elle était responsable de cet échec.

« J'étais complètement déprimée après un mois passé à appliquer cette méthode qui me paraissait très bonne au départ. Les crises de colère de mon fils m'exaspéraient plus que jamais car j'avais l'impression de ne plus avoir aucun recours pour les faire cesser. Je me retrouvais seule face au problème. Auparavant, j'avais l'espoir qu'il existe une solution, mais ce n'était plus le cas. Ces crises sont intolérables parce que je n'ai plus l'énergie pour les gérer et que je n'ai apparemment pas les compétences nécessaires pour les faire disparaître. J'ai parfois l'impression d'avoir un monstre devant moi que je suis incapable de changer. J'ai abandonné la partie, et cela m'éloigne encore plus de lui. S'il doit devenir un monstre ingérable, et bien qu'il le devienne, parce que moi j'ai trop donné et je n'en peux plus ! »

Anne-Marie est découragée et l'espoir de trouver une solution à son problème a presque totalement disparu. Déçue des résultats peu convaincants, elle a perdu courage, épuisée d'avoir investi autant d'énergie pour une cause qui lui paraît à présent perdue.

De retour à la case départ, elle a atteint le stade d'*épuisement physique et émotionnel* du *burn-out maternel*. Elle n'a plus ni la force ni l'énergie nécessaires pour faire face aux colères de son fils. En abandonnant la partie, elle est entrée peu à peu dans le deuxième stade du *burn-out maternel*, celui de la *distanciation* d'avec son fils et de son problème. Persuadée de son impuissance et de son manque de compétences, elle démontre aussi son passage dans le troisième stade du *burn-out maternel*, celui du *reniement des accomplissements passés, présent et futurs* puisqu'elle est convaincue de son incapacité à remplir correctement son rôle de maman.

Sa perte de confiance en elle et dans sa capacité à influencer de façon positive le développement de son fils est caractéristique du *burn-out maternel*. Sa relation de mère à enfant s'en trouve affectée négativement. Dans la mesure où elle s'est convaincue que son fils est « un monstre », elle risque à présent de faire preuve à son égard de comportements caractéristiques de la *prophétie d'autoréalisation* dont nous avons parlé dans le chapitre 5. Jugé négativement, l'enfant aura tendance à avoir un comportement encore plus accentué en réponse aux attentes de sa mère : l'opinion qu'elle a de lui s'en trouvera confirmée. S'installe alors un cercle négatif qu'il sera particulièrement difficile de briser.

Un mode d'emploi qui change avec les âges et les enfants

Bien que l'avalanche d'informations disponibles dans les médias sous différentes formes puisse laisser beaucoup de mères perplexes et indécises, il faut veiller à ne pas jeter le bébé avec l'eau du bain. Dans certains cas, les conseils pratiques d'experts sont rassurants et redonnent confiance aux mères qui doutent d'elles-mêmes. Ces recommandations offrent un point de départ sécurisant. Les mères doivent ensuite apprendre qu'il leur est possible d'adapter ces suggestions à leurs propres besoins.

Mais le stress engendré par l'inexpérience des mères ne s'arrête pas là. Nous, les mères, apprenons à naviguer dans des eaux troubles, mais que nous nous efforçons de rendre plus claires au fur et à mesure que nous allons de l'avant. Il n'en reste pas moins que le stress resurgit régulièrement dès que de nouvelles incertitudes apparaissent. Chaque stade de l'évolution de nos enfants nous renvoie plus ou moins à la case départ. Dès que nous avons réussi à nous familiariser et à maîtriser les défis d'une phase de leur développement, ils ont déjà grandi et changé. Chacun de ces stades nous force à nous remettre en question. Quoi faire et comment le faire ? sont les questions qui reviennent chaque fois. Puis vient le temps de l'adolescence, et là, soyons clairs, personne n'est préparé à affronter avec calme et sérénité ces douces années ! Les enfants se suivent mais ne se ressemblent pas. Ce qui est valable pour l'un ne l'est pas forcément pour l'autre, ce qui ne simplifie pas les choses. Dans tous les cas, il faut savoir que tout dans la vie d'une mère et dans l'éducation de ses enfants est en mouvance continuelle. Nous n'avons jamais l'opportunité de devenir des *mères parfaites*, avec toute la frustration et le stress qu'une telle constatation engendre...

L'absence de formation pratique et l'incroyable variété des conseils offerts par les experts sont des sources de stress non négligeables pour les mères. Bien que ce manque de connaissances ne semble pas représenter un facteur de stress initialement, il le devient rapidement dans la mesure où viennent s'y greffer d'autres stresseurs importants. Le manque de confiance en soi et l'absence de contrôle, qui accompagnent l'absence d'expérience pratique, placent la mère dans une position de vulnérabilité psychologique et émotionnelle. Dans ce contexte, le sentiment de *responsabilité émotionnelle* ressentie par la mère se trouve menacé par l'impression de ne pas être en possession des connaissances nécessaires pour assurer le bien-être de ses enfants. Si, par ailleurs, son entourage immédiat n'est pas apte à lui offrir un soutien social, affectif et psychologique solide visant à la rassurer et à l'encourager, la mère vivra ses doutes et ses incertitudes dans une solitude exacerbée par la peur de mal faire. En réponse à ses angoisses, elle va investir une énergie extraordinaire pour compenser ses lacunes et pallier son manque de connaissance. Elle va donner le meilleur d'elle-même, et elle donne sans compter. Elle prend ainsi le risque d'épuiser ses réserves d'énergie si précieuses et de se retrouver épuisée, vidée et donc susceptible de faire l'expérience du *burn-out maternel*.

CHAPITRE 9

Le stress, toujours le stress...

*Ces autres sources de stress qui entament
les ressources maternelles*

L'état de *burn-out* est le résultat de stress d'intensité moyenne, mais chroniques, qui usent l'individu jusqu'à ce qu'il soit à bout. La surcharge de travail, l'absence de contrôle, l'imprévisibilité, l'absence de récompenses et de reconnaissance, le manque de soutien social, l'importance de la valeur assignée au travail et l'absence de formation adéquate sont autant de facteurs qui ont le potentiel de conduire au *burn-out*.

Je pense avoir mis en évidence le fait que ces sources majeures de stress caractéristiques du monde professionnel se retrouvent aussi dans le travail d'une mère, démontrant que l'expérience de celle-ci peut mener au *burn-out* non pas *professionnel* mais *maternel*. Néanmoins, les stress rencontrés par une mère ne se limitent pas à cette liste de stresseurs commune avec le monde professionnel. Il existe d'autres sources de stress, d'autres situations plus spécifiquement associées à la vie d'une mère et qui, de par leur caractère répétitif et continu, contribuent au développement du *burn-out maternel*. Dans chacune de ces autres sources de stress se trouvent certains des facteurs majeurs de stress que nous avons déjà vus. La surcharge de travail, l'absence de contrôle, de soutien social ou de reconnaissance qui viennent se greffer sur des situations déjà difficiles ajoutent au stress que celles-ci engendrent et augmentant d'autant les risques de *burn-out maternel*.

L'absence du père

J'ai eu l'occasion, à maintes reprises, de rencontrer des mères qui élevaient seules leurs enfants, suite à un divorce ou à un veuvage : elles ne s'étaient pas véritablement rendu compte de ce que signifiait le mot stress, jusqu'à ce qu'elles se retrouvent seules à assumer l'ensemble des responsabilités parentales, me disaient-elles.

Le challenge d'élever seule ses enfants semble moins difficile quand la mère en a fait le choix. En revanche, si la mère est seule suite à une séparation ou à un décès, cette solitude imposée mène le plus souvent à la colère, à d'intenses frustrations, au ressentiment et parfois même à la dépression. Par la force des choses, la mère solitaire va être confrontée à une accumulation de stress majeurs qui contribuent à la plonger progressivement dans un état de *burn-out maternel* qui peut être sévère.

La surcharge de travail est la première de ces sources de stress. Une mère qui gère entièrement seule le quotidien de sa famille va souffrir de son incapacité à pouvoir passer le flambeau à son partenaire quand elle est à bout de fatigue ou de patience. Fatigue ou épuisement deviennent un luxe qu'elle ne peut pas s'offrir. Sa routine journalière est marquée par l'absence de répit face aux tâches maternelles. Quoi qu'il arrive, que ses enfants ou elle-même soient malades, elle doit être présente, disponible et prête à répondre à l'appel et aux besoins de chacun. Son emploi du temps est particulièrement lourd. Elle n'a en général pas d'autre choix que d'exercer une activité professionnelle pour subvenir aux besoins de sa famille. Jamais une mère ne sera dans une situation où elle devra donner autant d'elle-même que lorsqu'elle se retrouve seule. Elle n'a d'ailleurs pas d'autre choix.

Consciente de ce que l'équilibre émotionnel de ses enfants repose sur ses épaules, elle ne cesse de puiser au plus profond d'elle l'énergie et la force nécessaires pour continuer d'assumer ses responsabilités. *L'épuisement physique et émotionnel* est le danger principal couru par la mère qui vit seule, car cette surcharge de travail continuelle finit en général par avoir raison de son énergie et de sa volonté à se battre face à l'adversité.

Elena, 38 ans, divorcée depuis dix ans avec deux enfants maintenant adolescents, me confiait son expérience : « J'ai divorcé à 28 ans et même si je ne regrette pas cette décision, je n'avais pas la moindre idée de ce qui m'attendait. Avant mon divorce, je ne travaillais pas, mais j'ai dû m'y mettre après notre séparation. Cela ne me dérangeait pas de travailler, mais tout est devenu très compliqué à partir de ce moment-là. Mes filles avaient 3 et 6 ans, et n'avaient aucune autonomie. J'avais plus de deux heures de transport par jour pour aller et revenir de mon travail. Devant tout assumer seule, je me levais à 5 heures du matin et me couchais à 11 heures ou minuit afin d'accomplir toutes les tâches ménagères en plus des enfants et de mon travail. Très vite, je me suis sentie dépassée par les événements. Il me fallait être présente et efficace sur tous les plans en même temps : professionnel, administratif, familial et éducatif. Mes enfants souffraient beaucoup du divorce, et je voulais être là pour elles. Je savais aussi que, si je m'effondrais, elles risquaient de perdre pied. Il me fallait garder la tête haute et rester forte, ne serait-ce que pour elles. Mais la volonté de se battre est une chose, la réalité en est une autre. Le rythme que ma vie m'imposait m'a vite rattrapée. Je me suis rendu compte que ma situation exigeait de moi que je donne jusqu'à ma dernière goutte d'énergie et de force. Je ne savais pas quand je verrais le bout du tunnel ou même s'il y en avait un dans mon cas. Chaque jour qui passait je me battais, ou plutôt je me débattais, et le résultat n'était pas toujours brillant. Je donnais tout ce que j'avais en moi, mais cela semblait toujours insuffisant.

« Très vite je me suis sentie épuisée en permanence. Je pouvais rarement me retourner et compter sur quelqu'un d'autre pour m'aider à gérer les imprévus. Je ne pouvais compter que sur moi seule. Je me disais parfois que je n'aurais jamais le courage ni la force de continuer comme ça pendant, quoi... un an, cinq ans, dix ans, peut-être même toujours. En dix ans, j'ai eu l'impression d'avoir vieilli d'au moins vingt ans... »

Elena s'est finalement remariée. Elle est heureuse et attend un troisième enfant. Elle parle de cette époque de sa vie comme d'une épreuve terrible qui l'a littéralement vidée de son énergie, de sa force et de son courage. Elle s'en relève peu à peu, mais, à l'écouter, il semble que cette longue période de dix ans lui a laissé des marques indélébiles.

La surcharge de travail n'est pas le seul problème rencontré par la mère seule. La plupart du temps, un divorce ou le décès du conjoint signifient pour la mère l'entrée dans une situation financière difficile, voire précaire. Judith a vu son mari la quitter, il y a six mois, pour une femme plus jeune qu'elle. Elle s'est retrouvée seule pour élever ses trois enfants avec un salaire de secrétaire et une pension alimentaire minime. Bien que travaillant dur, prête à faire des heures supplémentaires quand l'occasion se présentait, elle ne parvenait jamais à boucler ses fins de mois et commençait à accumuler les dettes. Épuisée et angoissée, elle trouvait de plus en plus difficile de s'occuper de ses enfants. Cette jeune femme était en colère contre son mari qui l'avait abandonnée et précipitée dans une situation de détresse matérielle et psychologique importante. En colère contre les autres femmes dont les maris les aiment et qui savent le leur montrer. En colère contre la vie qui lui infligeait une telle épreuve.

À la détresse matérielle, affective et psychologique vient souvent s'ajouter la solitude qui prive la mère de soutien social. N'ayant souvent ni le temps, ni l'énergie, ni les moyens de sortir et d'avoir une vie sociale agréable, ces mères souffrent d'isolement. « Le pire, m'expliquait Elena, c'est cette terrible impression que les gens vous fuient, un peu comme si votre douleur, vos difficultés et votre solitude leur faisaient peur. Ils ne veulent pas en parler, ils ne savent pas gérer ce qui vous arrive, alors ils s'éloignent. »

La surcharge de travail, sans possibilité de déléguer, l'isolement, le manque de soutien social et de reconnaissance, ainsi que le manque de contrôle sur l'équilibre financier de la famille sont des facteurs de stress chroniquement présents dans la vie d'une mère seule. Dépassée par les événements, les mères baissent souvent les bras d'épuisement. Elles ne parviennent plus à surmonter les problèmes que rencontrent leurs enfants. Trop, c'est trop, l'*épuisement physique et émotionnel* de ces mères les conduit souvent à la phase de *distanciation* du *burn-out*. À ce stade, elles se détachent des réalités angoissantes de leur vie parce qu'elles n'ont plus la force de les affronter.

Marquées par un sentiment d'échec affectif d'une part et maternel d'autre part, de nombreuses mères accusent durement le coup. Elles se sentent coupables de ne pas être en mesure d'apporter à leurs enfants la stabilité et l'équilibre nécessaires à leur épanouissement. Leur sens de *responsabilité émotionnelle* est compromis, et le risque de dépression, conséquence fréquente du *burn-out maternel*, devient très important. Cette dépression s'accompagne souvent d'un sentiment d'impuissance qui plonge la mère dans une spirale de pensées négatives vis-à-vis d'elle-même et de sa vie en général.

Patricia, 37 ans et mère de trois enfants, me confiait lors d'une séance de thérapie : « J'étais si abattue que je m'allongeais le soir dans mon lit et je ressentais une terrible envie de mourir. J'aurais donné n'importe quoi pour que ma douleur s'arrête enfin. Ma vie n'était plus que solitude et désespoir. Elle m'avait tout pris : mon mari, mes rêves, ma force, mon âme... Il me restait mes enfants qui continuaient d'attendre de moi que je leur donne tout, mais je n'avais plus rien à donner à personne, même pas à moi-même. C'était le vide total. Ce sont pourtant mes enfants qui m'ont permis de rester en vie. Leur simple présence, leur existence, me faisait prendre conscience que mourir était une option à laquelle je n'avais pas droit. L'idée de les laisser seuls me terrifiait, et je ne pouvais pas leur faire ça. C'est eux qui m'ont donné la force de continuer. Je ne leur dirai jamais assez merci... »

L'enfant malade ou à problèmes

Tous les enfants ne naissent pas égaux : certains enfants ont des handicaps plus ou moins marqués qui exigent beaucoup de temps, d'effort et d'énergie de la part de leurs parents et en particulier de leurs mères. Si la mère est confrontée à un manque d'aide dans la gestion quotidienne des problèmes de son enfant, elle se retrouve rapidement accablée par ses responsabilités.

Parmi ces enfants, les bébés dont le tempérament est qualifié de « difficile ». Ils ont souvent un besoin exacerbé de proximité avec leur mère : ils se séparent d'elle avec peine, quelles que soient les circonstances. Ils ont besoin d'être portés en permanence parce que le contact physique avec la mère les réconforte, et sont quasiment surhumains dans leur résistance au sommeil. Les enfants dotés de ce type de tempérament usent les forces et l'énergie de leur mère qui s'épuise à satisfaire leurs besoins constants et insatiables. Cette situation se complique lorsque la mère a d'autres enfants à sa charge, surtout si l'un ou plusieurs d'entre eux possèdent un tempérament de la même nature.

D'autres mères doivent affronter les difficultés scolaires ou sociales que leurs enfants rencontrent sous la forme de troubles de l'attention, d'hyperactivité, de troubles obsessionnels compulsifs (TOC), de dyslexie, etc. Elles dépensent une énergie considérable pour organiser leur vie autour des besoins spécifiques de leurs enfants. Les devoirs scolaires, l'obéissance, l'aide demandée pour les tâches ménagères, deviennent des situations pénibles et conflictuelles où la mère doit lutter pour obtenir d'eux qu'ils se comportent de façon adaptée et acceptable. Les témoignages de ces mères révèlent leur exaspération et leur *épuisement physique et émotionnel*. La plupart du temps, ces troubles persistent pendant des années, durant lesquelles les périodes de répit sont rares. J'ai rencontré de nombreux cas de *burn-out maternel* chez ces mamans qui disent avoir tout essayé, tout donné. Elles sont à bout de force et finissent par capituler. Elles n'ont plus l'énergie nécessaire pour continuer à se battre contre un problème qu'elles ne peuvent pas contrôler. Le stade de *distanciation* du *burn-out* est souvent atteint, et fait suite à un état d'*épuisement physique et émotionnel* qui s'est inscrit dans la durée. Les comportements de ces enfants se reproduisent continuellement, jour après jour, et leurs mères dépensent une énergie extraordinaire pour les faire cesser ou pour en réduire l'intensité.

Le troisième stade du *burn-out* correspond au moment où les mères se sentent impuissantes et vaincues. Ces sentiments s'accompagnent de culpabilité, de la conviction de ne pas avoir été à la hauteur et d'avoir échoué dans leur rôle de mère. Le regard et le jugement parfois implacable de l'entourage renforcent ce sentiment de culpabilité. Les autorités scolaires ou certains membres de la famille qui ne connaissant pas ou connaissant mal le fonctionnement et les symptômes de ces troubles ont tendance à les mettre sur le compte d'une éducation ratée ou trop laxiste, responsable de ces comportements extrêmes et incontrôlables.

Dans un autre registre, les enfants avec des problèmes de santé graves ou atteints de maladies incurables augmentent considérablement le niveau de responsabilités d'une mère. L'énergie dépensée dans les soins de ces enfants varie selon la gravité de leur condition et la longueur de la maladie. Dans tous les cas, s'occuper d'un enfant malade exige du temps et une très grande disponibilité physique, émotionnelle et psychologique qui use les réserves d'énergie de la mère et la conduit à un « état de fatigue dépassant tout entendement et proche du désespoir[1] ». Cela est particulièrement vrai lorsque la mère doit, en parallèle, s'occuper de ses autres enfants qui demandent leur part d'attention et d'énergie. Cet épuisement est d'autant plus difficile à supporter que les personnes présentes dans l'entourage ne comprennent pas toujours ce que ces mères traversent, ni le poids qu'elles portent sur leurs épaules.

En résumé, les mères dont les enfants ont des problèmes d'ordre comportemental, social ou médical sont « à risque » pour le *burn-out maternel*. La surcharge de travail, le manque de contrôle et parfois l'absence de soutien social et émotionnel en favorisent l'émergence.

Le regard des autres

Il n'est pas rare pour les mères de devoir affronter les critiques et les regards parfois intraitables des autres qui ignorent les efforts et la fatigue que comportent leurs responsabilités maternelles. Quelle mère n'a pas fait cette expérience, dans un magasin avec un ou plusieurs enfants surexcités que l'on entend hurler depuis l'autre bout du supermarché ? Et combien de mères exaspérées par la situation, à bout de nerfs et de patience, se sont vues épinglées par les regards réprobateurs de ceux qui assistent à la scène, avec cet air de dire : « Si c'était mon gosse, ça ne se passerait pas comme ça ! » Dans ces circonstances, la mère

---

1. M. Greenspan, « "Exceptional" mothering in a "normal world" », dans *Mothering against the Odds : Diverse Voices of Contemporary Mothers*. Édité par C. Garcia Coll, J. L. Surrey et K. Weingarten, New York, Guilford, 1998.

est prise au piège entre ses efforts à gérer la crise et le jugement sévère de ceux qui n'évaluent pas forcément la situation à sa juste valeur.

Il n'est pas rare que ce regard critique vienne des membres de sa propre famille ou de son conjoint. Diane, qui redoute chacune de ses visites chez ses parents, me disait : « Ils pensent que la façon dont nous éduquons nos enfants est totalement inappropriée. Ils disent que c'est à moi de choisir les vêtements des enfants le matin et que les fessées sont le seul moyen efficace de discipliner un enfant. Ils condamnent notre désir de développer la pensée critique des enfants en leur apprenant la notion de choix et en les laissant exprimer leurs opinions lorsqu'il y a un conflit. Ils clament qu'en agissant ainsi nous nous garantissons des enfants rebelles à l'adolescence et que nous ne pourrons nous en prendre qu'à nous-mêmes. Je suis en désaccord total avec leur point de vue. Nous sommes des parents plutôt stricts qui imposons des limites à nos enfants. Nous sommes cependant convaincus de l'importance de leur apprendre le sens des responsabilités. Bien que je sois certaine que mes parents ont tort, leur jugement me blesse beaucoup. Le simple fait d'avoir à supporter leurs commentaires à chacune de nos visites crée beaucoup de tension et de stress pour moi. »

Le regard critique des autres engendre chez les mères un malaise et une frustration qui se transforment en stress. Pour répondre aux exigences d'une situation particulière, la mère fait souvent appel à son intuition qui lui dicte la conduite à tenir. C'est ainsi, par exemple, que beaucoup de mères se sentent durement jugées quand elles répondent aux pleurs de leur bébé au coucher ou au milieu de la nuit. La réponse instinctive de la mère est de prendre son enfant dans les bras, de le bercer et de le rassurer. Pour elle, entendre son enfant pleurer fait surgir son instinct protecteur : elle ne supporte pas l'idée que son bébé puisse être dans une détresse quelconque. Il est cependant fréquent que cet élan soit désapprouvé par les gens dans son entourage. Ils critiquent cette pratique qui, soi-disant, rend les enfants trop dépendants de leur mère et encourage le développement d'un caractère capricieux.

Le fait de répondre aux pleurs d'un enfant va-t-il *renforcer* ce comportement ? Techniquement parlant, le *renforcement* augmente la probabilité de voir un comportement se répéter. Dans le cas des pleurs d'un enfant, cela voudrait dire que, si une mère y répond, l'enfant aura tendance à pleurer à nouveau de façon incontrôlée. La recherche démontre pourtant le contraire[2]. Lors d'une étude, des mères ont répondu de façon consistante aux pleurs de leurs bébés de 3 mois en les réconfortant. À l'âge de 1 an, ces enfants pleuraient beaucoup moins lorsqu'ils étaient séparés de leur mère. De plus, le lien d'*attachement* entre mère et enfant était lui aussi nettement plus fort et plus stable[3]. Puisse cette étude rassurer les mères (dont je fais partie !), qui ne peuvent se résoudre à laisser leurs bébés pleurer la nuit jusqu'à épuisement !

Le cœur d'une mère fonctionne sur un mode affectif parfois mal compris par les autres. Les critiques et les commentaires malveillants génèrent un stress qui s'apparente à celui associé à l'absence de soutien social et émotionnel dont nous avons déjà parlé.

---

2. J. Cassidy et P. R. Shaver, *Handbook of Attachment : Theory, Research, and Clinical Applications*, New York, Guilford, 1999.
3. S. Crockenberg et K. McCluskey, « Change of maternal behavior during the baby's first year of life », *Child Development*, 57, 746-753, 1986.

Les critiques d'autrui ont par ailleurs le pouvoir de réduire la confiance qu'une mère a en elle, surtout si ce regard négatif provient d'une personne proche, comme sa propre mère. « Je sais que ma mère ne veut que mon bien et celui de mon enfant. Elle me donne des tonnes de conseils et me fait remarquer tout ce qu'elle juge être des erreurs d'éducation de ma part. Elle n'arrête pas de me dire que je devrais faire ceci ou cela, à tel point que je finis par perdre confiance en moi. Même quand ses conseils sont raisonnables, ils ajoutent beaucoup de pression à ma vie et créent un stress supplémentaire dont je n'ai vraiment pas besoin ! »

Les personnes se trouvant dans l'entourage immédiat d'une mère ne sont pas les seules dont le regard critique représente une source de stress important. Le regard de la société envers les femmes qui choisissent d'être mères au foyer n'est par toujours très tendre, et certaines mères se sentent complexées dans leur décision.

Il y a aussi le regard de ceux qui n'ont pas d'enfants mais qui semblent, à les entendre, avoir une connaissance étendue sur l'art et la manière de les éduquer... Je me souviens d'une discussion animée, il y a quelques années de cela, avec un ami qui fut choqué par mon refus de donner des fessées à mes enfants. Il condamnait mon style d'éducation et affirmait que je me préparais à vivre des années très difficiles marquées par leur désobéissance et leur arrogance. Tout un programme ! Il n'avait pas encore d'enfant, mais soutenait que le jour où il serait père il intégrerait les fessés à son mode d'éducation. Ses parents l'avaient élevé de cette manière, et il leur en était reconnaissant. Pour lui, ce type de discipline avait certainement contribué à faire de lui l'adulte sérieux et responsable qu'il était devenu. J'ai eu l'occasion, plusieurs années plus tard, de le revoir. Il était alors papa d'un petit garçon de 4 ans, et je lui ai demandé ce qu'étaient devenues ses idées sur les fessées. Un peu gêné, il m'avoua qu'il avait complètement changé d'avis. L'expérience lui avait montré que cette méthode était non seulement inefficace, mais donnait en fait des résultats opposés à ceux recherchés...

Des rôles qui changent

Le rôle des femmes dans la société a beaucoup changé au cours des dernières générations. Un espace s'est progressivement creusé qui sépare les femmes en deux catégories distinctes : les mères au foyer et les mères qui travaillent hors de chez elles. Les mères appartenant à chacune de ces catégories savent qu'elles sont en train de passer à côté de quelque chose dont des milliers d'autres femmes font l'expérience. La tension intérieure qui résulte de cette prise de conscience vient tout naturellement s'ajouter aux facteurs de stress qui jalonnent la vie d'une mère.

L'évolution du rôle des femmes en général et des mères dans la société d'aujourd'hui n'affecte pas seulement leurs relations avec les autres femmes. Dans la mesure où les rôles stéréotypés associés aux hommes et aux femmes se sont eux aussi modifiés avec le temps, beaucoup de couples ne savent plus comment partager les responsabilités familiales. Il est difficile de nos jours de dire : « Ma mère s'occupait de ceci et mon père faisait cela, je peux donc me servir de leur exemple comme modèle. » Le système de référence a changé, et l'absence de repères et d'objectifs clairement définis représente une source de stress important. Cela peut conduire à un abus de pouvoir si l'un des partenaires se décharge d'une grande partie des responsabilités familiales sur l'autre au nom des traditions ancestrales.

Angela, mère de trois enfants, parlait de son mariage en ces termes : « Dans l'esprit de mon mari, son rôle est d'aller chaque matin au boulot, de rapporter un salaire à la fin du mois, de regarder la télé, de jouer sur Internet et de se relaxer. À l'entendre, j'ai seulement à m'occuper des enfants, de la maison, des repas et de la lessive. Je peux donc sûrement profiter de tout mon temps libre pour aussi payer les factures et tondre la pelouse ! Et, évidemment, puisque je ne travaille pas, je peux me permettre de me lever la nuit quand les enfants sont malades. De temps en temps, il me demande même comment je peux supporter de rester toute la journée à la maison à ne rien faire... ! »

La situation des mères n'est en général pas aussi extrême que dans le cas d'Angela. Il existe pourtant cette idée tacite que la charge de travail de la mère est relativement peu importante. De ce fait, elle peut se permettre de prendre en charge une plus grande partie des responsabilités familiales...

Quelle que soit la façon dont les hommes et les femmes parviennent à se mettre d'accord sur le partage des tâches, la démarche pour arriver à cet accord demande beaucoup de temps, d'efforts et de compromis. C'est un facteur de stress supplémentaire dans la vie des mères qui épuise leurs réserves d'énergie déjà tellement sollicitées par ailleurs.

L'adolescence

Même si nous avons tous été adolescents, peu d'entre nous sont véritablement préparés à ce que nous réserve l'adolescence de nos enfants ! Pour de nombreuses mères, cette étape de la vie de leurs enfants est synonyme de grand stress. Le sentiment de manque de contrôle est ce qui caractérise principalement ce stade. L'enfance permet à la mère de garder un œil attentif sur les faits et gestes et les fréquentations de ses enfants. L'adolescence est une période pendant laquelle ce type de supervision devient graduellement de plus en plus difficile.

L'enfant qui fait son entrée dans l'adolescence cherche à se démarquer de ses parents et bien sûr de sa mère. Il veut se construire une identité propre, autonome et dénuée de l'autorité parentale. C'est le temps de la rébellion et du rejet de certaines des valeurs inculquées pendant l'enfance. Cette période voit l'apparition de nombreux conflits entre enfants et parents. Les mères sentent qu'elles ont peu de contrôle sur différents aspects de la vie de leurs enfants : leurs amis, leurs activités ou leurs relations amoureuses. Elles les voient grandir, changer et cherchent à les protéger et à les guider comme elles l'ont fait jusqu'alors. Mais elles se heurtent la plupart du temps à un refus catégorique de l'adolescent de voir son intimité envahie par l'autorité maternelle. Les mères se sentent alors très seules face aux besoins de leurs enfants, d'autant plus seules que la communication avec ces derniers devient difficile et complexe. Bien intentionnée, la mère tente de conseiller, de partager son expérience et ce que la vie lui a enseigné, mais elle se rend compte que son jugement et ses opinions sont non seulement malvenus mais parfois carrément proscrits. L'adolescent désire s'affirmer et prendre seul ses décisions. Même si la famille continue d'avoir une certaine influence sur lui, il va malgré tout s'en éloigner. Les mères craignent alors toutes sortes de problèmes, allant de l'usage caché de drogues, de cigarettes ou d'alcool aux mauvaises fréquentations capables de le pousser à commettre de graves erreurs.

Les sources d'angoisse pour une mère ne manquent pas durant l'adolescence, et la difficulté de communiquer avec ses enfants pendant cette période la laisse souvent dans un état d'incertitude quant à l'attitude qu'elle devrait adopter envers eux. Cette période transitoire est d'autant plus déroutante pour la mère qu'elle découvre que les comportements de chacun de ses enfants peuvent être complètement opposés, ce qui complique une situation déjà très complexe... Audrey, maman de trois adolescents, me confiait : « Chaque enfant est différent ! Ce qui marche avec l'un est totalement inadapté à un autre. J'en arrive à ne plus savoir qui a besoin de quoi, comment et quand. Je me sens dépassée par les événements. Leurs besoins n'arrêtent pas de changer en grandissant, et je suis toujours en train de me demander quel rôle je dois tenir, à quel moment et avec lequel de chacun d'entre eux ! »

L'adolescence est une période durant laquelle les réserves d'énergie de la mère sont mises à rude épreuve. Une fois de plus, soucieuse d'assumer correctement ses responsabilités maternelles, la mère va puiser dans son capital énergie pour surmonter les problèmes qui se présentent à elle. La fatigue entraînée par cette dépense d'énergie incessante vient s'additionner à tous les autres facteurs générateurs de fatigue et de stress déjà présents dans son quotidien.

Une fois que la mère a atteint le stade de l'*épuisement physique et émotionnel*, le manque de contrôle favorise son entrée dans le deuxième stade du *burn-out maternel*, celui de la *distanciation*, dans lequel elle capitule face au décalage grandissant qui s'installe entre elle et ses enfants. Lasse de vivre dans les conflits, elle abandonne la partie, comme me l'expliquait Amélie mère de deux adolescentes de 14 et 17 ans. « Que voulez-vous que je fasse ? Quand

Marine et Élodie étaient plus jeunes, on s'entendait parfaitement. Je les connaissais bien, alors que maintenant elles me sont presque étrangères. Elles ne me parlent plus, je ne peux rien leur demander ou leur faire la moindre remarque sans que cela déclenche des disputes. Je n'aime pas la façon dont elles s'habillent, mais si je dis quoi que ce soit elles vont s'enfermer dans leur chambre en claquant la porte ! L'ambiance à la maison est tendue, et malgré tous mes efforts je ne vois pas d'amélioration. Je me suis longtemps battue pour ce que je croyais être juste et parce que ce sont mes enfants et que je les aime. Mais aujourd'hui je suis fatiguée, j'en ai assez. Je ne supporte plus leur arrogance et leur agressivité. Je laisse couler, et adviendra ce qu'il pourra parce que en ce qui me concerne je n'ai plus la force. »

Ce stade de *distanciation* est éprouvant pour la mère. Elle souhaite être présente pour ses enfants, mais elle a perdu le contact avec eux et ne sait pas comment le rétablir. Au fur et à mesure qu'elle s'éloigne de ses enfants, elle risque de se sentir en partie responsable des problèmes et des incidents qui peuvent survenir dans leur vie. Elle entre alors dans le troisième et dernier stade du *burn-out* maternel, celui du *reniement des accomplissements passés, présents et futurs* dans lequel elle se sent accablée, découragée et déprimée avec toutes les répercussions que cela peut avoir sur l'équilibre de la cellule familiale dans son ensemble.

CHAPITRE 10

Petit stress deviendra grand...

Des stresseurs cachés tout aussi dangereux

Dans le quotidien des mères, il existe une autre catégorie de stresseurs, que je qualifierai de *stresseurs cachés* et qui n'ont pas d'équivalent dans le monde professionnel. Ils ont pourtant le pouvoir de générer beaucoup de stress dans la vie d'une mère. Une fois de plus, l'état de *burn-out maternel* n'est dans ce cas pas causé par l'occurrence ponctuelle de l'un de ces stresseurs d'intensité modérée. Mais comme ils ne cessent de se répéter, plusieurs fois par jour, presque tous les jours, pendant des années, ils finissent par user et laminer les forces, la patience et la résistance des plus courageuses d'entre nous. Toutes les femmes ne rencontrent pas forcément ces stresseurs quotidiennement, ou tout au moins pas de la même manière et à des degrés sans doute différents. Cependant, mon expérience de thérapeute m'a appris que les mères connaissent bien l'impact qu'ils peuvent avoir lorsqu'ils sont vécus de façon sporadique et répétitive. Leur chronicité est lassante et exténuante.

Le bruit

L'environnement des mères est rempli de bruits de toutes sortes. Il faut savoir que le stress engendré par les bruits environnants est souvent intensifié par le fait que les mères développent une sensibilité particulière à tous les signaux sonores provenant de leurs enfants. Ceux-ci exigent l'attention immédiate de la mère. La *théorie de la détection des signaux*[1] a démontré par de nombreuses études que les mères, si fatiguées soient-elles, sont très sensibles aux moindres gémissements ou pleurs que leurs bébés émettent pendant leur sommeil. Ces bruits, pourtant à peine perceptibles, parviennent à les réveiller au beau milieu de la nuit. Bien que ces signaux sonores soient infimes en intensité, la disponibilité psychologique de la mère, son sens de responsabilité émotionnel, son expérience et sa vigilance vont jouer un rôle très important dans sa capacité à les percevoir et à y répondre.

Il existe un nombre incalculable de ces bruits qui rappellent à la mère son devoir maternel. La chute d'un objet, un cri court mais strident, ou même un silence anormal, sont des rappels à l'ordre pour la mère. Elle doit alors vérifier si son jeune enfant n'a pas fait tomber un objet qui aurait pu le blesser, s'il ne s'est pas coincé les doigts dans une porte ou si le silence soudain qui règne dans la pièce d'à côté n'est pas le signe d'une bêtise imminente ! Les

---

1. J. S. Warm et W. N. Dember, « Awake at the switch », *Psychology Today*, p. 46-53, 1986 (avril).

pleurs fréquents et difficilement contrôlables d'un nourrisson ou d'un enfant en bas âge représentent aussi, et parfois même à eux seuls, une source de stress et de fatigue énorme pour les mamans. La mère est donc constamment sur le qui-vive, surtout si ses enfants sont encore très jeunes, et cette disponibilité constante peut finir par être épuisante.

Le stress généré par le bruit ne s'arrête pas à cette vigilance des mères. Les sources de bruit associées aux enfants sont très variées, et l'intensité de leurs décibels est capable de générer un stress gigantesque pour les mères dont la patience et la tolérance sont mises à l'épreuve. Asseyez-vous un instant et prenez le temps de faire la liste de tous ces bruits. Prenez note non seulement des bruits qui sont stressants de par leur forte intensité, mais aussi de ceux qui sont synonymes de responsabilités et, de ce fait, exigent de votre part une attention immédiate.

Je me suis moi-même essayé à rédiger une liste de ce genre : il m'a semblé qu'elle n'en finissait pas. Voici quelques exemples de ma liste. En tout premier, j'ai noté sans hésiter les cris, que ces cris soient émis par l'un ou par l'autre de mes enfants ou pire encore par les deux en même temps ! Après presque dix ans d'expérience, j'avoue ne pas m'y être habituée. Ces démonstrations répétitives du bon fonctionnement de leurs cordes vocales ont réussi à user mes réserves de patience. En deuxième position dans mon hit-parade du bruit, j'ai noté leurs disputes rarement silencieuses suivies de près par les pleurnichements, particulièrement fréquents lorsqu'ils étaient petits.

Il y a aussi cette multitude de choses bruyantes qui remplissent notre quotidien jour après jour et nous conduisent parfois au bord de la crise de nerfs. La télévision, dont le son est toujours trop fort, le bruit du lave-vaisselle ou du lave-linge, le séchoir, ou les trois en même temps. Le chien qui aboie parce que c'est l'heure de sortir, le chien qui aboie après le chat, le chien qui court après le chat ou le chat qui court après le chien. Et les enfants qui ont décidé de jouer au foot ou aux agents secrets au même moment... Il m'arrive parfois de croire que notre appartement ressemble à une ménagerie ! Il y a aussi le téléphone qui sonne, ou le portable, ou encore la sonnette de la porte, ou les trois simultanément : je vais ouvrir la porte d'entrée avec un téléphone sur chaque oreille, et le chat saute sur l'occasion pour se faufiler et dévaler les cinq étages, suivi par le chien qui a profité de la confusion pour sortir lui aussi en aboyant. Cette situation un peu rocambolesque est véridique, mais heureusement unique – je ne suis pas sûre que j'aurais survécu à une nouvelle expérience de ce genre !

Et puis il y a ces objets, lourds de préférence, qui tombent et le cas échéant se cassent. Les portes qui claquent, les éclats de rire (plutôt agréables dans ce cas), suivis d'un silence absolu, ce qui engendre des réactions variées allant du sourire amusé à l'angoisse : pour une mère, le silence soudain de ses enfants peut être, comme je l'ai déjà mentionné auparavant, aussi stressant que des hurlements...

Cette liste des bruits est loin d'être exhaustive, mais elle est bien représentative. « Où que je me tourne, où que je regarde chez moi, il y a toujours une multitude de bruits qui ajoutent un peu, et parfois beaucoup, à mon stress quotidien, me confiait une jeune maman de trois enfants. Parfois, je m'imagine que le paradis ressemble à une grande pièce insonorisée où je pourrais me réfugier pendant une heure ou même un siècle entier, juste pour profiter de cette merveilleuse sensation de silence et de paix qui y règne. »

Il est important de comprendre et de reconnaître le stress causé par le bruit car cela aide à le contrôler. Dans la mesure du possible, il est préférable d'étaler dans le temps les différentes activités ménagères bruyantes que vous devez accomplir. Vous pouvez essayer de remettre à plus tard le passage de l'aspirateur lorsque la machine à laver la vaisselle ou le linge est déjà en marche. En voiture, au lieu de mettre la radio ou un CD, optez pour la conduite en silence qui offre à votre esprit un repos bien mérité.

Il existe cependant des bruits auxquels il nous est difficile d'échapper, comme les cris et pleurs persistants d'un bébé qu'on tient dans les bras et qui peuvent être aussi perçants qu'un marteau-piqueur à cinq mètres de vous. Ces cris sont par ailleurs d'autant plus forts et stressants que l'enfant est jeune et que le niveau de fatigue de la mère est important. Bien que les pleurs d'un bébé fassent partie intégrante des joies et des peines de la maternité, il n'en reste pas moins qu'ils sont éprouvants au même titre que tous les autres bruits du quotidien des mères. En s'accumulant, ces bruits représentent un facteur de stress supplémentaire qui contribue à épuiser leurs forces. Par conséquent, le capital énergie des mères se voit une fois de plus grignoté et usé, ce qui les rend particulièrement vulnérables à l'état d'*épuisement physique et émotionnel* caractéristique du *burn-out maternel*.

Le manque de sommeil

Il n'existe pas une mère au monde qui n'ait pas souffert de manque de sommeil à un moment ou à un autre de son expérience maternelle. Rares sont celles qui ont l'incroyable chance d'avoir des nouveau-nés, puis des bébés et enfin des enfants modèles, qui dorment sans encombre dès leur sortie de la maternité. La majorité des mères connaissent la *torture*, terme employé par un grand nombre d'entre elles, que représentent les interruptions répétées de leur sommeil durant les premiers mois de la vie de leurs enfants. Ce manque de sommeil continue d'être un problème au fur et à mesure que ceux-ci grandissent, lorsque l'un d'eux est malade et requiert toute la douce attention de sa maman à son chevet...

Le tout premier problème engendré par le manque de sommeil est l'épuisement physique qui s'installe et influe sur le moral de la mère qui a de plus en plus de mal à rester vaillante et disponible pendant la journée. Cette fatigue est exacerbée, surtout si elle exerce une activité professionnelle dans laquelle sa vigilance et ses capacités intellectuelles sont essentielles. Les mères au foyer sont, elles aussi, fortement touchées par ce problème car s'occuper d'enfants tout au long de la journée est, comme nous l'avons vu, loin d'être une sinécure. Comme pour les autres facteurs de stress que nous avons passés en revue, les nuits de sommeil interrompues ponctuelles ne représentent pas un réel problème. C'est leur fréquence et leur répétition dans le temps qui sont responsables d'un stress important.

Stéphanie, maman d'une petite fille de 5 mois, me rapportait son expérience en ces termes : « Depuis la naissance de Valentine, je n'ai pas eu une nuit de sommeil complète. Chaque nuit, je sais que je vais devoir me lever quatre ou cinq fois. Après cinq mois à ce régime, je suis épuisée. Je n'imaginais pas qu'une telle fatigue soit possible, et j'en suis arrivée à un tel point que, lorsque je l'entends pleurer, j'ai envie de la prendre et de la jeter par la fenêtre ! Le pire pour moi est de m'endormir le soir, exténuée, avec l'angoisse de savoir que, dans moins de deux heures, je vais être réveillée en sursaut par ses cris et qu'il me faudra trouver la force de me lever et de m'occuper d'elle. Je n'arrive jamais à me reposer vraiment car je ne m'endors pas l'esprit tranquille. Je suis angoissée et stressée de savoir que ma nuit sera interrompue plusieurs fois. J'en arrive même à en vouloir à Valentine, et ma relation avec elle devient plus distante alors que je sais qu'elle n'y est pour rien. »

S'endormir en s'attendant à être réveillée soudainement est extrêmement stressant, surtout si l'épuisement physique est déjà intense, dû à une absence de sommeil qui a perduré dans le temps. La fatigue s'accumule, les forces s'amoindrissent, l'énergie s'épuise, et le moral est alors durement atteint. Les conséquences du manque de sommeil ne sont pas à prendre à la légère. La recherche scientifique à ce sujet démontre que le sommeil tient un rôle bien particulier qui permet à certains processus physiologiques anaboliques de prendre place. L'usure et la détérioration du corps par les activités diurnes sont *réparées* durant la phase de sommeil. Cela confirme l'hypothèse selon laquelle le sommeil représente une fonction physiologique nécessaire et tout aussi vitale que notre besoin de manger ou de boire. Il semblerait cependant que ce ne soit pas tant la privation de cette fonction physiologique qui crée de réels problèmes physiques et psychologiques chez les personnes qui en souffrent que le stress extrême qui en découle.

Une étude conduite auprès de rats par le professeur Rechtschaffen et ses collègues[2] a démontré les graves conséquences causées par le manque de sommeil chez ces

---

2. A. Rechtschaffen, M. Gilliland, B. Bergman et J. Winter, « Physiological correlates of prolonged sleep deprivation in rats », *Science*, 221, 182-184, 1983.

animaux. Les rats avaient été placés dans une sorte de boîte expérimentale sur une plaque pivotante qui se mettait à tourner chaque fois que les animaux s'endormaient, les obligeant ainsi à interrompre leur sommeil pour marcher. Du fait que cette plate-forme rotative démarrait dès que les rats s'endormaient, les expérimentateurs étaient parvenus à réduire le temps de sommeil total des animaux de 87 %. Huit paires de rats furent placées dans ce dispositif expérimental pour une période allant de 5 à 33 jours. Les effets du manque de sommeil chez ces animaux s'avérèrent être particulièrement graves. Les animaux étaient devenus d'apparence malade et avaient totalement cessé de faire leur toilette (en pansant leur pelage). Ils étaient devenus faibles, leurs mouvements étaient dénués de coordination, et ils ne cessaient de tomber de la plate-forme pivotante sur laquelle ils se trouvaient. Trois des rats succombèrent, et quatre autres durent être piqués, du fait de leur mort imminente. À l'autopsie, plusieurs de ces rats montrèrent une hypertrophie des glandes surrénales, des ulcères à l'estomac, la présence de liquide dans la trachée et les poumons, ainsi que des hémorragies internes. Puisque aucun signe d'infection n'avait été détecté, les résultats évoquent la possibilité que les pathologies observées ont été provoquées par le stress. Cette étude suggère en effet que les réveils forcés et répétitifs ont produit un stress sévère qui a fini par être fatal aux rats.

J'ose espérer qu'aucune mère n'a jamais souffert de telles insomnies... Cette étude démontre néanmoins l'importance capitale que représente le sommeil, ainsi que l'intensité et la gravité du stress généré par son interruption systématique et répétée. Les mères sont d'excellents témoins des répercussions que l'absence de sommeil peut avoir sur leur corps et leur esprit. Il va sans dire que ce problème représente un facteur de stress considérable et grandement responsable de l'état d'*épuisement physique et émotionnel* des mères victimes du *burn-out maternel*.

Attendre toujours et encore...

Émilie, une maman de deux jeunes enfants, me racontait : « L'autre soir, quand je suis allée chercher mon fils à la crèche, j'étais déjà en retard pour tout, y compris pour aller chercher ma fille à l'école. Jules était très content de me voir, surtout que la plupart des autres enfants étaient déjà partis. J'étais prête à partir, mais lui ne l'était apparemment pas... Son beau dessin de la journée avait besoin d'une dernière touche de bleu, puis il lui fallait trouver la cocotte en papier qu'il avait faite le matin même ainsi que son manteau qui avait disparu. Quand il fut enfin prêt à partir, il se rendit compte qu'il avait perdu le petit nounours qu'il avait emmené avec lui ce matin-là. Mon retard m'inquiétait beaucoup car Amandine devait être en train de m'attendre. Je savais que j'allais être en retard à son école et j'essayais par tous les moyens de faire que Jules se dépêche. J'étais comme une pile électrique, prête à foncer tel un coureur sur les starting-blocks. Jules avançait devant moi et, une fois aux escaliers, il se mit à les descendre avec une lenteur agonisante. Une marche, stop. Une autre marche, stop. Ma frustration était à son comble alors que j'implorais le ciel de me faire cadeau à cet instant d'une réserve de patience supplémentaire dont j'avais bien besoin ! »

La plupart des mères se trouvent, à un moment ou à un autre, dans une situation similaire à celle d'Émilie. Leur patience est mise à l'épreuve car *attendre* fait partie intégrante de la vie d'une maman et peut être particulièrement stressant. Dans le chapitre 3, nous avons vu pourquoi et comment l'absence de contrôle génère un niveau de stress important tant dans le monde professionnel que dans la vie des mamans. *Attendre* représente du temps que les mères ne maîtrisent pas. S'il était donné à une mère de mettre bout à bout toutes les minutes, toutes les heures passées à attendre ses enfants, qui sait ce qu'elle aurait le temps d'accomplir ? Peut-être aurait-elle le temps de trouver un traitement contre le cancer, une alternative au moteur à essence ou bien encore de lire et relire *Guerre et Paix* une bonne demi-douzaine de fois... !

Les situations qui obligent les mères à attendre le bon vouloir de leurs enfants sont très nombreuses. Elles attendent qu'ils se réveillent le matin pour aller à l'école (de bonne humeur de préférence !), puis qu'ils s'habillent. Elles attendent ensuite qu'ils sortent de l'école, qu'ils fassent leurs devoirs, qu'ils daignent se déshabiller pour le bain, qu'ils prennent leur bain, qu'ils sortent du bain et mettent leurs pyjamas. Enfin, les mères attendent que les enfants acceptent de passer à table lorsqu'ils y sont conviés. Elles attendent leurs enfants après l'entraînement de foot ou les leçons de danse. Elles attendent qu'ils arrêtent de se disputer et elles attendent toujours et encore qu'ils veuillent bien aller au lit et s'endormir, pour qu'elles puissent enfin souffler un peu.

Qu'y a-t-il de plus exaspérant et frustrant pour une mère que de devoir répéter trois, cinq ou dix fois la même demande à l'un de ses enfants qu'elle entend répondre « j'arriiiive ! », mais ne finira par s'exécuter qu'après un laps de temps interminable ? Plus tard, lorsque leurs chers petits ont grandi, elles attendent le soir quand ils rentrent tard, elles n'en finissent pas d'attendre... Les occasions d'attendre sont innombrables et dans chaque cas elles représentent du temps que les mères ne contrôlent pas ou peu, et sont de ce fait génératrices d'un stress incontestable.

Si le fait d'attendre nos enfants est stressant, attendre *avec* nos enfants peut l'être plus encore. Quelle mère ne s'est pas retrouvée coincée dans une queue interminable à la caisse d'un supermarché avec ses enfants ? Imaginons que l'un d'eux finisse par s'ennuyer et piaffe d'impatience pendant que l'autre, seulement âgé de quelques mois, décide que l'heure du biberon est arrivée et se mette à pleurer de façon incontrôlable. La mère doit alors puiser au fond d'elle l'énergie nécessaire pour lui permettre d'affronter la situation dans les meilleures conditions. De la même manière, avez-vous remarqué que le temps passé dans la salle d'attente d'un pédiatre est généralement proportionnel à l'irritabilité et au mauvais état de santé de votre enfant, tout en étant inversement proportionnel au nombre d'heures de sommeil dont vous avez bénéficié la nuit précédente ?

Dans tous les cas, *attendre* est un élément omniprésent dans la vie des mères, et la qualité première requise pour y faire face est une patience à toute épreuve. La répétition de ce problème difficilement contournable finit par le rendre frustrant, épuisant et particulièrement stressant. Les efforts déployés quotidiennement par les mères pour répondre aux exigences de ces situations sont autant de force et de dynamisme emprunté à leur capital énergie déjà si fréquemment sollicité. L'*épuisement émotionnel et physique* qui en découle contribue bien évidemment à l'émergence du problème de *burn-out maternel*.

Les responsabilités financières

Que ce soit le père ou la mère qui constitue la source principale de revenus dans la famille, la plupart des mères tiennent le rôle peu évident de *chef des achats*. Même si le père se charge de rédiger les chèques servant à payer les factures, la mère est presque invariablement la personne responsable d'acheter ou de payer : la nourriture, les produits ménagers, les habits des enfants, la cantine, la crèche, les visites chez le médecin, le coiffeur de temps à autre, l'essence pour la voiture, les notes de pressing et tous les autres petits à-côtés de faible montant mais qui, mis bout à bout, s'additionnent pour donner un total de dépenses qui peut paraître exorbitant. L'argent part et il part vite, surtout dans les grandes villes où tout est si cher. De nos jours, les problèmes liés à l'argent représentent une source de stress pour les familles et bien sûr pour les mères. Gérer un budget est un lourd fardeau pour la majorité des familles, et il l'est plus encore dans le cas des mères vivant seules ou lorsque le problème du chômage se pose.

Hormis le stress produit par la gestion d'un budget, il est un autre stress que beaucoup de mères rencontrent : les reproches persistants de leur conjoint concernant les dépenses qu'elles engagent et la façon dont elles les engagent. Les mères sont généralement chargées de s'occuper des dépenses courantes. Ce sont aussi elles qui mettent la main au portefeuille le plus souvent. Elles voient l'argent partir et ce pour quoi il part. Le partenaire, lui, ne voit pas le décompte spécifique de ces dépenses, mais à la fin du mois il fait face au montant total, et sa réaction n'est pas toujours des plus tendres. « Mon mari me reprochait tout le temps le fait que nous vivions au-dessus de nos moyens et que plus il gagnait d'argent, plus nous en dépensions, me confiait Barbara, 38 ans et mère de deux enfants. Ce sujet créait des frictions terribles entre nous. Pour lui, si nous dépensions autant d'argent, c'était forcément parce que je faisais des dépenses inconsidérées, frivoles et inutiles. J'ai essayé, en vain, de lui démontrer le contraire. Culpabilisée, je m'efforçais de réduire les dépenses, mais la vie est si chère, et l'argent part si vite... À l'entendre, nous étions la seule famille vivant au-dessus de ses moyens. Je savais cependant que c'était faux. En me confiant à mes amies, j'avais découvert qu'elles vivaient les mêmes dilemmes, la même culpabilisation de la part de leurs maris ainsi que les mêmes disputes. Nous nous sommes séparés pour beaucoup d'autres raisons, mais l'un de ses reproches récurrents restait le problème de l'argent. Il clamait qu'il ne pouvait plus vivre avec quelqu'un d'aussi irresponsable à ce niveau-là, que nos valeurs étaient trop différentes. Pour moi, la culpabilité et le stress étaient à leur comble, et j'avais l'impression de porter le terrible poids de l'échec de notre couple. Je savais pourtant ce qu'il en était, mais j'avais échoué à lui faire comprendre les réalités quotidiennes d'une famille de quatre personnes. Mais la vie s'est chargée de le ramener à la réalité. Quelques mois après notre séparation, je recevais encore à la maison les relevés bancaires de notre ancien compte joint sur lequel je n'effectuais cependant plus de dépenses depuis pas mal de temps. Je n'aurais peut-être pas dû, mais, pour la première fois, j'ai regardé d'un peu plus près ce relevé dont le solde était surprenant. J'ai découvert qu'à présent qu'il devait assumer toutes sortes de dépenses courantes lui-même il dépensait à lui seul, avec un loyer minime, plus de deux fois ce que je dépensais avec deux enfants à charge et un loyer relativement important. Ma frustration et ma colère étaient d'autant plus fortes que je savais qu'il n'était pas du genre à dépenser son argent de façon inconsidérée. Quand je l'ai confronté, il fut très surpris et, par un étrange revirement de situation, il essaya de me démontrer qu'aucune de ses dépenses n'était superflue et qu'il ne comprenait pas comment le montant de tous ces frais pouvait être aussi élevé. Cette scène me parut si familière... Ma satisfaction personnelle face à cette situation était immense mais jamais aussi grande cependant que l'infinie tristesse que je ressentais en me disant que son erreur de jugement avait en partie contribué à la destruction de notre famille... »

Les responsabilités étroitement associées à la gestion du budget familiale sont une source de stress extraordinaire pour de nombreuses mères. Le manque d'argent et les problèmes qui en découlent les placent dans une position très délicate et stressante, car ce sont elles qui supervisent la plupart des dépenses. Les faux pas peuvent avoir des conséquences graves qui mettent en péril l'équilibre de la famille tout entière. Quelles que soient les ressources financières d'une mère, mais à plus forte raison si celles-ci sont réduites, l'énergie qu'elle emploie pour assumer ses responsabilités dans ce domaine représente un stress additionnel dans sa vie, qui n'en manque pas par ailleurs, et peut jouer un rôle prépondérant dans le développement du *burn-out maternel*.

Les petites culpabilités

Il ne s'agit pas là de la mère qui dirait : « Si seulement j'avais su le genre d'amis que fréquentait mon fils, j'aurais peut-être pu éviter qu'il en arrive à se droguer. » Ou bien :

« Si je n'avais pas accepté de prêter la voiture à ma fille ce soir-là, elle serait sans doute encore vivante aujourd'hui ! » Certaines mères sont malheureusement torturées par de terribles « si seulement... », responsables de niveaux de stress énormes.

Ce à quoi je fais référence ici, ce sont toutes ces petites culpabilités qui peuplent nos vies de mères. Tous ces « j'aurais dû... » et « je devrais... », si peu importants en soi que l'on peut se demander pourquoi je prends la peine d'en parler. Lorsque toutes ces petites culpabilités de moindre importance s'additionnent dans le temps, elles finissent par représenter une réelle source de stress, si l'on en croit les témoignages de certaines mères. En quoi ces petites culpabilités consistent-elles ? « Je culpabilise de servir à ma famille pour le dîner des pizzas, des pâtes ou des plats surgelés trois ou quatre fois par semaine » ; « J'aurais dû me souvenir de l'anniversaire de mon frère, et dire que je ne l'ai même pas appelé ! » ; « J'ai deux cartons pleins de vieux habits des enfants à la cave et je sais que je devrais prendre le temps de les emmener chez les chiffonniers d'Emmaüs ! » ; « Mon fils aîné se régale chaque fois qu'il regarde les albums de photos faites de lui quand il était bébé. J'ai des tonnes de photos de ma fille, mais je n'ai jamais pris le temps de les mettre dans des albums. Cela fait des années que je me dis que je devrais le faire » ; « Il faudrait que je me lève plus tôt le matin afin que nous ayons le temps de prendre un petit déjeuner tranquillement tous ensemble avant de partir. »

Je devrais... (Choisissez une réponse) :
— Être plus patiente avec mes enfants et ne pas crier aussi facilement.
— Lire plus de livres à mes enfants.
— Moins laisser mes enfants regarder la télévision.

— Faire plus de sport.
— Jouer plus souvent avec mes enfants.
— Faire plus souvent de bons petits plats.
— Prendre le temps de discuter des problèmes de drogue avec mon fils de 15 ans.
— Payer toutes les factures en retard, CE SOIR !
— Choisir toutes les réponses ci-dessus !

La liste pourrait continuer ainsi longtemps, et c'est d'ailleurs le cas pour la plupart des mères. Cette liste s'accompagne néanmoins de stress et de fatigue non négligeables et qui, à long terme, finissent par jouer un rôle déterminant dans l'apparition de l'état de *burn-out* chez les mères.

Le stress du conjoint

Bien que cela puisse ne pas être évident au premier abord, tous les stress qui affectent notre conjoint finissent par nous toucher aussi et viennent s'ajouter aux différents stress associés à nos responsabilités maternelles.

Une jeune maman m'expliquait récemment comment les problèmes d'insomnie de son mari commençaient à influer sur son équilibre personnel. Son mari devait depuis quelque temps faire face à de sérieux problèmes dans son travail, et la pression qui en résultait se répercutait non seulement sur son moral, mais aussi sur son sommeil. Ces insomnies représentaient un stress qui s'ajoutait aux siens. Pour aider son mari et le soutenir dans cette épreuve, elle s'efforçait d'imposer le silence à leurs trois enfants le soir et le week-end, afin qu'il puisse se reposer. Pour le soulager de ses responsabilités familiales, elle en assumait elle-même deux fois plus. Elle tentait aussi de le protéger de tout stress de mille et une façons : « J'hésite toujours à lui confier les problèmes que les enfants peuvent avoir à l'école de peur de rajouter au stress qui le mine. » Devrait-elle l'épargner ? Ou bien ferait-elle mieux de lui confier ses inquiétudes, au risque d'aggraver ses insomnies ? Ce genre de dilemme est stressant surtout s'il perdure dans le temps.

J'ai aussi recueilli les témoignages de mères dont le conjoint est au chômage, et qui doivent faire face aux stress qu'une telle situation engendre. Les multiples incertitudes qui accompagnent ces périodes peuvent être très difficiles et frustrantes pour le conjoint, surtout s'il ne parvient pas à retrouver une activité professionnelle rapidement. Le problème du chômage est malheureusement souvent responsable d'états dépressifs chez les conjoints dont la colère et la frustration resurgissent parfois sous la forme de remarques désobligeantes, blessantes ou humiliantes à l'encontre de leur épouse.

Aude, mère de quatre enfants dont le dernier n'a que quelques mois, me parlait de son expérience en ces termes : « L'ambiance à la maison est terrible. Mon mari est au chômage depuis presque dix-huit mois, et, d'ici deux mois, ses indemnités ne lui seront plus versées. Je sais qu'il est très stressé et angoissé, mais parfois j'ai l'impression qu'il me tient responsable de ce qui nous arrive. Quand il s'adresse à moi, ce n'est que pour me faire des reproches. Quoi que je fasse, il va toujours trouver à redire. Soit j'en fais trop, soit je n'en fais pas assez. En plus, il critique le fait que je reste à la maison pour m'occuper des enfants. Il voudrait que je retourne travailler, mais avec quatre enfants ce n'est pas facile. Même si je reprenais une activité professionnelle, une bonne partie de mon salaire partirait en frais de crèche et de baby-sitter. La vie à la maison est déjà assez dure et stressante avec quatre enfants, sans avoir à faire face à sa mauvaise humeur, son négativisme et ses reproches. Je suis très angoissée : du coup je n'arrive plus à dormir et je suis épuisée. »

Hormis le problème du chômage, certaines mères se trouvent confrontées au fait que leur conjoint exerce une activité professionnelle peu épanouissante, mais qu'il ne peut quitter car il doit pourvoir aux besoins de sa famille. Une mère dont le mari travaillait sans relâche afin d'assurer la survie de l'entreprise familiale m'expliquait qu'elle devait assumer le rôle de la mère et celui du père. Celui-ci était la plupart du temps absent pour leur fils adolescent qui aurait pourtant eu terriblement besoin de sa présence à ses côtés. Cette situation était un véritable défi pour elle. Elle avait du mal à assumer seule toutes ces responsabilités et avait l'impression de ne pas être assez présente pour les problèmes de leur fils.

Le stress des mères représente en soi un sujet bien assez vaste sans que je me risque à aborder celui du stress marital. Je me permettrais donc seulement de reconnaître que le mariage et le stress associé aux relations entre maris et femmes peuvent aggraver les stress plus spécifiquement liés aux responsabilités maternelles.

À chaque enfant sa personnalité

Il y a aussi ces différences de tempérament entre nos enfants et avec lesquelles nous devons composer quotidiennement, des années durant... Les enfants dotés d'une personnalité opposée à celle de leur mère représentent un défi parental particulièrement stressant. Une mère très extravertie, énergique et active se sentira vraisemblablement frustrée et parfois agacée par son enfant si celui-ci est passif et introverti. Pourtant, la plus grande difficulté est parfois de ne pas savoir comment se comporter avec un enfant dont le tempérament est tellement similaire au nôtre que cela en devient exaspérant !

Florence, maman d'une petite fille de 4 ans, me confiait : « J'aime ma fille plus que tout, mais il y a vraiment des fois où j'ai l'impression de ne pas l'aimer en tant que personne. Elle peut être vraiment chipie, et on dirait qu'elle fait tout pour me rendre folle. Comme si elle me poussait à bout pour me voir énervée. Elle sait aussi être douce et affectueuse, mais ces deux facettes de sa personnalité alternent si rapidement que je n'ai pas l'impression de la connaître vraiment. Mon autre fille n'est pas du tout comme ça, et parfois je préfère de beaucoup m'occuper d'elle, ce qui me culpabilise énormément. »

Nous pouvons choisir nos connaissances, nos amis et bien évidemment notre conjoint selon leurs caractéristiques et leurs personnalités, chose que nous ne pouvons pas faire avec nos enfants qui naissent avec un tempérament donné. Encore un domaine sur lequel les mères n'ont pas de contrôle et qui, avec le temps, représente un stress non négligeable. Il va sans dire que ces différences contribuent aussi à rendre notre expérience de mère plus variée, plus riche et plus passionnante. Si la diversité des personnalités de nos enfants peut nous stresser, elle peut aussi nous émerveiller et nous procurer mille satisfactions qu'il est important de ne pas sous-estimer.

Un même stress affectera plusieurs personnes différemment. De la même manière que le bruit est un stress quasi constant dans ma vie auquel j'ai beaucoup de mal à m'habituer, peut-être est-ce un autre type de stress qui entamera plus particulièrement votre énergie et votre patience. Tous ces stress cachés qui se répètent et que je viens d'énumérer, associés aux autres stress plus évidents passés en revue du chapitre 2 au chapitre 8, nous envoient un message très clair : être mère est un travail extrêmement stressant.

Étant donné la réalité de ce stress et si nous voulons préserver notre équilibre physique, mental et psychologique, nous devons apprendre à l'identifier et à en reconnaître les effets et les conséquences. Nous pourrons ensuite développer des stratégies qui nous permettront de le vivre plus sereinement et de le gérer plus efficacement.

CHAPITRE 11

« Docteur, est-ce que c'est grave... ? »

> « L'avenir de la société est entre les mains des mères. »
>
> DE BEAUFORT

Les conséquences du burn-out maternel

Élise a 3 mois et pleure très fréquemment, la nuit comme le jour : elle fait partie de ces bébés qui pleurent beaucoup sans raisons précises. Emma, sa maman, ne supporte plus ses cris qui la stressent la journée et l'empêchent de dormir la nuit. Récemment, Emma a dû consulter un médecin car, elle qui n'avait que rarement mal à la tête avant la naissance de sa fille, elle souffre à présent de maux de tête importants et persistants.

Nathalie a deux enfants, Béatrice, 13 ans, et Marianne, 16 ans. Ses rapports avec son aînée sont tendus, et la communication avec celle-ci est mauvaise. Marianne est assoiffée de liberté et d'indépendance, ce qui inquiète sa mère qui l'attend pendant des heures le samedi. Malgré ses tentatives de discussion avec sa fille aînée, Nathalie ne parvient pas à lui faire comprendre que ses comportements lui causent beaucoup de soucis et de stress. Depuis quelque temps, Nathalie s'est rendu compte qu'elle souffrait de brûlures d'estomac de plus en plus fréquentes qui empiraient chaque fois qu'elle attendait sa fille jusque tard dans la nuit quand elle était sortie.

Le stress vécu par ces deux mères sur une période de temps relativement longue a eu pour conséquences deux symptômes communément associés à l'expérience du stress : les maux de tête et les brûlures d'estomac. Mais ces deux symptômes sont loin d'être les seules conséquences physiologiques du stress rapportées par les nombreuses mères avec qui j'ai eu l'occasion de discuter.

Stress et burn-out *:*
similarités et différences

Comme je l'ai déjà souligné précédemment, le phénomène de *burn-out* est intimement lié au stress. Il en est une conséquence directe, mais il n'en est pas pour autant synonyme. Le *burn-out* résulte d'une accumulation de stress d'intensité modérée qui se répètent fréquemment et de façon prolongée. Afin de mieux parler et de mieux décrire le *burn-out*, il nous faut d'abord regarder d'un peu plus près le fonctionnement du stress, pourquoi il survient et comment il survient, ainsi que ses conséquences somatiques. De là, nous verrons comment le phénomène de *burnout* se développe et quelles sont ses conséquences physiologiques, cognitives et comportementales.

BON OU MAUVAIS STRESS ?

Né à vienne en 1907, le Dr Hans Selye a passé quarante ans de sa vie au Canada à étudier le stress et ses effets. Appelé à juste titre le « père du stress », il fut le premier à établir le lien existant entre le stress et ses effets physiologiques pouvant amener le corps jusqu'à la maladie. Hans Selye disait : « L'absence totale de stress, c'est la mort. » Ce qu'il tentait de dire par cette phrase, c'est que le stress n'est pas toujours forcément mauvais, il est même parfois essentiel pour assurer notre survie.

Selye fut le premier à identifier ce qu'il appelait le *General Adaptation Syndrome* (GAS)[1], traduit en français par le syndrome général d'adaptation (SGA). Ce syndrome décrit le type de réponse engagée par notre corps pour faire face aux situations de stress auxquelles il est confronté. Il peut être provoqué par un événement extérieur ou intérieur, et joue le rôle de signal d'alarme aussi bien pour notre système nerveux que pour notre système endocrinien (hormonal). Ce signal d'alarme nous permet de faire face aux dangers environnants et nous prépare à ce que Walter Cannon[2] dès 1929 décrivait comme la réaction de *fuite ou de combat* (« *fight or flight* ») chez les animaux exposés à une situation menaçante. Dans ce sens, le stress est une réaction adaptée et positive car il nous protège.

Selon Selye, ce mécanisme d'adaptation au stress se compose de trois stades distincts : La *phase d'alerte*, la *phase d'habituation ou d'endurance* et enfin la *phase d'épuisement*.

Voyons comment cela fonctionne. Lorsque nous percevons un stress physique ou émotionnel, nous enclenchons

---

1. H. Selye, *The Stress of Life*, New York, McGraw-Hill, 1976.
2. W. B. Cannon, *Bodily Changes in Pain, Hunger, Fear, and Rage*, New York, Branford, 1929.

la première phase dont parle Selye, soit la *phase d'alerte*. Notre système nerveux envoie immédiatement un message :
1. De notre cerveau à nos muscles afin de nous préparer à réagir.
2. De notre cerveau à notre système nerveux végétatif qui augmente notre tension artérielle, notre rythme cardiaque et notre niveau de sucre dans le sang. Il va aussi augmenter le nombre de nos globules rouges pour permettre une meilleure distribution de l'oxygène dans nos muscles et va par ailleurs ralentir nos fonctions intestinales, tout cela dans le but d'accroître notre énergie physique.
3. De notre cerveau à nos glandes surrénales chargées d'augmenter le niveau d'adrénaline dans notre sang qui va jouer le rôle de stimulant pour l'ensemble de notre corps. Celui-ci se trouve dans les conditions optimales pour faire face à la situation de stress qui le menace.

Nous passons alors à la deuxième phase, celle dite *d'habituation ou d'endurance* qui survient si la situation de stress se prolonge. La température du corps, la tension artérielle et la respiration restent élevées. Le message de stress est envoyé par notre système nerveux au centre de contrôle de nos émotions, l'hypothalamus, qui déclenche une réponse de la part du système endocrinien. Bien que le système hormonal fonctionne plus lentement que le système nerveux, ses effets dans notre corps durent plus longtemps. Le système hormonal affecte différentes glandes dans notre corps telles que l'hypophyse et la thyroïde qui régulent de nombreuses fonctions de notre organisme, de la production de globules blancs au cycle menstruel de la femme.

Si le stress persiste dans la durée, il parvient à épuiser nos réserves d'énergie durant la *phase d'épuisement*. Dépassé par les événements, l'organisme s'épuise et devient plus facilement malade, ce qui, dans le pire des cas, aboutit à la mort.

C'est le même *syndrome général d'adaptation* (SGA) qui pousse une mère à se précipiter au milieu d'une rue très fréquentée pour empoigner son jeune enfant qui s'y est aventuré. Il donne à la mère l'énergie nécessaire à « pousser » une dernière fois pour donner naissance à son bébé après un accouchement long et éprouvant, et lui procure ensuite cette sensation de bonheur inégalable lorsqu'elle tient son nouveau-né dans ses bras pour la première fois. Ainsi, le SGA est un merveilleux mécanisme d'adaptation aux multiples fonctions, et cela est positif en soi.

Le SGA comprend cependant des inconvénients majeurs qu'il est important de bien connaître afin d'évaluer les effets négatifs du stress. Ce mécanisme d'adaptation n'est pas spécifique. Il déclenche les mêmes réactions physiologiques quelle que soit la situation de stress à laquelle nous sommes confrontés, que ce stress soit ponctuel ou chronique, qu'il soit positif ou négatif. Le SGA est un mécanisme principalement conçu pour le court terme afin d'aider notre corps à se préparer pour agir et se défendre. Ce mécanisme fonctionne parfaitement bien lorsque les situations de stress sont de courte durée. Il donne au corps une puissance d'action efficace et maximale pour ensuite lui permettre de relâcher la pression quand le stress environnant diminue d'intensité. Quand la source de stress reste active pendant longtemps et donne peu d'opportunité au système nerveux de se reposer en retrouvant un état normal, le corps commence à montrer des signes de « mauvais stress ». Le stress associé aux responsabilités maternelles étant non seulement de longue durée, mais aussi le plus souvent hors de notre contrôle, il qualifie d'entrée de « mauvais stress ».

À court terme, le SGA envoie un signal énergisant à nos muscles, nos glandes et nos organes. Avec le temps, ces mêmes muscles et organes constamment énergisés et sollicités commencent à se fatiguer. Certaines études récentes ont permis d'obtenir des images de résonance magnétique nucléaire (IRM) des cerveaux de personnes ayant été exposées de façon prolongée à des niveaux élevés d'hormones de stress. Ces images ont montré un rétrécissement notable de leur hippocampe, la cinquième circonvolution temporale du cerveau jouant un rôle primordial dans les processus de mémorisation[3]. Ce phénomène expliquerait les troubles de mémoire sérieux rapportés par les personnes soumises à des stress importants et prolongés.

Les symptômes physiques les plus courants liés au stress ne se limitent pas aux maux de tête ou aux brûlures d'estomac dont nous avons parlé, mais comprennent aussi les signes suivants :

— Difficultés pour avaler (spasmes de l'œsophage).
— Insomnie.
— Chute abondante des cheveux.
— Diarrhée.
— Constipation.
— Bruxomanie (grincements de dents).
— Troubles de la mémoire.
— Douleurs diffuses dans la nuque et le dos.
— Sueurs froides.
— Nausées.
— Vertiges.
— Douleurs dans la poitrine.
— Spasmes musculaires.

---

3. R. Sapolsky, « Stress and your shrinking brain », *Discover*, p. 116-120, 1999 (mars).

— Certains problèmes de peau comme le psoriasis.
— Certaines allergies comme l'asthme.
— Hyperventilation.
— Arythmie cardiaque.
— Et bien d'autres encore...

Selon le magazine américain *Prevention*[4], « le stress est de plus en plus associé au développement et à l'évolution de certaines maladies comme le cancer, l'hypertension, les maladies cardiaques, le diabète, l'asthme, les allergies, les ulcères, les colites, l'alcoolisme, mais aussi au tabagisme, à l'obésité, aux migraines et au mal de dos ainsi que d'autres maladies en tout genre. » Et comme si cela ne suffisait pas, l'Organisation mondiale de la santé notait qu'à travers le monde presque un quart des visites chez le médecin sont associées à des problèmes liés au stress[5].

Comme je l'avais déjà mentionné dans le chapitre 6, le stress influence considérablement notre système immunitaire qui, affaibli, ne se défend plus de façon optimale contre les maladies. Notre système immunitaire est en effet un système de surveillance complexe qui défend notre corps en isolant et en détruisant les bactéries, les virus et autres agressions extérieures qui l'attaquent. Ce système comprend deux types de globules blancs appelés *lymphocytes*. Les *lymphocytes B* se forment dans notre moelle osseuse et produisent les anticorps qui combattent les infections bactériennes. Les *lymphocytes T* se forment dans le *thymus* et autres tissus lymphatiques, et se chargent de combattre les cellules cancéreuses, les virus et autres substances étrangères

---

4. *Prevention*, septembre 1987.
5. N. R. Sartorius, « Description of WHO's mental health programme », dans W. J. Lonner et R. Malpass (éds.), *Psychology and Culture*, Boston, Allyn & Bacon, 1994.

à notre organisme. Les macrophages représentent un autre agent de notre système immunitaire : ce sont de grosses cellules dérivant du monocyte du sang et douées du pouvoir d'englober et de détruire par phagocytose des corps étrangers volumineux. Notre âge, nos habitudes alimentaires, nos dispositions génétiques, la température de notre corps et le stress sont autant de facteurs qui influencent l'activité de notre système immunitaire.

Le système immunitaire ne fonctionne pas à l'aveuglette. En fait, il échange constamment des informations avec notre cerveau et notre système endocrinien responsable de la production d'hormones. Le cerveau régule la sécrétion des hormones de stress comme l'adrénaline, la noradrénaline et le cortisol qui ont le pouvoir de réduire l'action des *lymphocytes*. Des animaux confinés dans des cages bondées, auxquels on a administré des chocs électriques qu'ils ne pouvaient éviter, qui ont été exposés à des bruits intenses et continus, à des bains d'eau froide forcés, ou qui ont été séparés de leur mère dès la naissance, voyaient leur système immunitaire considérablement affaibli[6].

Cet effet du stress sur notre système immunitaire est en fait parfaitement logique. Comme nous l'avons vu, le stress déclenche une réponse de *combat ou de fuite*. Pour ce faire, le stress va détourner et orienter notre énergie vers nos muscles et notre cerveau afin de préparer notre corps à entrer en action. Toute réponse immunitaire devient alors une activité rivale car beaucoup d'énergie est nécessaire pour combattre une infection, produire un état inflammatoire et maintenir la température du corps à un niveau élevé. Lorsque nous sommes malades, notre corps

---

6. S. F. Maier, L. R. Watkins et M. Fleshner, « Psychoneuroimmunology : the interface between behaviour, brain and immunity », *American Psychologist*, 49, 1004-1017, 1994.

réduit sa production d'énergie musculaire par l'inactivité et un besoin de sommeil plus important. Le stress, agissant alors comme un agent déviateur, détourne l'énergie indispensable à notre système immunitaire, ce qui nous rend plus vulnérables aux maladies. En conclusion, ce n'est pas le stress en lui-même qui nous rend malades, mais ses répercussions sur notre fonctionnement immunitaire qui nous rendent plus vulnérables aux attaques extérieures[7].

Le burn-out *commence là où le stress s'arrête*

Je dis souvent que le *burn-out* commence là où le stress s'arrête. Cela ne veut pas dire que le *burn-out* n'a rien à voir avec le stress puisqu'en son absence il n'y a pas de danger de *burn-out*. Ce que je veux dire, c'est que l'état de *burn-out* fait suite à la troisième et dernière phase décrite par le Dr Selye dans le *syndrome général d'adaptation*, la phase dite d'*épuisement*. C'est un peu comme si cette phase était un épisode de feuilleton télévisé à la fin duquel on verrait marquer « À suivre... » et dont l'épisode suivant serait intitulé « Le *burn-out* ».

Cette phase d'*épuisement* est atteinte par notre corps suite à son exposition à un état de stress continu, qui perdure dans le temps et qui finit par user toutes nos réserves d'énergie. Nous nous sentons alors submergés, dépassés par les événements, et la capacité de notre corps à répondre efficacement à cette menace est très sérieusement compromise. Nous sommes à bout de nos forces physiques et émotionnelles. La description de l'expérience du stress fournie par Hans Selye qui s'arrête dans cette phase d'*épuisement*

---

7. *Op. cit.*, p. 204.

trouve alors sa continuité dans le phénomène de *burn-out*. L'état de *burn-out* prend le relais dans cette troisième phase du SGA en présentant un modèle multidimensionnel qui décrit clairement ce sur quoi débouche la progression des effets d'un stress donné vécu sur le long terme.

Je rappellerai brièvement ici les trois stades du *burn-out* que vous commencez à bien connaître :

— *Épuisement physique et émotionnel* :
Ce premier stade est le même que celui décrit par Hans Selye. L'individu qui se trouve dans cette phase a épuisé l'ensemble de ses ressources intérieures mobilisées de façon prolongée pour faire face à une situation stressante. Il n'a plus rien à donner en termes d'énergie physique, émotionnelle et psychologique. Il n'en peut plus et ne parvient plus à réagir. Si la situation de stress ne cesse pas, l'énergie de la personne continue d'être sollicitée, mais en vain. C'est le passage dans le deuxième stade du *burn-out*.

— *Distanciation/détachement* :
L'individu doit continuer à faire face, malgré son incapacité à gérer la situation. Il va alors se distancer physiquement et émotionnellement du facteur de stress qui l'épuise. Inconsciemment, il sait que, si la situation de stress n'est plus perçue comme menaçante, elle ne sera plus capable de l'affecter de la même manière, et ses ressources d'énergie pour affronter le problème ne seront plus mobilisées comme dans le passé. La personne se met dans une sorte d'état de *stand-by* qui facilite son entrée dans le troisième stade du *burn-out*.

— *Reniement des accomplissements passés, présents et futurs/déclin de productivité et d'efficacité* :
Privée de ses forces et de son énergie, la personne à ce stade perd confiance en elle et en ce qu'elle fait. Elle ne

correspond pas à ce qu'elle voudrait être et elle le sait. Son jugement et ses actions lui paraissent inappropriés. L'angoisse et le doute sont omniprésents, et son image d'elle-même devient négative, ce qui l'amène à une autocritique souvent sévère.

Une fois ce troisième stade atteint, les symptômes du *burn-out* font leur apparition. Ils ont été classifiés en trois catégories. Ils ne sont pas essentiellement physiques comme c'est le cas pour les manifestations somatiques du stress[8][9] :

1. Les *symptômes physiologiques du* burn-out :
— Épuisement physique.
— Troubles du sommeil.
— Douleurs diffuses.
— Syndrome de fatigue chronique.

2. Les *symptômes cognitifs du* burn-out :
— Dysphorie (état de malaise).
— Tendance à accuser les autres ou le système pour ses propres problèmes.
— Isolement et détachement émotionnel.
— Hypersensibilité.
— Sentiment d'impuissance.
— Pessimisme.
— Ennui.
— État dépressif.
— Indécision.
— Troubles de la concentration.

---

8. L. K. Hamberger et G. V. Stone, « Burn-out prevention for human service professionals : proposal for a systematic approach », *Journal of Holistic Medicine*, 5, 149-162, 1983.

9. D. Miller, « Occupational morbidity and burnout : lessons and warnings for HIV/AIDS carers », *International Review of Psychiatry*, 3, 439-449, 1991.

— Inflexibilité.
— Intolérance.
— Cynisme.
— Mauvaise image de soi.
— Sentiment de ne pas être en contrôle de sa propre vie.

3. Les *symptômes comportementaux du* burn-out :
— Réduction de la productivité.
— Irritabilité.
— Frustration.
— Propension à la colère.
— Impulsivité.
— Repli sur soi.
— Consommation accrue de substances toxiques telles que la drogue ou l'alcool.

Le résultat final de la spirale du *burn-out* se caractérise la plupart du temps par une indifférence et une incapacité de la part de l'individu à se servir de ses ressources personnelles pour remplir ses fonctions et accomplir les tâches qui lui ont été confiées. Ainsi, les séquelles du *burnout* égalent celles identifiées dans la littérature sur le stress chronique. Les aspects uniques et spécifiques au *burn-out* découlent donc de son étiologie et de son développement.

Les conséquences physiques, émotionnelles et psychologiques

Nous savons maintenant que les mères sont malheureusement d'excellentes candidates au *burn-out*. Les nombreux facteurs de stress présents dans leur vie quotidienne remplissent les conditions nécessaires pour devenir potentiellement nocifs, de par leur rythme soutenu et leur durée : en général des mois, voire des années.

L'épuisement physique et émotionnel est le premier signe avant-coureur du *burn-out maternel*. Laquelle d'entre nous n'a jamais lancé d'un ton exaspéré ou au contraire désespéré « Je n'en peux plus, je suis à bout... » ? Le manque de sommeil, les pleurs, les cris, les caprices, les responsabilités ménagères quotidiennes, les demandes multiples et simultanées placées sur les mères par leurs enfants, les problèmes scolaires, les maladies infantiles ou saisonnières, les difficultés financières ou la complexité de certaines décisions parentales sont autant de situations stressantes qui façonnent le quotidien d'une mère durant des années. Associés à l'absence de contrôle, de reconnaissance, de soutien social et émotionnel, et au manque de formation appropriée, ces stresseurs présentent une réelle menace pour son équilibre physiologique et émotionnel.

L'épuisement physique tout d'abord. Le stress entraîné par cette fatigue prolongée conduit à certains des problèmes physiques mentionnés précédemment. Les plus courants sont les maux de tête, les nausées, les douleurs gastriques et les douleurs de dos ainsi que les vertiges et les troubles de la mémoire. Étant donné que la mère a peu d'opportunités de relâcher la pression, de se détendre vraiment, la fatigue s'accumule avec le temps, et l'épuisement émotionnel fait son apparition. Dès les années 1920, le physiologiste Walter Cannon insistait sur le fait que le phénomène du stress résulte de la très étroite relation existant entre le corps et l'esprit. L'un ne peut fonctionner sans l'autre, et ils s'influencent mutuellement. Un corps épuisé va, à plus ou moins longue échéance, entraîner l'esprit avec lui dans cette fatigue. Pour qu'une personne ait l'énergie d'affronter une situation difficile, le corps doit être capable de lui fournir cette énergie qui lui est nécessaire. Si le corps n'a plus cette capacité, l'esprit va à son tour s'en trouver démuni.

La mère épuisée physiologiquement voit sa disponibilité pour ses enfants affectée. Elle n'a plus la force physique d'intervenir aussi souvent et aussi rapidement qu'elle le souhaiterait dans les situations où ses enfants ont besoin d'une attention ou d'une action particulières de sa part. Elle veut continuer d'être disponible pour eux, mais ne sait pas où puiser la force de le faire. « Julien a maintenant 5 mois, et je n'ai pas eu une nuit de sommeil complète depuis sa naissance », me confiait une jeune maman. « Il a des problèmes de reflux et il se réveille plusieurs fois par nuit en hurlant de douleur. Je veux être là pour lui, pour le consoler et le réconforter, mais chaque fois que je dois me lever, c'est comme si mes jambes se dérobaient sous mon corps. J'arrive à peine à marcher. En fait, je me traîne jusqu'à sa chambre pour le prendre dans mes bras. Tout mon corps me fait mal, et j'ai parfois l'impression qu'une de ces nuits je vais m'effondrer sans être capable de me relever. »

L'épuisement émotionnel qui accompagne l'épuisement physique se traduit par la sensation de ne plus être capable de répondre aux exigences émotionnelles de ses enfants. Les multiples circonstances dans lesquelles elle doit tenir un rôle de médiatrice pour apaiser, consoler, calmer, rassurer, aider ou trancher lors de disputes deviennent des situations éprouvantes qui exigent d'elle calme, objectivité, concentration, efficacité et surtout et avant tout patience. Son sens de responsabilité émotionnelle reste malgré tout très présent en dépit de sa fatigue. Elle essaie de donner le meilleur d'elle-même toujours et encore jusqu'à ce qu'elle sente que ses limites sont dépassées. L'impatience et l'irritabilité font alors surface. Elle crie plus facilement et s'emporte aisément, pour s'en vouloir terriblement par la suite. Et la vie continue, égale à elle-même, car une mère est sans cesse sollicitée, et de ce fait le stress finit par s'installer de façon chronique.

Puisqu'elle n'a pas vraiment d'autre choix que de continuer d'assumer ses responsabilités, la mère a parfois tendance à se distancer des situations de stress qui l'entourent. C'est le passage dans le deuxième stade du *burn-out*, celui dit de *distanciation* ou de *détachement*. Si la mère ne permet plus aux sources de stress de l'affecter émotionnellement, si elle les aborde avec une certaine indifférence et un certain détachement, alors l'énergie nécessaire pour y faire face n'a plus besoin d'être aussi importante et surtout ne fera pas appel aux mêmes exigences émotionnelles. Une situation qui nous laisse indifférents n'a plus le pouvoir de nous contrarier ou de nous blesser. Nous sommes alors en mesure de l'aborder avec plus de calme sans en craindre les conséquences ou retombées émotionnelles. La mère se protège instinctivement. Elle sent que, si elle ne met pas en place ce type de mécanisme de défense, elle risque de finir par s'effondrer physiquement et émotionnellement, éventualité en aucun cas envisageable.

Vu de l'extérieur, ce détachement de la mère vis-à-vis de ses enfants peut paraître dérangeant, voire choquant si l'on n'en comprend pas les raisons sous-jacentes. Il y a quelque temps, je discutais avec une amie, maman de quatre jeunes enfants. Nous étions aux abords d'un parc relativement grand, et cela faisait bien vingt minutes que nous parlions lorsque je m'étonnai de ne plus voir son petit troisième, âgé de 4 ans, jouer autour de nous. Un peu inquiète de cette absence, je le fis remarquer à mon amie qui me répondit qu'elle avait l'habitude de le perdre de vue pendant de longs moments. Elle m'expliqua qu'il avait tendance à s'éloigner et qu'elle s'était tellement fait de soucis dans le passé qu'elle avait fini par ne plus avoir la force ni l'énergie de s'inquiéter. Elle en était arrivée à raisonner en ces termes : « Je suis fatiguée d'être angoissée. Quand il disparaît, je me dis que, s'il doit être perdu, eh bien, je n'y peux rien : c'est la vie, et j'accepte la possibilité qu'un tel drame puisse arriver... » Elle me confia qu'elle avait un autre problème avec le même enfant. Celui-ci refusait depuis plusieurs mois de mettre la ceinture de sécurité en voiture. Chaque fois qu'elle tentait de l'accrocher, il se débattait, s'arc-boutait en hurlant jusqu'à ce qu'elle lâche prise. Soucieuse de la sécurité de son enfant, elle s'était battue à maintes reprises pour qu'il obéisse, mais la situation tournait presque invariablement au drame.

Avec le temps, elle reconnaissait ne plus avoir eu la force de lutter. Elle angoissait avant chaque voyage en voiture à l'idée de devoir affronter les cris et les débattements de son fils. « J'ai fini par en avoir tellement assez de me battre avec lui que j'ai laissé tomber, et maintenant il voyage sans ceinture de sécurité. Si je dois donner un coup de frein brutal, je suis consciente qu'il risque de se retrouver projeté contre le pare-brise, mais j'accepte cette possibilité car je n'ai plus en moi l'énergie pour me battre. » Ces propos peuvent paraître d'autant plus surprenants, au premier abord, que cette maman est vraiment une mère formidable et pour qui j'ai le plus grand respect. Elle est très dévouée et s'occupe merveilleusement bien de ses enfants. Mais la fatigue continuelle et le stress associé à l'éducation de quatre enfants, ainsi que l'absence de reconnaissance et de soutien émotionnel dont elle dit souffrir, ont petit à petit eu raison de ses forces et de son énergie. La *distanciation* et le *détachement* représentent un mode de protection qu'elle n'a pas choisi consciemment mais qui lui permet de continuer d'assumer ses responsabilités maternelles. « Démissionner » de son travail de mère n'est pas une option qui s'offre à elle. Elle doit donc trouver le moyen de rester le plus fonctionnelle possible.

Le risque encouru par les mères au stade de *distanciation* ou de *détachement* est de voir leur confiance en soi et leur estime de soi sensiblement affectées. Le mythe de la mère parfaite est alors relégué aux oubliettes, et elle tend à minimiser sa valeur et sa capacité à être une bonne mère. Elle entre alors dans le troisième et dernier stade du *burn-out*, celui du *reniement des accomplissements passés, présents et futurs*. Privée d'énergie et épuisée, sa tendance au détachement émotionnel va s'aggraver. Pour peu, par ailleurs, que reconnaissance et soutien émotionnel lui soient refusés par son entourage ou, pire, qu'elle soit régulièrement dénigrée, elle va s'enfoncer dans un système d'autocritique où seuls les aspects négatifs de ce qu'elle accomplit sont apparents.

À ce stade, la spirale négative du *burn-out* paraît inévitable. Les mères qui ignorent l'existence du phénomène de *burn-out maternel* sont isolées dans leurs émotions, leurs frustrations et leur stress. Elles sont convaincues d'être seules à vivre de tels dilemmes. Elles se sentent au bout du rouleau, mais ont l'impression que la plupart des mères qui les entourent s'en sortent mieux qu'elles, ce qui renforce d'autant leur sentiment d'incompétence.

La dépression est l'une des conséquences les plus fréquentes du *burn-out maternel*. Le stress et l'épuisement sont à leur comble, l'image de soi et l'état d'esprit sont négatifs, et surtout il y a cette conviction, lorsque la mère se projette dans l'avenir, qu'elle ne verra pas le bout de ce stress. L'irritabilité, un manque de patience très marqué et la colère précèdent, accompagnent ou résultent de cet état

dépressif dans lequel la mère peut se trouver. Certaines études démontrent que les mères dépressives interagissent avec leur entourage de deux façons :
— L'évitement.
— La colère intrusive.

Les mères dont le style d'interaction est basé sur l'évitement se comportent de façon distante avec leurs bébés ou leurs enfants. Elles évitent leur regard et ignorent les tentatives de communication qu'ils envoient. Les mères dont le style d'interaction est basé sur la colère intrusive passent plus de temps avec leurs enfants, mais leurs interactions sont empreintes de colère et de ressentiment. Les chercheurs ont démontré que ces deux styles d'interactions généraient une augmentation des taux d'hormone de stress cortisol aussi bien chez les enfants que chez les bébés[10]. Cela me conduit à parler des répercussions du *burn-out maternel* sur l'entourage des mères et bien évidemment sur leurs enfants.

Les conséquences du burn-out maternel *sur les enfants*

Je tiens à insister sur le fait que cette partie du chapitre ne cherche en aucun cas à faire le procès des mères qui souffrent de *burn-out maternel*. Je ne souhaite culpabiliser aucune des mères qui pourraient se reconnaître dans les paragraphes suivants. Mon approche est au contraire basée sur l'empathie et la compréhension profonde du phénomène de *burn-out maternel*. Mon but est avant tout d'informer et d'exposer clairement les faits, dans l'espoir d'encou-

---

10. M. Radke-Yarrow, *Children of Depressed Mothers*, Cambridge, UK, Cambridge University Press, 1998.

rager des prises de conscience et, par là même, d'inciter au changement et à la prévention.

Les enfants sont souvent les premiers à souffrir du *burn-out* de leur mère. L'exaspération, la dépression, la fatigue et le manque de patience conduisent la mère à se comporter et à s'exprimer d'une façon dure et parfois humiliante. Dans ce cas, les paroles sont comme des poignards qui blessent l'enfant dans son for intérieur, et le marquent d'autant plus qu'elles sont prononcées par la personne en qui ils ont le plus confiance et qui compte le plus pour eux. La tendance à crier pour se faire entendre et obéir devient plus marquée. Les gestes de colère sont plus fréquents ainsi que le recours à des méthodes de discipline sévères qui vont jusqu'à l'agressivité ou la violence. Dans ce contexte, l'enfant se trouve lui-même dans un état de stress important qui le mène à la peur, à la frustration, à l'angoisse et au repli sur soi. La production d'hormones de stress est un phénomène qui ne se limite pas aux adultes mais touche aussi les enfants. Leur santé et leur équilibre psychologique et émotionnel s'en trouvent affectés sur le long terme.

Les comportements d'évitement et d'indifférence sont une autre conséquence du *burn-out maternel*. Faute d'énergie et de patience, la mère baisse les bras et peut paraître indifférente à ce qui arrive à ses enfants. Ils se sentent livrés à eux-mêmes, délaissés et finissent par faire preuve de ressentiment et de colère à l'égard d'une mère pour laquelle ils imaginent ne plus compter.

Que le *burn-out* de la mère s'exprime sous la forme de comportements agressifs mal contrôlés ou d'indifférence, la perception que l'enfant a de lui-même s'en trouve affectée de façon négative. Son estime de soi et sa confiance en soi sont perturbées. Il développe des comportements réactionnels mal adaptés que l'on observera dans le cadre familial ou scolaire. Les refus d'obéissance sont fréquents, et le dialogue entre l'enfant (quel que soit son âge) et sa mère a tendance à se dégrader. Ce manque de communication engendre des conflits qui contribuent à une atmosphère familiale pesante, dans laquelle les rapports de confiance sont altérés. Les résultats scolaires de l'enfant baissent. Ses relations avec les adultes, surtout s'ils font figure d'autorité, et les autres enfants laissent transparaître sa colère, ses angoisses et ses frustrations. Sur le long terme, l'enfant a le sentiment qu'il exerce peu de contrôle sur sa propre vie et sur son entourage, il manque d'indépendance et d'assurance, et son caractère devient plutôt pessimiste et peu sociable[11].

Burn-out maternel *et maltraitance de l'enfant*

L'enfance maltraitée est un sujet particulièrement délicat qu'il est cependant extrêmement important d'évoquer avec la plus grande transparence possible. Le thème des enfants victimes de mauvais traitements doit sortir de l'ombre afin d'être abordé en évitant bon nombre de tabous qui y sont rattachés. Ce problème fait peur et dérange parce qu'il paraît inconcevable et inexcusable. Mais il existe, et éviter d'en parler contribuera peut-être à le faire disparaître de nos écrans de télévision, et temporairement encore.

Les chiffres sont malheureusement là pour nous démontrer que l'incidence des mauvais traitements chez les enfants est en hausse constante. La célèbre Académie américaine de pédiatrie (AAP) rapporte une augmentation de 63 % des cas d'enfants maltraités sur les dix dernières

---

11. E. Macoby, *Social Development : Psychological Growth and the Parent-Child Relationship*, New York, Harcourt Brace Jovanovich, 1980.

années. Selon le Comité consultatif américain de l'enfance maltraitée, au moins 2 000 enfants – soit en moyenne 5 par jour – meurent aux États-Unis des mains de leurs parents ou gardien. Toujours aux États-Unis, chaque année, quelque 18 000 enfants se retrouvent handicapés de façon définitive suite à de mauvais traitements, et environ 142 000 sont gravement blessés[12].

Qu'entendons-nous par mauvais traitements ? En France, l'Observatoire national de l'action sociale décentralisée (ODAS) a proposé la définition suivante : « L'enfant maltraité est celui qui est victime de violences physiques, cruauté mentale, abus sexuels, négligence lourde ayant des conséquences graves sur son développement physique et psychologique. » Aujourd'hui, la maltraitance touche de nombreux bébés et enfants qui vivent dans un univers familial qui, pour eux, représente la normalité. Ces enfants sont complètement isolés dans leur souffrance. Les chiffres actuels parlent d'eux-mêmes[13]. L'incidence des mauvais traitements se décompose de la manière suivante :

— 69,20 % de violences physiques,
— 61,90 % de violences psychologiques,
— 12,90 % de violences sexuelles.

Ces catégories de sévices sont infligées à des enfants :
— de 0 à 3 ans   23 %
— de 4 à 6 ans   22 %
— de 7 à 9 ans   19 %
— de 10 à 12 ans   18 %
— de 13 à 15 ans   12 %
— de 16 ans et plus   6 %

---

12. *Calming the Storm of Child Abuse and Neglect*, American Academy of Pediatrics, 2004.
13. R. Ait Ali et M. Charnier, « L'enfance maltraitée, souffrance toujours d'actualité », article Internet, 2003.

Les enfants âgés de moins de 4 ans sont les victimes les plus probables de ces mauvais traitements. Ces enfants sont sans défense et ne peuvent parer aux attaques physiques auxquelles ils sont assujettis ; ils ne peuvent entrer en contact avec les personnes extérieures qui pourraient éventuellement intervenir pour les protéger.

Plusieurs facteurs sont reconnus comme contribuant à l'occurrence de la maltraitance des enfants, dont quatre principaux :
— Le passé familial.
— Les statistiques démographiques de la famille (nombre d'enfants).
— L'environnement familial.
— La qualité de la communauté environnante (quartier habité, relations avec le voisinage, etc.).

Bien que les caractéristiques et les facteurs favorisant la maltraitance varient d'un cas à l'autre, l'Association américaine de pédiatrie insiste sur le fait que l'élément déclencheur numéro un des épisodes de maltraitance est toujours le même : le stress. Pour les parents qui n'ont pas appris à gérer leur stress, les comportements les plus normaux d'un jeune enfant, comme les pleurs ou le manque de contrôle des fonctions intestinales, peuvent déclencher des épisodes de mauvais traitements.

Lorsque j'avais une vingtaine d'années et que j'étais encore loin de m'intéresser au problème du stress maternel, j'ai rendu visite à une amie qui avait une dizaine d'années de plus que moi et qui vivait à Baltimore près de Washington. Elle était maman de deux petites filles âgées de 7 et 4 ans. Un jour, après une longue dispute de ses deux filles, elle dut subir la phase du « gros caprice » : elle était littéralement à bout de nerfs. Elle entraîna de force ses deux enfants hurlants dans leur chambre car elles devaient se préparer pour sortir. Exaspérée et brusque dans ces gestes, mon amie m'avait alors dit, presque en larmes : « Je vais peut-être te choquer, mais il y a vraiment des fois où je comprends comment on peut en arriver à battre ses enfants ! Je ne sais pas pourquoi, mais je conçois que cela puisse arriver ! » Cette phrase m'avait beaucoup marquée, surtout connaissant la douceur et la gentillesse naturelle qui caractérisaient cette maman. J'étais loin de m'imaginer que, des années plus tard, je passerais beaucoup de mon temps et de mon énergie à tenter de répondre à sa question...

Quand le *burn-out maternel* est à son comble, quand le corps et l'esprit lâchent prise parce que leurs limites ont été depuis bien longtemps dépassées, quand les émotions s'effacent parce qu'elles n'ont plus la force d'exister, il reste parfois l'inconcevable, l'inavouable et surtout l'irréparable. Il n'est pas rare pour une mère à bout de patience d'en arriver à crier, insulter et frapper. Heureusement, beaucoup parviennent à se contrôler, mais, selon les circonstances, cette capacité de contrôle peut parfois disparaître. L'ampleur et la gravité de ce type de comportements varient selon l'intensité du *burn-out maternel* dont souffre la mère, son isolement face au problème et le temps depuis lequel elle y est confrontée. La maltraitance qui résulte de cet état de *burn-out* peut aller de la violence verbale légère aux insultes, aux fessées systématiques et aux coups parfois fatals.

C'est ainsi que l'on en arrive à des problèmes comme celui du « syndrome du bébé secoué » (SBS). Secouer violemment la tête de l'enfant vers l'avant et vers l'arrière, et parfois la cogner avec force contre quelque chose entraîne des lésions graves du cerveau. Ce geste violent et répété écrase le cerveau contre la boîte crânienne, ce qui provoque le saignement de vaisseaux sanguins déchirés, des lésions importantes des tissus et une enflure du cerveau pouvant causer la mort. Les pleurs incessants du bébé, les problèmes d'alimentation et d'entraînement à la propreté représentent les facteurs de stress immédiatement responsables des SBS les plus courants. Les facteurs de stress indirects sont généralement l'épuisement et la frustration des adultes. La mère victime du *burn-out maternel* et exaspérée par les pleurs de son bébé peut avoir cette réaction violente afin de faire taire son bébé. Hélas, cet acte dangereux aura des répercussions qui peuvent durer toute la vie.

JUSQU'À LA TRAGÉDIE...

Parmi les conséquences les plus graves du *burn-out maternel* figurent donc les épisodes terribles de ces enfants tués par leurs mères. Ce fut le cas de la petite Cady en octobre 2003, étranglée par sa mère profondément dépressive qui déclara après coup en avoir « marre de la vie ». Persuadée de son incapacité « à rendre heureuse sa fille » et de « ne pouvoir lui offrir un avenir décent », elle a dit avoir « craqué », parce que Cady était « difficile ».

Pire encore, en juin 2001, les États-Unis sont sous le choc de l'annonce du meurtre de cinq jeunes enfants âgés de 6 mois à 7 ans par leur mère, Andrea Yates, âgée de 36 ans. Cette mère meurtrière bouleversa l'opinion publique, horrifiée par ce meurtre insensé jugé totalement inconcevable. Les journaux et le pays entier se demandèrent comment une femme pouvait commettre un tel acte, contre nature. Comment une mère digne de ce nom était-elle capable de tuer de façon aussi méthodique chacun de ses cinq enfants en les noyant les uns après les autres dans la baignoire où elle leur donnait habituellement leur bain ?

Comment une mère dotée de l'instinct maternel et de l'amour inconditionnel qui l'accompagne pouvait-elle commettre un tel crime ?

L'image de la mère, dans son rôle matriarcal, est culturellement associée à celui de la mère parfaite qui se doit d'être à la hauteur de la précieuse responsabilité que la nature lui a confiée : avoir des enfants et les élever dans les règles de l'art, scrupuleusement définies par les valeurs sociétales et culturelles du moment. Le problème est que ces perspectives culturelles font abstraction de facteurs invisibles et cachés qui mènent à des drames comme celui dont l'Amérique a été témoin avec Andrea Yates ou celui de la petite Cady en France. Ces mères meurtrières sont condamnables aux yeux de la société, sans qu'à aucun moment ne soient remis en question leurs conditions de vie et ce qui a pu les pousser à commettre un acte aussi désespéré.

D'ailleurs, qui peut prévoir de telles horreurs ? La plupart des individus qui tuent à répétition sont des sociopathes, la plupart du temps totalement en marge du reste de la société. Ils sont durs, violents et sadiques. Il semble qu'Andrea Yates ait été l'opposé de tout cela. Ce qui la caractérisait plus qu'autre chose était son don d'elle-même aux autres. Les membres de sa famille et ses amis la décrivaient comme la mère idéale, totalement dévouée à ses enfants et à son foyer. Une femme exemplaire, qui donnait toujours sans compter à tous ceux qui en exprimaient le besoin. Elle s'inquiétait d'ailleurs sans cesse de ne jamais en faire assez pour satisfaire les exigences de son mari et ne savait plus quoi faire pour être une mère toujours plus parfaite.

Andrea était le plus souvent enceinte et s'occupait de sa famille grandissante, puisqu'elle donna naissance à cinq enfants en l'espace de sept ans. Les proches d'Andrea insistent sur le fait que, malgré toutes ces responsabilités, elle était toujours présente pour aller aider un voisin qui en avait besoin.

Elle ne travaillait pas puisque son mari avait insisté pour qu'elle abandonne sa carrière d'infirmière afin de rester à la maison avec les enfants dont elle était seule à s'occuper. Rusty Yates, le mari d'Andrea, ingénieur à la Nasa, considérait qu'il était inutile de faire appel à la communauté pour aider à élever leurs enfants et préféra que ses deux aînés soient scolarisés à la maison et non pas à l'école. La responsabilité de cette scolarité nécessaire incombait donc à Andrea. Elle était chargée de jouer le rôle d'institutrice pour Noah (7 ans) et John (5 ans) tout en veillant à s'occuper de Paul (3 ans), Luke (2 ans) et Mary (6 mois). Il y avait aussi le ménage de la maison, les courses pour sept personnes, les repas pour chacun des quatre aînés et son mari, ainsi que les nombreux biberons pour la petite dernière qui demandait une attention quasi constante entre les couches, les siestes et tout le reste. Mais tout cela semblait bien normal puisque Andrea est mère de famille. N'est-ce pas là tout ce qu'une mère se doit de gérer au quotidien ? N'avons-nous pas là l'exemple d'une femme au foyer qui a la chance de ne pas travailler et qui finalement n'a rien d'autre à faire que de s'occuper de ses enfants ?

« Encore une salope qui a tué ses enfants ! Une femme comme ça, il faut l'abattre ! » Voilà la première réaction publique d'un commentateur radio de Houston au Texas, lancée sur les ondes le matin même du drame. L'opinion publique, friande de sensations, s'est en effet immédiatement intéressée à cette mère infanticide avec ses deux tentatives de suicide et ses longues années de dépression puis de psychose postnatale. Un mal de vivre et un déséquilibre mental soigneusement traités par de multiples antidépresseurs et antipsychotiques. Depuis la naissance de son quatrième enfant, les médecins avaient prévenu le jeune couple des risques courus par Andrea. Mais, comme Rusty Yates le déclara à la presse le matin du drame, cet avertissement des médecins avait fait l'objet de discussions au sein du couple ; Andrea semblait se sentir mieux. Il fut décidé (par qui exactement, on est en droit de se le demander) qu'il était important pour le couple d'accueillir avec joie tous les enfants que Dieu serait prêt à leur envoyer...

COMPRENDRE POUR PRÉVENIR

« Elle est folle, il n'y a aucun doute », s'est écriée la presse américaine. L'avocat d'Andrea plaida d'ailleurs l'insanité afin d'échapper à la peine de mort, revendiquée par une grande partie de la population américaine dans le cas de ce quintuple meurtre. Combien de temps faudra-t-il avant qu'un drame similaire se reproduise aux États-Unis, ou en Europe, avant que nous commencions à nous poser les questions qui s'imposent sur les facteurs contribuant à de telles tragédies ? Nous vivons à une époque où le mot « prévention » fait l'objet d'une attention toute particulière dans les sciences sociales et médicales. Nous comprenons l'importance de lutter contre les maux d'une société touchée par des urgences humaines qui requièrent notre attention immédiate. Il est très décevant de voir que certains problèmes sont encore si mal compris et abordés de façon si inappropriée.

J'ai vu récemment dans un cabinet de pédiatrie, placardée sur le mur, une affiche sur laquelle on pouvait lire : « Dieu ne pouvait être partout à la fois, aussi, il créa les mères ». Eh bien oui, mais encore... j'essaie de m'imaginer avec cinq enfants tous en dessous de l'âge de 7 ans, totalement seule une fois que mon mari est parti travailler. Mes quatre aînés sont un peu turbulents, ce qui est concevable de la part de jeunes enfants. Seul mon nourrisson de 6 mois est plus calme, mais a besoin de soins constants et d'être nourri, encore, toujours et encore. Le téléphone sonne, « maman, j'ai soif ! », « maman, j'ai faim ! », « maman, il fait rien que de m'embêter ! », « maman, on peut aller au parc ? », « maman, où es-tuuuuu ? ». Ajoutez à cela un état dépressif qui ne s'estompe pas en raison des grossesses successives. Sans compter tout ce qui se passe d'autre au sein du foyer : un mari qui attend de moi d'être une mère certes mais aussi une épouse et une femme à l'écoute de ses besoins, tous ses besoins... Je ne cherche pas à excuser Andrea Yates. L'acte meurtrier de cette mère désespérée m'horrifie tout autant que la plupart des gens. Mais tentons de comprendre...

Le matin du drame, Andrea Yates ne fit qu'un seul commentaire à la police : « Je n'ai pas été à la hauteur de ma tâche, j'ai été une mauvaise mère et je sais que mon incompétence avait endommagé mes enfants de façon irrémédiable... » Comment est-il possible de trouver un exemple plus flagrant de *burn-out maternel* ?

Combien de mères sont convaincues, à un moment ou à un autre, qu'elles n'ont pas été de bonnes mères ? Quels sentiments accablants et secrets ont résulté de telles pensées et quelles en ont été les conséquences ? Avons-nous le droit de nous limiter aux faits sans prendre en considération les autres paramètres de l'histoire d'Andrea Yates ? Nous pouvons tous être profondément choqués. Mais n'avons-nous pas aussi la responsabilité d'analyser ce problème dans son intégralité afin de mieux le cerner, et d'adopter une attitude nouvelle qui pourrait éventuellement permettre de prévenir des drames familiaux similaires ? Je pense qu'une telle prévention est possible à partir du moment où l'on se donne la peine de mieux comprendre le problème du *burn-out maternel*. Ce problème était jusqu'à présent un « problème sans nom » malgré sa prévalence et son impact souvent vécus secrètement, dans l'isolement et parfois même la détresse. Les choses doivent changer.

Le burn-out maternel *et la relation de couple*

L'impact du *burn-out maternel* sur le couple comporte deux aspects importants. Tout d'abord, il faut comprendre que le type d'interaction qui existe dans le couple peut jouer, dès le départ, un rôle majeur dans le développement du *burn-out maternel*. J'ai expliqué longuement, dans les chapitres 5 et 6, combien une mère privée de *feed-back* positif, d'encouragements et d'aide, tant au niveau du partage des tâches quotidiennes que sur un plan émotionnel, se sent découragée, dévalorisée, incompétente et surtout isolée. Lorsque cette absence de valorisation et de soutien émotionnel vient directement de son mari ou de son partenaire, c'est gravissime : il est difficile, pour une femme, de concevoir que l'homme qu'elle aime et qui dit l'aimer en retour puisse ne pas porter un regard tendre, positif et reconnaissant sur ce don d'elle-même qu'elle fait chaque jour à sa famille. En donnant le meilleur d'elle-même, c'est un message d'amour et d'abnégation qu'elle offre à ceux qu'elle aime. Si tous ses efforts sont payés en retour de critiques, de reproches et de commentaires négatifs, c'est tout son être qui se sent condamné et blessé.

Souvenez-vous, tout individu tend à reproduire un comportement qui sera suivi d'un renforcement positif sous la forme d'appréciation, de remerciement ou de toutes autres récompenses matérielles ou émotionnelles, puisque ses conséquences ont procuré plaisir et agrément. Si le même comportement donne lieu à un renforcement négatif comme des critiques répétitives, il n'existe alors aucune motivation pour que l'individu le reproduise. Découragée et démotivée, se sentant peu appréciée ou reconnue, la mère continue malgré tout de donner beaucoup d'elle-même en puisant constamment dans ses réserves d'énergie. Le manque d'appréciation et de regard positif de son conjoint contribue au non-renouvellement de ces réserves qui finissent par se tarir, et l'*épuisement physique et émotionnel* du *burn-out maternel* est bientôt au rendez-vous.

En supposant que cette situation difficile perdure, la mère, qui connaît la véritable valeur de ses efforts, commence à réagir plus ou moins fortement au manque de reconnaissance et de soutien émotionnel que lui apporte son conjoint ou son compagnon. Sa tâche n'est déjà pas facile et requiert des efforts importants sans qu'elle ait besoin que ceux-ci fassent régulièrement l'objet de condamnations ou de critiques indélicates qui lassent et épuisent sa confiance en elle.

Nous trouvons là le deuxième aspect de l'impact du *burn-out maternel* sur le couple. Rancœur et colère finissent par remplacer l'incompréhension que la mère a pu tout d'abord avoir face aux comportements et aux remarques négatives de son conjoint. Avec le temps, les sentiments de colère et d'injustice s'intensifient. Les disputes et les conflits surgissent pour devenir peu à peu de plus en plus fréquents. L'incompréhension s'installe, la communication se ferme. Les réactions de la mère face aux critiques de son partenaire deviennent de plus en plus fortes. L'agressivité et l'irritabilité s'ancrent de façon durable au sein du couple, et la relation entre conjoints finit par se dégrader de manière significative. Conditionnée au cercle infernal « reproches => réactions émotionnelles de la mère => plus de reproches », la mère en arrive à ne plus supporter la moindre remarque venant de son conjoint, même si celle-ci est en apparence anodine.

Il faut savoir que les reproches fréquents, les critiques et les commentaires blessants ne sont jamais anodins pour celui ou celle qui les reçoit. Mais nous abordons là le problème du harcèlement moral dans le couple, qui est un sujet à part entière et qui mérite d'être traité dans son intégralité. Je ne m'y attarderai donc pas longuement dans ce livre. Je voudrais cependant souligner que la colère de la mère face aux reproches est un mécanisme de défense et d'autoprotection quasi instinctif qui se déclenche sans qu'elle puisse véritablement le contrôler. Elle sent, donc elle sait, que ces critiques et ces observations négatives lui sont néfastes et sabotent sa détermination ainsi que son bien-être psychologique et émotionnel. Elle réagit, se révolte et dénonce le caractère humiliant et douloureux des propos de son conjoint. « Je n'en peux plus d'avoir en face de moi quelqu'un qui dit m'aimer et qui est à l'affût de la moindre faille ou de la moindre erreur qu'il peut y avoir dans tout ce que j'accomplis, me disait Barbara, 38 ans et mère de deux enfants. Quoi que je fasse, quoi que je donne, il ne percevra pas ce qu'il y a de positif. C'est comme s'il s'appliquait à trouver tout ce qu'il y a de répréhensible, pour ensuite me le faire remarquer avec empressement. On dirait qu'il tourne le positif en négatif, et ça me détruit. Mais le pire, c'est lorsque je le confronte avec le problème et que je tente de lui expliquer à quel point son comportement me fait du mal. Je lui dis ce que je ressens face à son incapacité à me faire des compliments ou juste des remarques gentilles et agréables. Sa réponse est toujours la même : "Ça, c'est *ta* perception des choses. *Ma* réalité n'est pas du tout la même. De toute façon, on ne peut pas discuter avec toi, tu es tellement émotionnelle ! Je dis des choses qui sont complètement anodines, et toi tu réagis toujours de façon excessive et injustifiée." »

Dans son livre *The Verbally Abusive Relationship* (L'Agression verbale dans le couple), Patricia Evans insiste sur la gravité de la dénégation d'un partenaire à propos de la réalité de ses comportements négatifs. Il s'agit là de *déni* (*discounting*) dans lequel le conjoint nie la réalité et l'expérience, dans ce cas, de la mère. Evans explique que ce *déni* est très commun chez les harceleurs psychologiques et particulièrement destructeur pour celui à qui il s'adresse. « Le *discounting* non seulement dément, mais aussi déforme la véritable perception de l'autre, nous dit Patricia Evans. Le partenaire ne tient pas compte du vécu ou des sentiments de l'autre comme s'ils ne valaient rien, qu'ils n'étaient pas réels et donc qu'ils n'étaient pas valides[14]. »

D'autres chercheurs et psychologues ont souligné la gravité de l'impact de ce déni sur la personne qui voit la réalité de son vécu ignorée, méprisée et piétinée[15][16][17]. Dans

---

14. P. Evans, *The Verbally Abusive Relationship : How to Recognize It and how to Respond* (2ᵉ édition), États-Unis, Adams Media Corporation, 1996.
15. M. S. Miller, *No Visible Wounds : Identifying non-Physical Abuse of Women by Their Men*, New York, Random House Publishing Group, 1995.
16. B. Engel, *The Emotionally Abused Woman*, New York, Ballantine Publishing Group, 1990.
17. M. F. Hirigoyen, *Le Harcèlement moral : la violence perverse au quotidien*, Paris, Syros, 1998.

le cas de la mère, cette dénégation conduit à des sentiments de frustration et d'inutilité considérables qui l'attaquent directement dans son amour-propre et sa confiance en elle.

La mère risque alors de s'éloigner et de progressivement se détacher physiquement et affectivement de son partenaire en qui elle finit par voir tout sauf un être tendre, affectueux et compréhensif qui l'aime et la respecte. Dans son esprit, l'équation est simple : l'amour se traduit en partie par le respect, l'admiration, la tolérance et le partage avec l'être aimé. L'observation du contraire peut l'amener à raisonner en ces termes : « M'aime-t-il vraiment ? »

CHAPITRE 12

Que faire pour ne pas « craquer » ?

Avant d'aller plus loin, il y a une chose que je tiens à spécifier pour introduire ce chapitre et qui me semble très importante. Au risque de vous décevoir, je dois vous dire qu'il n'existe pas *une* solution miracle au stress et au *burn-out* de la mère. Ce qui est finalement une excellente chose parce que cela autorise une approche plus éclectique du problème dans laquelle les mères peuvent puiser des idées qui correspondent à leurs besoins, leur tempérament, leur état d'esprit sans être limitées par une méthode prédéfinie.

D'abord, comprendre

Avant même de prétendre pouvoir contrôler le *burn-out maternel*, il est essentiel de savoir quelles en sont les causes. C'est à partir du moment où nous sommes capables d'en identifier les causes légitimes qu'il nous est possible d'accepter la validité des sentiments et des émotions qui y sont associés. La connaissance approfondie des données d'un problème est inestimable car elle permet une prise de conscience et débouche sur l'action. Même le célèbre chercheur Hans Selye, considéré comme le « père du stress », reconnaissait la valeur intrinsèque de ce savoir : « Le simple fait de connaître ce qui est à l'origine de nos maux a une valeur curative en soi. »

Comprendre le stress, quel que soit le contexte dans lequel il s'exprime, ses causes, son action et ses conséquences est un point de départ nécessaire si l'on veut le gérer de façon efficace et durable. C'est doublement important dans le cas du stress maternel puisque c'est un problème mal reconnu et qui suscite peu d'intérêt dans notre culture où les difficultés associées aux responsabilités d'une mère sont souvent ignorées, sous prétexte qu'elles font partie de l'ordre naturel des choses... C'est en grande partie pour cette raison que j'ai passé les onze premiers chapitres de ce livre à tenter de communiquer au lecteur cette connaissance.

L'étape suivante réside dans l'apprentissage des techniques de gestion de ce type de stress. Je vais donc m'employer, dans ce chapitre, à présenter différentes approches susceptibles d'aider les mères à mieux gérer les facteurs de stress présents dans leur vie et inhérents à leurs responsabilités maternelles. Si vous en êtes au point où vous vous sentez dépassée par les événements, il se peut que vous ne sachiez pas par quel bout attaquer le problème. Essayez d'être tolérante et patiente envers vous-même. Apprendre à réduire votre stress et à surmonter le *burn-out maternel* est un processus qui ne se fera pas en un jour : cela peut prendre des semaines. Cependant, si vous restez bien consciente de vos objectifs et que vous persévérez à penser que les choses peuvent changer, et faites tout pour qu'elles changent, alors vous parviendrez à vos fins.

Stop à la solitude !

Je voudrais dès à présent insister sur un point essentiel. Vous qui avez lu tous ces chapitres et avez peut-être soupiré en vous y reconnaissant, sachez que vous n'êtes pas seule à vivre et à ressentir toutes ces émotions, ces frustrations et ces angoisses. Un grand nombre d'autres femmes, un peu partout dans le monde, à commencer par celles qui sont dans votre entourage immédiat, partagent le même vécu. Les mères n'échangent malheureusement pas assez sur ce ressenti par crainte d'être mal considérées. Être mère doit être, dans notre culture, un privilège et non un fardeau, une opportunité pour notre féminité de s'épanouir et non une source de frustrations personnelles et existentielles. Il ne fait donc pas bon laisser transparaître les doutes et les crispations qui proviennent de cette extraordinaire responsabilité que nous a confiée la nature, sous peine de prendre le risque de voir nos propos critiqués ou même condamnés.

Une amie m'a rendu visite, il y a quelque temps, accompagnée de ses deux enfants âgés respectivement de 6 et 8 ans. Je fus étonnée à son arrivée de voir toute la partie droite de son visage rouge et boursouflée. Je lui demandai comment elle allait, et elle m'expliqua qu'elle n'était pas en grande forme surtout à cause de ces rougeurs sur son visage que son docteur avait diagnostiquées comme une forte poussée d'urticaire. Toutes possibilités d'allergies ayant été écartées, son médecin en avait conclu qu'il s'agissait sans doute d'une réaction physiologique au nombreux stress auxquels elle était confrontée. Elle me fit part de tout ce à quoi elle devait faire face : tout d'abord, la venue de ses beaux-parents pendant une semaine, qu'elle redoutait parce qu'à chacune de leurs visites elle devait subir leurs critiques constantes sur sa manière d'élever ses enfants. Elle mentionna ensuite les problèmes de son aîné dyslexique, dont les résultats scolaires étaient peu satisfaisants. Puis ce fut au tour de son mari, dont le nouveau travail l'obligeait non seulement à rentrer de plus en plus tard le soir, mais aussi à voyager à l'étranger plusieurs fois par mois. Il y avait également ces inondations importantes qui avaient eu lieu dans sa région et qui les avaient touchés en inondant le rez-de-chaussée de leur maison. Depuis, elle passait son temps au téléphone avec l'assurance pour obtenir le remboursement d'une nouvelle moquette : l'installation avait mis la maison sens dessus dessous pendant près de quinze jours.

Nous avons aussi échangé et parfois ri de bon cœur en parlant de nos petits derniers dont les tempéraments, très semblables, sont, selon les circonstances, aussi attendrissants qu'exaspérants. Je n'ai pas beaucoup parlé ce matin-là, j'ai simplement écouté et accueilli ses propos, sans chercher à juger ou à conseiller. Il suffisait de sentir tout le stress auquel elle faisait face pour comprendre que ce n'était pas de conseils qu'elle avait besoin, mais d'écoute et de compassion. Pour elle, savoir que quelqu'un comprenait ce qu'elle vivait, se mettait à sa place l'espace de quelques heures lui permit de se laisser aller, de se confier sans risquer d'entendre : « Tu devrais faire ceci ou changer cela. Tu ne devrais pas réagir de cette façon-là mais plutôt de cette manière-ci ! » Parler sans retenue et partager son vécu du moment était sans doute ce dont elle avait le plus besoin pour relâcher sa tension et se libérer de son stress car, alors qu'elle s'apprêtait à partir, j'étais étonnée de voir que son urticaire avait quasiment disparu...

Cette matinée informelle me confirma ce que mon expérience de professionnelle m'avait démontré maintes fois. La simple écoute, sans jugement ou intervention arbitraire, est une authentique source de bienfaits aux pouvoirs antistress, de par le partage et les échanges empathiques qu'elle offre. L'empathie, qui est la faculté de s'identifier à quelqu'un, de ressentir ce qu'il ressent, est un véritable trésor de générosité et d'humanité grandement mis en valeur par le célèbre psychologue américain Carl Rogers, pionnier d'une méthode thérapeutique connue sous la dénomination d'« approche centrée sur la personne ».

L'un des pires ennemis des mères victimes du stress engendré par leurs responsabilités maternelles est l'isolement, et donc le manque de soutien émotionnel et social. Comme nous l'avons vu dans le chapitre 6, cette absence de soutien peut avoir des conséquences particulièrement néfastes pour les mères. Il est possible de remédier en partie à cet isolement et à ce manque de soutien en se reconnectant aux autres mères. Nous avons tous plus ou moins tendance naturellement à nous renfermer sur nous-mêmes lorsque nous sommes stressés. L'état de *burn-out maternel* contribue par ailleurs à aggraver cette tendance en nous rendant irritables et impatients. Si vous êtes dotée d'un tempérament perfectionniste, il est possible que vous restiez à l'écart des autres mères de peur que celles-ci ne découvrent que vous ne correspondez pas à l'image de la mère parfaite que vous aimeriez arborer ou parce que vous craignez d'être agacée par leurs propres imperfections. Nombreuses sont les mères qui se sentent isolées dans leur expérience et leur stress. Les émotions générées par le *burn-out maternel* sont difficilement avouables, surtout pour la mère qui ne se sent pas à la hauteur de sa tâche Une jeune maman et amie me disait : « Je vois des mères qui ont plus d'enfants que moi. Leurs enfants suivent tous des leçons de piano, de danse ou de gymnastique ou d'autres activités passionnantes. Certaines ont une vie professionnelle qui leur plaît et trouvent quand même le temps de s'investir dans les associations de parents d'élèves. En plus, leur maison est toujours impeccable, elles sont bien habillées et maquillées, ce qui me sidère étant donné la montagne de choses qu'elles ont à faire. Je n'arrive pas à comprendre pourquoi je n'arrive pas à faire tout ce qu'elles font puisque tout semble si facile pour elles. J'ai moins d'enfants qu'elles et donc moins de responsabilités, et j'ai pourtant la sensation d'accomplir deux fois moins qu'elles. Quand je me compare à elles, j'ai l'impression qu'elles sont de bien meilleures mères que moi et de très loin ! »

J'ai trouvé l'intensité des émotions de cette mère à la fois troublante et réconfortante. Troublante parce que je la connais bien et je sais que c'est une maman formidable. Si une femme mûre, sensible et pleine d'assurance peut se sentir aussi stressée dans sa performance de mère, alors il est probable que la plupart des mères le sont plus encore. Ses paroles étaient par ailleurs réconfortantes dans la mesure où elle avait assez confiance en notre amitié pour me confier ses angoisses, sans honte ni faux-semblant, évitant ainsi de rajouter inutilement aux doutes que nous pouvons toutes deux avoir sur notre capacité à être de bonnes mères. Ni elle ni moi n'avons jamais ressenti le besoin de faire croire à l'autre que tout allait pour le mieux dans le meilleur des mondes. La franchise et l'honnêteté qui symbolisent notre relation sont les piliers d'une amitié capable d'apporter soutien et soulagement aux stress maternels auxquels nous sommes confrontées.

Une autre mère de deux enfants résumait ainsi ce que de nombreuses mères m'avaient rapporté : « Ce que j'ai trouvé de plus utile et précieux pour m'aider à gérer mon stress de mère est l'amitié que je partage avec d'autres mamans. Je regrette de n'avoir pas fait plus d'efforts pour développer de telles amitiés lorsque mes enfants étaient petits car cela m'aurait sans doute évité de me sentir si seule et démunie quand ils me posaient des problèmes. J'aurais tellement eu besoin de partager mes expériences avec d'autres mères, cela m'aurait rassurée d'entendre que je n'étais pas la seule à rencontrer ce genre de problèmes. »

Savoir que l'autre comprend ce que vous vivez est l'un des avantages les plus marquants de ce type d'amitié. Aussi, n'hésitez pas à aller à la rencontre d'autres mères et à engager un dialogue honnête sur votre vécu de maman. Échangez sur vos difficultés communes, vos doutes et vos émotions. Vous risquez d'être étonnée de voir combien il est rassurant pour elles de découvrir que vos expériences sont similaires. Vous vous sentez alors *normale* et moins seule, comprenant que votre problème n'est pas forcément le résultat de votre incapacité, mais vient de ce qu'être maman n'est un travail facile pour personne. La culpabilité va parfois jusqu'à disparaître complètement lors de ce type d'échanges.

Un autre avantage des dialogues ouverts entre mères est le sentiment d'assurance qu'ils développent. Celles-ci s'encouragent les unes les autres, se félicitent, savent reconnaître leurs efforts et expériences respectifs à leur juste valeur. Sans compter que ce type d'échanges peut conduire à un partage d'idées et de solutions expérimentées par d'autres, et qui peuvent s'avérer très efficaces pour résoudre certains de vos propres problèmes.

Avoir des relations amicales qui vous apportent soutien et encouragements réduira l'impact du stress de vos responsabilités et diminuera ainsi les risques de *burn-out*. Il est possible cependant que cela ne suffise pas dans des circonstances particulières, comme la grippe-surprise de votre aîné, la double otite de votre cadet qui vous a tenue debout trois nuits d'affilée, ou le simple fait que, ce soir-là, vous êtes à bout de patience et prête à exploser. Le meilleur conseil que j'aie à donner dans ce cas est le suivant : n'ayez pas peur de demander de l'aide quand vous en avez besoin ! Les mères ont tellement l'habitude d'assumer la majeure partie des responsabilités familiales qu'elles en arrivent à ne plus savoir appeler au secours. Dans certains cas, elles ne demandent rien parce que l'expérience leur a appris qu'elles n'obtiendront de toute façon rien de leur entourage, mais il s'agit là d'un autre problème.

Pour celles qui ont la chance de ne pas connaître ce genre de situation, il faut simplement *apprendre* à demander. N'hésitez pas à solliciter l'aide de toutes les personnes pour qui vous comptez, que ce soit une amie, un membre de votre famille ou bien évidemment votre conjoint. Bien des mères sont réticentes à chercher de l'aide dans leur entourage de peur de déranger ou de donner du stress à quelqu'un « qui en a sûrement déjà bien assez comme ça ». Une amie peut garder l'un de vos enfants pendant que votre sœur s'occupe du deuxième, ce qui vous permettra de souffler un peu ou de vous rendre à un rendez-vous chez le médecin. Quand l'occasion se présentera, vous leur rendrez le même service.

Moins de travail pour les mères !

Il n'est pas rare d'entendre dire que les hommes et les femmes devraient partager les responsabilités quant à l'éducation des enfants et l'entretien de la maison. De nos jours, personne n'oserait vraiment dire le contraire. La réalité de ce qui se passe au sein des foyers est cependant bien différente. Dans l'ensemble, les hommes contribuent moins aux responsabilités familiales que les femmes, même si celles-ci exercent aussi une activité professionnelle. Il arrive que les jeunes couples commencent leur vie à deux en partageant les tâches ménagères de façon égale, pour finalement tomber dans des stéréotypes classiques une fois devenus parents.

Dans son livre *The Second Shift* (Le deuxième job), Arlie Hoschield[1] souligne le fait que les femmes qui travaillent hors de chez elles continuent d'être responsables de la majorité des tâches ayant rapport avec l'entretien de la maison et l'éducation des enfants. Ce livre explique que les femmes qui exercent une activité professionnelle ont en fait deux emplois. Leur second emploi se présente sous la forme de tout ce qu'elles doivent accomplir en rentrant chez elles le soir (leur premier emploi étant l'activité professionnelle qu'elles exercent durant la journée). Ces mères trouvent la plupart du temps en rentrant chez elles le soir une maison en désordre, des piles de linge sale et une famille affamée.

Une étude récente sur le sujet a démontré que la maison est perçue comme un lieu de détente par les hommes, ce qui n'est pas le cas pour les femmes ayant des enfants. Les chercheurs ont comparé la tension artérielle des pères exerçant une activité professionnelle avec celle des mères qui travaillent. La tension artérielle des hommes était notablement plus élevée au travail qu'à la maison. La tension des mères, par contre, était la même que celles-ci se trouvent sur leur lieu de travail ou à la maison[2].

Les mères au foyer sont confrontées elles aussi à ce concept du « deuxième emploi » : elles passent le plus clair

---

1. A. R. Hochschild, *The Second Shift*, New York, Avon Books, 1989.
2. C. A. Marco, J. E. Schwartz, J. M. Neale, S. Shiffman, D. Catley et A. Stone, « Impact of gender and having children in the household on ambulatory blood pressure in work and nonwork settings : A partial replication and new findings », *Annals of Behavioral Medicine*, 22, 110-115, 2000.

de leur temps à subvenir aux nombreux besoins de leurs enfants au travers de leurs activités scolaires ou extrascolaires. Dans ces conditions, avoir le temps de prendre une simple douche et de s'habiller relève certains jours de l'exploit. Lorsque son conjoint rentre le soir à la maison, une mère au foyer ne peut relâcher la pression et en profite pour préparer le dîner, s'occuper de la lessive, faire les courses ou le ménage.

Il est évident que les mères élevant seules leurs enfants se trouvent d'autant plus confrontées à cette idée de « deuxième emploi ». Elles doivent assumer la très lourde tâche de remplir le rôle de la mère ainsi que celui du père. Elles sont seules à assumer l'éducation des enfants, à assurer les revenus de la famille et à s'occuper de l'entretien de la maison. Plus que n'importe quelles autres femmes, les mères seules peuvent se sentir écrasées sous le poids des responsabilités qui leur incombent.

Sélectionnez les obligations les plus essentielles

Pour répondre aux contraintes de notre emploi du temps surchargé, les articles de magazines nous font miroiter mille bons conseils pour tirer le meilleur parti de chaque minute que nous avons à notre disposition. Mais, à aucun moment, on ne se demande s'il faut vraiment que nous fassions tout ce que nous nous sentons obligées de faire. Et nous finissons par payer le prix fort pour notre constante surcharge de travail.

Votre objectif étant de réduire votre stress, il est nécessaire de remettre en question votre perspective sur toutes ces tâches que vous vous sentez dans l'obligation d'accomplir.

Pour commencer, il est essentiel de déterminer le temps que vous passez chez vous. Y a-t-il des tâches qu'il vous serait possible d'éliminer ? Avant de lancer un « non ! » catégorique, essayez de garder une certaine ouverture d'esprit. Trouver des solutions appropriées et efficaces exige souvent une période de réflexion pendant laquelle vous allez considérer de façon objective toutes les options qui s'offrent à vous.

FAITES L'INVENTAIRE DE VOS OBLIGATIONS

Dans un premier temps, prenez en compte toutes vos activités journalières. Concentrez-vous tout particulièrement sur les tâches qui prennent beaucoup de temps. Dressez une liste des choses à faire. Les mères ont toujours une énorme liste de « choses à faire », et tout ce qu'elles parviennent à accomplir est souvent éclipsé par tout ce qui leur reste encore à faire. Si vous mettez tout cela par écrit, je pense que vous serez étonnée de voir le nombre de choses que vous accomplissez réellement.

Une fois que vous avez dressé cette liste, passez en revue toutes vos activités et demandez-vous s'il est absolument indispensable d'accomplir chacune d'entre elles. Si vous devez répondre « oui » à chaque article de votre liste, essayez d'adopter une autre approche. Pour chaque tâche, demandez-vous quelle serait la pire chose qui pourrait vous arriver si vous deviez ne pas l'accomplir. Vous risquez d'être surprise par vos réponses...

Vos choix sont bien sûr très personnels. Les solutions qui conviennent à ma famille ne sont pas nécessairement celles qui conviendront à la vôtre. Je me suis même rendu compte que ce qui me correspondait il y a deux ans n'était plus forcément à l'ordre du jour, parce que les besoins de ma famille ont changé.

Soyez aussi consciente que votre décision d'éliminer l'une des obligations de votre liste n'implique pas que vous l'éliminiez aujourd'hui même. Cela peut se faire dans quelques jours ou plusieurs semaines. C'est à vous de voir. Je vous encourage à être flexible dans vos décisions et à expérimenter toutes les options qui s'offrent à vous pour finalement opter pour celles qui vous correspondent le mieux, en réduisant votre stress au maximum.

DÉVELOPPEZ DES STANDARDS DE QUALITÉ RÉALISTES :
VISEZ LE *BIEN PROPRE* PLUTÔT QUE LE *PARFAITEMENT PROPRE*

Le ménage est une autre partie de votre quotidien dans lequel il vous est possible d'éliminer certaines tâches. Vous pouvez réduire votre stress en modifiant vos standards de propreté. Je ne peux que vous encourager à vous assurer que votre intérieur soit *bien propre* plutôt que *parfaitement propre*. Qu'est-ce que cela signifie ? Cela veut dire qu'au-delà d'une certaine limite la propreté est une question de choix. Je suggère que vous abordiez le problème selon les deux critères suivant :

Le niveau d'organisation

Vous est-il possible de trouver facilement ce que vous cherchez sans devoir mettre tout sens dessus dessous ? Payez-vous vos factures à temps ? Êtes-vous à jour dans votre courrier et autres papiers administratifs ? Avez-vous un moyen efficace vous permettant de tenir à jour vos rendez-vous pour vous et votre famille ? Trouvez-vous toujours vos clés, vos lunettes ou des sous-vêtements propres quand vous en avez besoin ? Avez-vous toujours du papier toilette, du dentifrice ou du lait en réserve ?

La propreté

Un minimum de propreté est nécessaire pour la santé et la sécurité de votre famille. Après cela, la propreté devient aussi une donnée subjective. Lorsque vous recevez des invités, parvenez-vous à vous détendre en leur présence ou souhaiteriez-vous pouvoir les enfermer dans une pièce quelques instants afin d'avoir le temps de passer l'aspirateur dans le salon ? Cela vous prend-il des journées entières pour remettre votre maison en ordre avant de recevoir ? Il faut comprendre que, pour beaucoup de mères, garder une maison propre et agréable à vivre est extrêmement important dans la mesure où cela leur permet de compenser le manque de contrôle et l'imprévisibilité qui règne la plupart du temps dans leur vie de mère. Cet aspect-là est tout à fait recevable et valide, mais il faut s'assurer que ce n'est pas aux dépens de votre santé.

Afin de réduire votre stress, et si vous passez beaucoup de temps à nettoyer et organiser afin que votre maison soit *parfaitement propre*, vous pouvez sans doute éliminer certaines tâches.

De la même manière, si vous avez répondu « non » aux questions posées dans la section « niveau d'organisation », il est probable que vous passiez une grande partie de votre temps à essayer de rattraper votre ménage en retard, à vous laisser dépasser par les événements ou à perdre du temps à chercher des objets que vous avez égarés. Dans ce cas les paragraphes suivants devraient vous aider.

Organisez vos tâches de façon rationnelle

Une fois que vous serez parvenue à éliminer certaines des tâches de votre liste de « choses à faire », réfléchissez à la manière dont vous pouvez accomplir celles qui restent de façon plus efficace. Rassurez-vous, les talents d'organisateur ne s'improvisent pas et peuvent s'acquérir facilement à partir du moment où vous reconnaissez en avoir besoin. J'ai passé une grande partie de ma vie de mère à être une *handicapée de l'organisation,* mais avec le temps j'ai compris la nécessité d'apprendre quelques stratégies domestiques de base qui m'ont été très utiles. Si j'ai pu les apprendre, alors il en va de même pour vous.

ANALYSEZ LA SITUATION

Selon Julie Morgenstern[3], consultante en organisation, la première chose à faire est d'identifier spécifiquement chacun de vos problèmes d'organisation. Perdez-vous vos clés chaque jour que Dieu fasse ? Votre routine du matin est-elle un vrai cauchemar ? Achetez-vous des tas d'articles ménagers en double car vous n'êtes jamais vraiment sûre de ce que vous avez dans vos placards ? Choisissez le problème que vous jugez être le pire et commencez par celui-là. Ne soyez surtout pas tentée d'aborder tous les problèmes en même temps.

Une fois que vous êtes parvenue à isoler un problème, passez en revue mentalement toutes les données de ce problème afin de voir de quelle manière vous pourriez y apporter une solution. Si la perte quotidienne de vos clés vous exaspère, pensez à suspendre un porte-clés à côté de votre porte sur lequel vous vous efforcerez d'accrocher vos clés dès que vous rentrez chez vous. Y a-t-il un amoncellement de journaux et magazines en tout genre près de votre lit ? Le fait d'installer une petite bibliothèque ou un porte-magazines vous aiderait-il à régler ce problème ?

---

3. J. Morgenstern, *Organizing from the Inside out*, New York, Henry Holt and Company, 1998.

Dans tous les cas, lorsque vous analysez vos problèmes, pensez à ce que vous *faites actuellement* et non pas à ce que vous *devriez faire* de façon idéale. Vos efforts d'organisation doivent être basés sur la réalité de vos actions présentes.

DÉBARRASSEZ-VOUS DU DÉSORDRE

Une maison en désordre augmente de façon considérable le temps que vous passez à faire le ménage. Cela prend beaucoup plus de temps de nettoyer des meubles surchargés de bibelots ou de papiers et d'essayer de ranger une pièce encombrée par les jouets de vos enfants ou par des piles d'habits non rangés. Préparer un repas dans une cuisine en désordre est non seulement désagréable, mais vous fait perdre beaucoup de temps. Tenter de faire rentrer quelques paires de chaussettes de plus dans un tiroir plein à craquer est très énervant, et entasser des jouets dans un coffre à jouets qui déborde est particulièrement frustrant.

Regardez autour de vous. Ne serait-il pas temps de vous débarrasser de certaines de vos possessions ? Je n'insinue pas qu'il vous faille jeter vos objets préférés ou des souvenirs auxquels vous tenez beaucoup. Êtes-vous entourée de certains objets cassés ou ne fonctionnant plus ? Peuvent-ils être réparés, ou doivent-ils être remplacés ou même éliminés ? Y a-t-il des choses dont vous ne vous servez plus et que d'autres personnes pourraient utiliser ? Votre armoire renferme-t-elle des vêtements que vous n'avez pas utilisés depuis des années ?

Si vous vous décidez à vous débarrasser du désordre qui règne peut-être chez vous, faites attention à ne pas tomber dans un piège qui risque de miner vos efforts. Julie Morgenstern appelle cela « zigzaguer ». Vous commencez à ranger un tiroir dans lequel vous trouvez un livre qui devrait se trouver sur une étagère de la bibliothèque. Vous vous dirigez vers la bibliothèque qui est, elle aussi, en désordre. Vous vous attaquez alors au rangement de la bibliothèque dans laquelle vous trouvez quelque chose qui devrait se trouver dans votre chambre. Vous ramenez donc cet objet à sa place et, avant même de vous en rendre compte, vous êtes en train de ranger le placard de votre chambre. À la fin de la journée, tous vos objectifs sont à moitié remplis, mais vous n'avez pas véritablement accompli quoi que ce soit. Au lieu d'avoir la tentation de vous disperser, essayez d'accomplir une seule chose à la fois. Lorsque vous trouvez un objet qui a sa place ailleurs, placez-le dans un carton à côté de vous. Quand vous avez rempli votre objectif dans une pièce donnée, prenez le carton et rangez les objets. Profitez-en pour prendre note des autres endroits de votre maison qui ont besoin d'être rangés et qui pourraient faire l'objet de votre attention prochainement.

RESPECTEZ VOTRE ESPACE DE TRAVAIL

En respectant votre espace de travail, il vous sera beaucoup plus facile de travailler vite et bien. Faites particulièrement attention à la cuisine et à la buanderie, mais le même principe s'applique à toutes les pièces de votre maison.

Pour commencer, faites disparaître le désordre qui se trouve dans vos espaces de travail. Gardez les comptoirs de votre cuisine dégagés et n'empilez pas dans les coins des choses qui n'ont pas leur place dans une cuisine (papiers, factures, clés, magazines, etc.). Que ce soit dans la cuisine ou dans la salle de bains, l'humidité associée à la poussière recouvre tout d'une couche poisseuse. Veillez à ce que tout ce qui se trouve dans ces pièces soit facile et pratique à nettoyer.

Le coin buanderie est souvent le réceptacle de pièces de monnaie, de chaussettes orphelines, de vêtements en vrac, et des contenus de poches de pantalon. Placez une poubelle près de la machine à laver ainsi qu'une corbeille dans laquelle vous pourrez entreposer le linge avant de le ranger dans les placards.

Par ailleurs, assurez-vous d'avoir toujours ce dont vous avez besoin à portée de main. N'importe quelle tâche devient beaucoup plus astreignante si elle s'accompagne d'une recherche effrénée systématique.

Faites-vous aider !

Vous remarquerez que le titre de cette section n'est pas « Demandez aux autres de vous aider ». Cela supposerait que les responsabilités ménagères et l'éducation des enfants soient entièrement à votre charge et que les autres *vous donnent un coup de main à l'occasion*. Sauf exception, la plupart des mères sont en charge de la majorité des travaux domestiques parce qu'il se doit d'en être ainsi et parce que, la plupart du temps, ces responsabilités sont perçues par les conjoints et les enfants comme des contraintes ennuyeuses. C'est là que les problèmes commencent, car il ne s'agit pas là d'un arrangement très juste. Je crois fermement que toute personne vivant dans votre maison se doit de participer à son entretien, et c'est par ailleurs un service à rendre à vos enfants que de leur inculquer ce type de valeur.

Inutile de dire que vous n'obtiendrez pas l'aide que vous souhaitez du jour au lendemain. Il n'existe malheureusement pas de phrase miracle capable de transformer tout le monde autour de vous en assistants dévoués. Comme vous avez peut-être pu le remarquer, il y a deux approches du problème qui ne marchent pas : vous plaindre et vous comporter en martyre. Il se peut que vous vous demandiez pourquoi il vous incombe d'amorcer ce changement. La raison la plus évidente est que votre propre comportement est à peu près la seule chose sur laquelle vous ayez un total contrôle. Une autre raison est que, jusqu'à présent, vous étiez en charge de la plus grande partie, voire de tout le travail dans la maison et que les autres autour de vous ont tout intérêt à maintenir le *statu quo* ; un changement à ce niveau-là signifierait plus de travail pour eux !

LA GUERRE DES CORVÉES :
INÉGALITÉ ENTRE HOMMES ET FEMMES

Comme je l'ai mentionné auparavant, il existe une grande différence entre les hommes et les femmes quant au temps passé à accomplir les travaux ménagers et à assumer l'éducation des enfants. Les mères au foyer passent en moyenne 50 heures par semaine à s'occuper des enfants et de leur maison. Les mères qui travaillent hors de chez elles passent à peu près 35 heures par semaine pour accomplir ces mêmes activités. En comparaison, les hommes ne s'occupent de la maison et des enfants que 11 heures par semaine en moyenne. Les conjoints de mères exerçant une activité professionnelle investissent 10 minutes de plus par jour dans ces activités, et les pères de très jeunes enfants rajoutent 10 minutes supplémentaires à ce temps[4]. Un article plus récent sur le sujet paru dans le magazine américain *Business Week* indique que cette tendance s'est un peu modifiée et qu'aujourd'hui les hommes participent aux tra-

---

4. R. Schwartz Cowan, *More Work for Mothers : the Ironies of Household Technology from the Open Hearth to the Microwave*, New York, Basic Books, 1983.

vaux ménagers et à l'éducation des enfants à raison d'environ 14 heures par semaine[5].

Rien de secret : le problème du partage des responsabilités est une source intarissable de querelles de ménage. Une enquête fut réalisée, il y a quelque temps, par le magazine américain *Ladies'Home Journal*. À la question : « S'il vous était offert d'améliorer votre mari, choisiriez-vous d'en faire un meilleur amant, ou préféreriez-vous qu'il vous aide plus à la maison ? », 16 % des femmes interrogées répondirent qu'elles souhaiteraient que leurs maris soient plus performants au lit alors que 46 % d'entre elles préféreraient plutôt que leurs maris se décident à faire le lit[6] !

Il arrive que les hommes croient sincèrement partager les responsabilités familiales de façon égale. C'est ce qu'Arlie Hochschild explique dans son livre *The Second Shift*. Dans son étude, les hommes considéraient que leurs responsabilités consistaient à s'occuper de la voiture, du jardin, des finances, du barbecue et à tuer les araignées et les cafards. Leurs femmes étaient responsables de tout le reste. Ils pensaient honnêtement offrir à leurs femmes un partage égal des responsabilités familiales.

Schwartz Cowan[7] fit la même remarque. Les hommes s'autoassignent des tâches telles que sortir les poubelles, tondre la pelouse, jouer avec les enfants ou bricoler. Par contre, ils mettent rarement la main à la pâte pour ce qui est des lessives, du ménage et de la cuisine. De la même manière, ce sont rarement les hommes qui nourrissent, habillent ou donnent le bain aux enfants. Ces tâches

---

5. K. H. Hammonds, « There really aren't enough hours in the day », *Business Week Online*, www.businessweek.com, avril 15, 1998.
6. S. K. Johnson, « Chore wars », *Ladies' Home Journal*, mars 2000.
7. R. Schwartz Cowan, *op. cit.*

prennent beaucoup de temps et pour la plupart ne sont pas interdites d'accès aux papas !

Il arrive souvent qu'un refus de partager les responsabilités familiales reflète l'existence d'un problème plus important au sein du couple. Si vous pensez que cela est le cas, une fois de plus ouvrez le dialogue et tentez d'éclaircir la situation. Cette inégalité entre hommes et femmes est souvent vécue comme une réelle injustice par les mères qui sont épuisées de travailler autant et d'être si peu secondées. Ce sentiment peut rapidement se transformer en frustration et en colère, créant ainsi un terrain de mésentente dans les couples qui peut s'avérer particulièrement glissant avec le temps. Voici quelques idées qui peuvent vous aider à arrondir les angles :

Cherchez une solution ou un compromis

Il se peut que vous et votre conjoint ayez des critères différents en ce qui concerne la propreté, le rangement, la cuisine ou la façon de s'occuper des enfants. Si vous voulez réinstaurer la paix au sein de votre foyer, il va falloir que vous et votre conjoint trouviez un terrain d'entente. Pour ce faire, il est essentiel, une fois de plus, de faire appel au dialogue. Préférez entamer une telle discussion quand vous êtes calme et que vous contrôlez votre frustration. Essayez d'adopter une approche basée sur la résolution de problème. Par exemple, si le sol de votre salle de bains est constamment recouvert de linge sale abandonné là par votre conjoint, pensez à mettre un panier à linge dans un coin de la pièce. Si la table de la salle à manger est constamment recouverte de courrier, de magazines ou de journaux, placez une corbeille dans laquelle tous ces papiers devront être déposés. Attention, il est important que votre conjoint comprenne que, si vous vous donnez la peine de trouver une solution à un problème donné, il se doit lui aussi de faire des efforts pour vous prouver sa bonne volonté. Dans tous les cas, soyez précise dans vos requêtes et invitez-le à faire de même. Si vous et votre conjoint êtes clairs et précis dans vos demandes, vous serez alors plus aptes à trouver une solution à vos problèmes.

Imposez des limites au désordre
Il s'agit d'une stratégie qui fonctionne plutôt bien lorsque vous cherchez à faire des compromis. Expliquez à votre conjoint et à vos enfants qu'ils ont le droit de laisser leurs affaires en désordre dans un endroit bien spécifique. Par exemple, vous pouvez demander à votre conjoint de poser ses vêtements sur une seule et unique chaise ou fauteuil dans votre chambre plutôt que sur le sol. Vous pouvez exiger de vos enfants qu'ils ne laissent pas traîner leurs affaires ou jouets ailleurs que dans leur chambre. Il est aussi pratique d'avoir une boîte ou un tiroir destinés à recevoir toutes les bricoles qui normalement s'accumulent sur les meubles ou les tables. Assurez-vous cependant de vider et de trier cet espace régulièrement afin qu'il puisse continuer à remplir la fonction qui lui a été attribuée.

Attention aux moments propices aux conflits !
Que vous travailliez à la maison ou hors de chez vous, l'un des moments les plus difficiles à gérer est l'heure qui précède le dîner. Les mères au foyer ont souvent un désir ardent d'avoir une conversation d'adulte ou bien, au contraire, c'est le moment où elles souhaitent passer le flambeau à leur conjoint afin d'être un peu au calme. Les mères qui travaillent hors de chez elles trouvent en général, à leur retour à la maison, des piles de lessive et de travaux ménagers, le repas à préparer et les devoirs pour lesquels les enfants ont besoin d'aide. Les conjoints rentrant de leur travail ont eux aussi besoin de décompresser. Les enfants de leur côté ont besoin d'attention. Tous les

efforts que vous pourrez faire pour limiter la survenue de conflits dans ces moments-là vous éviteront bien du stress et de la fatigue. Chaque famille doit trouver un bon plan d'action. Voici quelques possibilités.

Si vous exercez une activité professionnelle, essayez dès que vous rentrez de trouver quelques instants pour vous détendre et décompresser. Même une vingtaine de minutes de repos vous aideront. Profitez-en pour converser calmement avec vos enfants, ou bien choisissez de vous isoler un peu ou de parler avec votre conjoint. Si vous êtes une mère « au foyer », essayez de préparer le dîner à l'avance afin de ne pas avoir à gérer la mauvaise humeur d'enfants affamés quand vous êtes vous-même fatiguée de la journée, voire à bout de nerfs. Soyez créative !

RESPONSABILISEZ VOS ENFANTS

Il est important que vos enfants apprennent à participer aux travaux ménagers dès leur plus jeune âge. Sensibiliser un enfant aux responsabilités familiales est d'autant plus important que cela contribuera à façonner son approche du problème qui le suivra dans sa vie d'adulte. Changer les mentalités passe aussi par l'éducation que nous donnons à nos enfants.

Montrez-leur l'exemple

La meilleure façon d'encourager les enfants à aider à la maison est de leur montrer l'exemple et de leur faire comprendre qu'aider maman, c'est lui éviter d'être trop fatiguée. Au lieu de leur dire simplement de faire quelque chose, offrez-leur de le faire avec eux. Peut-être traînent-ils les pieds parce qu'ils ne savent pas comment s'y prendre ou bien parce qu'ils ne savent pas où ranger les affaires. Il se peut aussi qu'ils se sentent isolés ou punis lorsque vous les envoyez ranger leur chambre. Il est probable que vous gagneriez du temps à faire les choses pour eux, mais il est préférable, sur le long terme, qu'ils apprennent à faire le travail par eux-mêmes.

Simplifiez-leur la tâche
Les enfants seront mieux disposés à vous aider si les tâches que vous leur attribuez sont simples à accomplir. Il en va de même pour nous tous d'ailleurs ! Afin de les aider, veillez à ce qu'ils aient à portée de main ce dont ils ont besoin pour répondre à vos demandes et assurez-vous qu'ils ont l'espace nécessaire pour ranger leurs affaires. Pour les jeunes enfants, indiquez toujours clairement où ils sont supposés ranger leurs jouets et autres objets. Utilisez des images s'ils ne savent pas encore lire. Pensez à mettre une grande corbeille à papier dans leur chambre ainsi qu'une corbeille à linge où ils pourront y mettre leur linge sale. Faites attention à ne pas leur confier des tâches trop difficiles pour leur âge ou leur taille. Leur lit est difficile à faire parce que coincé entre le mur et le bureau ? La barre de leur penderie est trop haute pour qu'ils puissent y accrocher leurs vêtements ? S'il leur est difficile d'utiliser des cintres, peut-être pouvez-vous installer des porte-manteaux. Dans tous les cas, essayez de considérer toutes les tâches que vous leur confiez depuis leur perspective.

Veillez enfin à ce que ces tâches ne soient pas terriblement ennuyeuses. Une mère avait l'habitude de jeter au fond de l'eau de vaisselle, dans l'évier, quelques petites pièces de monnaie. L'enfant qui lavait la vaisselle ce soir-là avait aussi gagné le droit de garder les pièces en question. Succès garanti !

Faites-leur découvrir les conséquences de leurs actions
Il arrive que les enfants n'assument pas la responsabilité de leurs obligations parce que leur mère les cautionne

en permanence. Par exemple, il se peut qu'une mère continue de faire la lessive alors qu'il était entendu que ses deux enfants adolescents s'en chargeraient.

Une mère élevant seule ses enfants avait confié à ceux-ci la responsabilité, le matin, de surveiller l'heure et de se tenir prêts avec leurs manteaux et leurs cartables, afin qu'elle puisse, pendant ce temps, se préparer elle-même. Les enfants, qui avaient l'habitude de regarder un peu la télé le matin, ne prêtaient jamais attention à l'heure. Et leur mère, toujours stressée, devait leur répéter dix fois de se préparer avant qu'ils obéissent enfin. Un matin, elle décida de ne rien dire et alla s'asseoir près de la porte. Les enfants, insouciants, continuaient à regarder la télé sans se préoccuper de l'heure. Quand ils se rendirent compte de ce qui se passait, ils paniquèrent, mais c'était trop tard. Ils arrivèrent en retard à l'école ce jour-là et durent s'expliquer devant la directrice qui avait bien compris la démarche de la mère, et rentra dans son jeu, sans pour cela « humilier » les enfants. Depuis, cette maman n'a plus jamais eu à s'inquiéter de voir ses enfants en retard à l'école !

Les erreurs à éviter

Il arrive que le comportement de certaines mères n'encourage pas leurs enfants à les aider dans leurs responsabilités familiales. Il est possible qu'elles aient grandi dans l'idée qu'une mère doit tout faire pour ses enfants parce qu'elles ont vu leur propre mère se comporter ainsi. D'autres mères pensent qu'il n'est pas souhaitable pour les enfants d'être responsabilisés à un trop jeune âge. Mon opinion diffère de ce point de vue. N'oubliez pas que vos enfants vont grandir et qu'un jour viendra où ils quitteront la maison. Leur rendez-vous vraiment service en les laissant penser que les vêtements propres trouvent leur chemin jusque dans leurs tiroirs par magie ? Que le réfrigérateur se remplit sur le même principe et que les repas se préparent tout seuls ? Par ailleurs, quel genre de messages vos enfants reçoivent-ils à propos des femmes et de leur place dans la société si vous êtes constamment en train de tout ramasser derrière eux ?

Perfectionnisme : attention, danger !

Être perfectionniste est un piège dans lequel beaucoup d'entre nous tendent à tomber. Si vous vous sentez dans l'obligation de tout accomplir parfaitement, ou bien que ce que vous faites n'est jamais suffisant, sachez que vous vous exposez d'autant plus aux risques du *burn-out maternel*. L'expérience m'a montré que les femmes ayant été maltraitées verbalement ou physiquement dans leur enfance tombent beaucoup plus facilement dans ce piège, surtout quand il s'agit de leurs capacités de parent. Elles veulent tellement être d'excellentes mères qu'elles ne se sentent pas le droit de commettre la moindre faute. Même leurs pensées se doivent d'être toujours positives et aimantes. Ces mères ont tendance à fonctionner sur un mode du *tout ou rien*. Si ce n'est pas parfaitement bien, elles ont la sensation d'avoir échoué.

Pour peu que ce type de raisonnement soit renforcé par un conjoint qui, par ses fréquentes critiques ou son harcèlement moral, sabote leurs actions et leur confiance en elles, leur propension au perfectionnisme va les pousser à épuiser toute leur énergie pour lui prouver que ses critiques ne sont pas fondées. Elles risquent ainsi d'atteindre le stade d'*épuisement physique et émotionnel* du *burn-out maternel* qui, avec le temps, peut les conduire à baisser les bras et à adopter une attitude distante et cynique vis-à-vis de leurs familles : « De toute façon, quoi que je fasse, ça ne sert à rien ! » C'est le passage dans le deuxième stade du *burn-out maternel*, celui de la *distanciation/dépersonnalisation*.

UN OBJECTIF IMPOSSIBLE À ATTEINDRE

Les objectifs irréalistes que certaines mères s'imposent ne représentent qu'une partie du problème. Notre sens des responsabilités tient une place prépondérante dans notre désir de remplir notre rôle de façon parfaite. En effet, répondre aux attentes culturelles dans ce domaine relève de l'impossible. Notre culture nous envoie des messages incroyablement contradictoires concernant la représentation qu'elle se fait de la mère idéale. Les mères, de leur côté, s'acharnent à tout faire afin de correspondre à cet idéal culturel sans toujours être capables de reconnaître les contradictions qu'il comporte.

Tels des papillons de nuit attirés par la lumière d'une lampe, les mères s'épuisent en essayant d'accomplir tout ce que la culture leur dicte, idéal illusoire ayant pourtant le potentiel de générer un stress considérable de par la culpabilité qu'il suscite puisqu'il est impossible à atteindre.

Apprendre à prendre soin de soi

Une mère n'a pas plus de contrôle sur le nombre de fois où elle va devoir changer les couches de son nouveau-né qu'une mère de trois enfants – et déjà deux fois grand-mère – qui se demande quand sa petite dernière va enfin se décider à se marier ou si celle-ci finira même par se marier. Il existe, nous l'avons vu, un grand nombre de choses dépendant des circonstances de la vie, que nous ne pouvons ni prévoir ni changer. Cependant, nous sommes capables de réduire le stress *maternel* en reprenant le contrôle de nos propres vies, à commencer par prendre soin de nous. Beaucoup de mères avec lesquelles j'ai eu l'occasion d'échanger sur ce sujet ont malheureusement appris cette leçon essentielle dans des conditions difficiles. En prenant soin de tout le monde sans s'occuper d'elles-mêmes, elles ont aggravé non seulement leur stress, mais aussi et surtout toutes les émotions et les frustrations qui l'accompagnent.

APPRENDRE À MIEUX COMPTER LES MOUTONS :
UN ANTISTRESS DE CHOIX

J'ai expliqué dans le chapitre 10 à quel point le manque de sommeil pouvait avoir des conséquences néfastes sur la santé tant physique que psychologique et émotionnelle de la mère. Alors qu'il serait illusoire d'essayer d'éliminer toute fatigue de la vie d'une mère, il ne faudrait pas considérer l'état d'épuisement comme un mode de vie auquel on ne peut échapper. J'ai appris, par ma propre expérience, combien mon état de stress et de fatigue est bien souvent proportionnel à mon compte de sommeil lors des nuits précédentes. Contrairement à certaines personnes qui parviennent à fonctionner avec cinq ou six heures de repos par nuit, j'ai besoin d'au moins sept ou huit heures de sommeil réparateur sous peine de sentir le stress monter de façon indiscutable au cours de la journée pour finalement me retrouver le soir totalement épuisée.

Selon le Dr Merril M. Mitler de l'Association des centres des troubles du sommeil aux États-Unis (Association of Sleep Disorders Centers), « chaque individu se voit attribuer un besoin de sommeil déterminé par son bagage génétique. Dans l'état actuel des connaissances à ce sujet, il semblerait que ce besoin ne se modifie pas au cours de l'âge adulte et ne puisse pas être réduit par l'entraînement ». En d'autres termes, les responsabilités maternelles ne diminuent en aucun cas les besoins de sommeil d'une mère. Si une mère a l'espoir de rester saine de corps et d'esprit, tout en étant capable de gérer tous les stress se présentant dans sa vie quotidienne, elle doit accorder à son corps le sommeil dont celui-ci a besoin. Cela signifie qu'elle doit accepter de ne pas rester éveillée tard après le coucher de ses enfants pour accomplir ses tâches ménagères par exemple. Céline, maman de deux adolescents, expliquait son expérience en ces termes : « Je me rends bien compte que je suis une maman plus attentive et moins stressée quand j'ai eu mes huit heures de sommeil. C'est pourquoi je ne souhaite plus jouer au martyr comme je l'ai fait pendant des années. Quand les enfants dorment, je ne reste plus debout des heures pour ranger la maison, raccommoder les pantalons troués ou autres choses du même style. Si quelque chose n'a pas été fait avant l'heure du coucher, je mets un point d'honneur à me convaincre qu'il n'y a pas d'urgence et que cela peut attendre jusqu'au lendemain. Je m'occupe de moi, je vais au lit, je lis dix minutes puis je dors, et tout le monde dans la maison s'en porte beaucoup mieux ! »

Voici quelques petits conseils supplémentaires pour vous apprendre à réapprivoiser votre sommeil. Tout d'abord, vous pouvez commencer par déterminer vos besoins en sommeil. Il arrive très souvent que nous soyons convaincues de dormir suffisamment quand ce n'est en fait pas le cas.

— Avez-vous besoin d'un réveil pour vous réveiller chaque matin ?

— À l'heure du réveil, vous arrive-t-il de tourner le dos au réveil et de vous assoupir à nouveau ?

— Vous arrive-t-il de faire des siestes le week-end afin de rattraper votre sommeil en retard ?

— Vous arrive-t-il de somnoler après un bon repas, dans une pièce trop chauffée ou au cours d'une longue réunion ?

Si vos besoins naturels de sommeil sont respectés, la réponse à toutes ces questions devrait être « non »[8]. Afin d'identifier vos besoins de sommeil, essayez la technique suivante lors de vos prochaines vacances. Allez vous coucher dès que vous vous sentez fatiguée et levez-vous après vous être réveillée spontanément (sans l'aide d'un réveil). Durant les premiers jours, il se peut que vous dormiez plus afin de rattraper votre sommeil en retard. Après ces quelques jours passés, il vous sera possible d'avoir une idée assez précise du nombre d'heures de sommeil dont votre organisme a besoin pour fonctionner de façon optimale.

Essayez de faire précéder votre coucher de bonnes habitudes. Octroyez-vous un temps pour vous relaxer avant d'aller au lit. Essayez de ne pas consommer d'aliments lourds ou risquant de troubler votre digestion dans les deux heures précédant votre coucher. Évitez toute boisson pouvant contenir de la caféine ou de boire de l'alcool tard dans la soirée. Abstenez-vous de pratiquer une activité sportive dans les deux ou trois heures précédant le coucher. Le sport a tendance à réveiller notre corps plutôt qu'à le calmer, ce qui peut rendre l'endormissement plus difficile.

Il est par ailleurs important que votre chambre soit pour vous une oasis de calme et de confort physique et

---

[8]. National Sleep Foundation, *Omnibus sleep in America poll*. www.sleepfoundation.org, 2000.

psychologique. Du fait que la chambre à coucher est un lieu privé, il est possible que ce soit un endroit que vous ayez tendance à ignorer. Il arrive que tout le désordre de votre maison ou de votre appartement finisse par venir s'entasser dans votre chambre, préservée des regards indiscrets. Votre chambre devrait rester à une température confortable et constante, ni trop chaude ni trop froide. Si votre matelas vous paraît trop dur, considérez l'acquisition d'un surmatelas en mousse qui soulage les points de pression et facilite ainsi la circulation du sang. Assurez-vous d'avoir un oreiller qui vous apporte un bon support sans pour cela être trop ferme. Prêtez attention à tout ce qui peut éventuellement s'opposer à ce que votre sommeil soit paisible et réparateur. Votre tenue de nuit est-elle confortable ? Dormez-vous dans des draps dont la couleur est pacifiante ? Certaines personnes choisissent des draps de couleurs vives comme le rouge ou le jaune vif qui sont des couleurs énergisantes pour le système nerveux. Préférez aux couleurs vives des couleurs pastelle plus calmantes et relaxantes. Si trop de lumière pénètre du dehors dans votre chambre, veillez à bien fermer les volets ou à utiliser des stores afin d'éviter que cette lumière ne vienne troubler votre sommeil. Il se peut aussi que vous trouviez stressant de voir votre table de nuit envahie par un monceau de magazines ou de livres que vous ne lisez jamais et qui vous font penser à toutes ces choses en retard que vous n'avez jamais le temps de faire. Rangez cette pile de magazines à un endroit où vous ne les verrez pas en vous couchant !

Quels que soient les changements qu'il serait souhaitable d'apporter à votre vie afin d'améliorer votre sommeil, respectez-vous vous-même et votre corps en prenant vos besoins au sérieux. N'oubliez pas que ces besoins relèvent d'une exigence physiologique et non pas d'un luxe dont vous pouvez vous passer.

LES BIENFAITS DU SPORT ET D'UNE ALIMENTATION ÉQUILIBRÉE

La science a démontré l'efficacité d'un nouveau *remède* contre le stress qui ne se présente pas sous la forme d'une pilule à avaler ou d'un produit à injecter. Les études dans ce domaine suggèrent que ce remède contribue à apaiser les états d'anxiété aussi efficacement que le ferait un tranquillisant léger et a l'avantage de ne présenter aucun effet secondaire. Trop beau pour être vrai, me direz-vous ? Pas du tout puisqu'il s'agit tout simplement des avantages de l'exercice physique.

La première réaction des mères à qui on propose une activité sportive est en général assez mitigée : « Faire du sport ? Vous voulez rire, j'espère ! Je n'ai déjà pas le temps de faire tout ce que je dois faire dans une journée sans compter que j'arrive à peine à rester debout jusqu'à l'heure du coucher des enfants. Je ne sais vraiment pas où j'irais trouver l'énergie en plus pour faire du sport ! » Ce type de remarque est tout à fait compréhensible, et je suis la première à l'avoir faite, il y a quelques années de cela. Mais la vérité étant que, si l'exercice physique requiert de l'énergie, il est vrai qu'il produit aussi beaucoup d'énergie en retour à long et même à court terme. L'activité sportive augmente nos réserves d'énergie physique, donne du tonus à notre organisme afin de lui permettre d'utiliser cette énergie de façon plus efficace. Ces bienfaits vivifiants agissent aussi bien sur notre corps que sur notre mental et sur les différents aspects de notre vie émotionnelle, familiale et sociale.

Cette activité physique peut prendre plusieurs formes. Que vous choisissiez le tennis, le jogging, la danse, une bicyclette d'appartement, les cours multiples offerts dans les clubs de sport, ou tout simplement la marche, à raison d'une demi-heure par jour, dans tous les cas, ces activités physiques sont bénéfiques pour votre corps et votre esprit. De nombreuses études ont démontré que toutes activités physiques définies comme la pratique d'un exercice soutenu capable d'augmenter le rythme cardiaque et la capacité pulmonaire ont le pouvoir de réduire les états de stress, de dépression et d'anxiété.

En Amérique du Nord, un tiers des Américains et quatres Canadiens sur dix pratiquent une activité sportive régulière. Les études portant sur ces personnes indiquent non seulement qu'elles gèrent les situations de stress présentes dans leur vie de façon plus adaptée, mais qu'elles font aussi preuve de plus de confiance en elles, et qu'elles se sentent plus énergiques tout en se sentant moins déprimées et fatiguées en comparaison avec les individus ne pratiquant pas d'exercice physique[9][10]. Dans l'une de ces études, les Drs Lisa McCann et David Holmes[11] assignèrent un tiers d'un groupe de jeunes femmes souffrant de dépression légère à un programme de cours d'aérobic tandis qu'un autre tiers devait suivre des cours de relaxation. Il était prévu que le dernier tiers, ou groupe de contrôle, ne reçoive aucune intervention ou traitement que ce soit. Dix semaines plus tard, les jeunes femmes ayant suivi les cours

---

9. J. D. Brown, « Staying fit and staying well : physical fitness as a moderator of life stress », *Journal of Personality and Social Psychology*, 60, 555-561, 1991.

10. Statistics Canada, *Statistical Report on the Health of Canadians*, présenté par le *Federal, Provincial and Territorial Advisory Committee on Population Health*, à l'occasion de la réunion des ministres de la Santé, Charlottetown, PEI, 16 et 17 septembre 1999.

11. I. L. McCann et D. S. Holmes, « Influence of aerobic exercise on depression », *Journal of Personality and Social Psychology*, 46, 1142-1147, 1984.

d'aérobic rapportaient une très nette diminution de leur état dépressif, comparées aux deux autres groupes de participants. Plus de cent autres études sont venues confirmer ce fait : l'exercice physique est capable de réduire les problèmes causés par la dépression et l'anxiété[12][13].

Les chercheurs ont par ailleurs tenté d'identifier les raisons pour lesquelles l'exercice physique soulage les effets du stress et des émotions négatives, et savent à présent que ce type d'activité :

— Fortifie le cœur, augmente le flux sanguin et réduit la pression artérielle, que celle-ci soit due au stress ou à tout autre facteur.

— Augmente la production dans notre cerveau de neurotransmetteurs tels que la noradrénaline, la sérotonine et les endorphines, reconnues pour leurs fonctions régulatrices de l'humeur.

— Augmentent modérément les capacités cognitives comme la mémoire.

Les faits sont là et nous montrent que, si notre esprit est capable d'avoir une certaine influence sur notre corps, il a aussi la capacité d'affecter notre esprit. L'exercice physique peut donc agir de façon très bénéfique dans notre lutte contre le stress et ses effets nocifs pour notre santé physique et mentale. « C'est plus facile à dire qu'à faire ! » peut-on répondre, mais je crois qu'il vient un moment où il faut savoir ce que nous voulons et tout mettre en œuvre pour l'obtenir. Accepter de prendre le temps de s'occuper

---

12. L. L. Craft et D. M. Landers, « The effects of exercise on clinical depression and depression resulting from mental illness : A meta-analysis », *Journal of Sport and Exercise Psychology*, 20, 339-357, 1998.
13. B. C. Long et R. Van Stavel, « Effects of exercise training on anxiety : A meta-analysis », *Journal of Applied Sport Psychology*, 7, 167-189, 1995.

de soi, c'est aussi, d'une certaine façon, s'occuper des autres : la qualité de ce que nous leur donnons dépend en grande partie de notre état physique et émotionnel. Nous ne pouvons donner à autrui quelque chose que nous n'avons pas nous-mêmes. Si nous souhaitons être capables d'apporter calme, patience et harmonie à nos enfants et à notre famille, nous devons nous réserver le même traitement. Tenter de relever les nombreux défis inhérents aux responsabilités maternelles sans prendre soin de soi est la porte ouverte au stress. Avec le temps, cela peut aboutir à l'*épuisement physique et émotionnel* et donc à un état de *burn-out maternel*. Inutile de dire qu'à long terme tout le monde est perdant.

Je souhaite aussi ouvrir une parenthèse sur l'importance de l'équilibre alimentaire. Nombreuses sont les mères qui viennent me voir, surtout les mères au foyer, et qui avouent que leurs habitudes alimentaires laissent à désirer. Dans la précipitation qui accompagne souvent le départ à l'école le matin, les mères font de leur mieux pour offrir à leurs enfants un bon petit déjeuner, parfois à leurs dépens. Il arrive fréquemment que les mères finissent par grignoter quelque chose à toute vitesse sur un coin de table faute de temps. À l'heure du déjeuner, les mères ne travaillant pas hors de chez elles préparent à manger pour leurs enfants sans toujours prendre le temps de se cuisiner un repas consistant et équilibré. Pas le temps ! Il y a tellement de choses à faire que les enfants passent en priorité, et le déjeuner de la mère se limite souvent à un morceau de pain avec du fromage, un yaourt ou un fruit. Voilà qui est bien peu pour un organisme dont l'énergie est si ardument sollicitée tout au long de la journée...

Il faut savoir qu'une nutrition pauvre ou peu équilibrée affaiblit notre corps et réduit sa capacité à gérer les situations de stress de façon optimale. Une alimentation saine et appropriée va au contraire nous procurer l'énergie nécessaire à améliorer notre résistance aux effets négatifs du stress, quelle qu'en soit la cause. Le simple fait de manger de manière équilibrée et régulière est une des façons les plus simples et les plus productives pour faire face aux stress du quotidien. Veillez donc à apporter à votre corps toutes les vitamines et tous les minéraux nécessaires à son bon fonctionnement.

Sachez que les besoins en vitamines d'un organisme soumis aux effets du stress sont plus importants. Certaines études ont montré par exemple qu'un individu confronté à des situations de stress a besoin de deux ou trois fois plus de vitamine C que dans une situation normale. Soyez donc vigilante sur la qualité de votre alimentation et ménagez le temps que vous vous accordez pour manger : ce n'est pas du temps perdu, bien au contraire. C'est votre capital santé et énergie qui est en jeu, deux éléments particulièrement importants qui, s'ils commencent à faire défaut, peuvent vous mener à faire l'expérience du *burn-out maternel*.

Protégez votre moral

DU TEMPS LIBRE POUR LES MÈRES : UNE NÉCESSITÉ QUI NE DEVRAIT PAS ÊTRE UN LUXE

Ma profession et ma recherche sur le stress maternel m'ont donné l'occasion de rencontrer des mères qui étaient parvenues à réduire considérablement leur stress quotidien en s'occupant de leur bien-être émotionnel et de leur moral. Cela peut sembler évident au premier abord, mais beaucoup de mères ne paraissent pas avoir pleinement intégré l'importance d'une telle démarche personnelle. Lorsque chaque minute de votre temps paraît être aussi précieuse qu'un trésor royal et que toutes les personnes de votre entourage réclament votre attention et votre dévouement immédiat, il peut sembler un peu égoïste de penser : « Tiens, j'ai envie de faire quelque chose rien que pour moi ! » Mais, en écoutant les témoignages des mères avec qui j'ai pu discuter, un petit peu de cet *égoïsme* pourrait bien être le plus bel acte de générosité que vous puissiez faire envers votre famille et envers vous-même.

Il y a quelques années de cela, alors que je déjeunais avec l'un de mes professeurs à l'université qui exerçait par ailleurs comme psychothérapeute dans un cabinet, je lui confiai : « Je me sens coupable vis-à-vis de ma famille et de mes enfants de prendre du temps en dehors de mes études pour faire du sport, aller voir des expositions ou me rendre à des conférences quand l'occasion se présente. Je sais que c'est de l'égoïsme pur, mais cela représente beaucoup pour moi. » Elle m'écouta attentivement puis me sourit et me dit : « Pouvez-vous me répéter cette phrase que vous venez de me dire en remplaçant le mot *égoïsme* par le mot *respect de soi* ? » Un peu interloquée, j'ai commencé par résister à cette demande, protestant qu'elle n'avait sans doute pas bien compris ce que j'essayais de lui dire. Elle répondit qu'elle avait parfaitement compris et elle insista pour que je m'exécute. Je finis donc par répéter ma phrase en changeant les mots comme elle me l'avait demandé. Il y eut ensuite un long silence pendant lequel elle me regarda fixement toujours en souriant. Ces quelques instants restèrent à tout jamais gravés dans ma mémoire ainsi que cette phrase, car ils changèrent totalement mon regard sur ces moments de liberté que je m'accordais régulièrement et que je voyais à présent comme une source régénératrice de mon énergie dont j'avais tant besoin pour faire face aux exigences de ma vie de mère.

Quelque temps après cet épisode, alors que je me trouvais dans un supermarché, j'ai vu une femme à la caisse portant un tee-shirt sur lequel était inscrit : « Si maman n'est pas contente, personne n'est content ! » Je pense que peu de mères, et encore moins d'enfants et de conjoints, oseraient proclamer le contraire... Il me semble qu'il n'y a pas d'exagération dans cette phrase, et, si nous voulons nous sentir bien et épanouies, nous devons non seulement prendre soin de notre corps et de notre énergie physique, mais aussi faire tout ce qui est nécessaire pour nous ressourcer et recharger nos réserves d'énergie émotionnelles et mentales.

Alice, mère au foyer de trois enfants, m'expliquait qu'une fois par semaine sa mère prenait en charge ses enfants afin qu'elle puisse avoir une après-midi à elle, pendant laquelle elle faisait ce qui lui faisait plaisir : « Cette demi-journée par semaine est vraiment très importante pour moi, et je suis toujours heureuse de la voir arriver : je sais qu'elle est pour moi et rien que pour moi. J'en profite pour aller à la bibliothèque, voir des amies ou juste flâner. Pendant ces quelques heures, je prends le temps de me relaxer avant de rentrer à la maison et de me donner à nouveau entièrement aux autres. » Charlotte, une autre mère, a de temps en temps l'occasion de passer une semaine entière seule pendant que ses enfants sont en vacances chez leurs grands-parents : elle me disait combien chaque fois elle appréciait ce temps de liberté qui lui était donné pour s'occuper d'elle-même. « Je pense que ces périodes pendant lesquelles je suis séparée de mes enfants sont très bénéfiques pour tout le monde. Cela nous permet à tous de souffler, et je me sens bien plus épanouie, détendue et disponible quand les enfants rentrent à la maison. Après ces moments de liberté et de repos, je me donne à eux beaucoup plus volontiers : je suis bien plus patiente et je ne m'énerve pas aussi facilement que lorsqu'il ne me reste plus la moindre once d'énergie pour m'occuper d'eux. »

Prendre le temps de vous régénérer, de vous détendre, de profiter du calme qui accompagne l'absence de cris, de disputes et de responsabilités maternelles est absolument essentiel à votre équilibre personnel et contribuera grandement à réduire le stress inhérent à votre vie. Rappelez-vous que les stress répétitifs et chroniques sont le plus court chemin pour arriver au *burn-out maternel*. S'il n'existe pas de moyen pour vous de vous régénérer d'une façon ou d'une autre, vous vous exposez au premier stade du *burn-out maternel*, celui de l'*épuisement physique et émotionnel*. Apprenez donc à vous accorder du temps sans culpabiliser, sans penser qu'il s'agit là d'une perte de temps que vous pourriez utiliser à des fins plus utiles. Rien n'est plus important que vous, votre énergie et votre moral, sans lesquels il vous est beaucoup plus difficile de subvenir aux besoins de tous ceux qui dépendent de vous.

Beaucoup de mères n'ont pas la chance de pouvoir faire garder leurs enfants régulièrement par un parent et encore moins de profiter d'une semaine de solitude et de repos sans les enfants. Cependant, elles connaissent ces moments intenses où elles se sentent submergées et pensent au fond d'elles-mêmes : « Si seulement je pouvais m'échapper ne serait-ce qu'un petit moment, être au calme et souffler un peu ! » Et, bien évidemment, c'est aussi dans ces moments qu'il leur est le plus difficile de s'isoler. Si, les trois quarts du temps, les mères ne peuvent pas s'offrir le luxe de partir une semaine, seules sous les palmiers, elles peuvent cependant s'offrir ce que j'appelle des *mini-*

vacances. Quand je dis mini, je veux vraiment dire *mini-mini*, mais de ce fait à la portée de tout le monde. Il s'agit de cinq ou dix minutes dérobées de-ci de-là, courts instants non moins précieux et qui sont la plupart du temps imprévus. Il est difficile de planifier ces petits moments de calme : aussi, il est très important que vous y soyez attentive afin de les saisir quand ils se présentent. Soudainement, vous vous rendez compte que votre bébé s'est enfin endormi et que vos autres enfants sont en train de dessiner tranquillement dans leur chambre. Un doux silence envahit votre maison. Profitez-en maintenant, tout de suite. Asseyez-vous confortablement ou allongez-vous, fermez les yeux et détendez-vous, respirez profondément et dites-vous : « À cet instant précis, je suis en vacances ! » Peut-être cela ne durera-t-il que deux minutes ou, avec un peu de chance, dix minutes. Dans tous les cas, ne gâchez pas ces quelques instants de tranquillité en commençant une nouvelle machine de linge. Résistez à ce type de réflexe et pensez à vous, pour une fois.

Vous pouvez aussi garder un livre ou un magazine à portée de la main dans votre voiture, ainsi, quand vous vous retrouvez dans votre véhicule à la sortie de l'école en attendant que vos enfants sortent, profitez de cette opportunité de *mini-vacances*. Au lieu de vous dire : « Mais où sont les enfants ? Pourquoi mettent-ils autant de temps à sortir ? », pensez : « Tiens, j'ai cinq minutes devant moi pour lire cet article sur les bienfaits de la thalassothérapie ! » Ces quelques minutes ne sont rien qu'à vous, et vous transformez ainsi une situation stressante en une expérience positive, agréable et relaxante. Apprendre à transformer le négatif en positif, voilà une approche de la vie qui a une valeur inestimable et qui peut changer notre perspective sur beaucoup de choses...

Un autre exemple. Vous êtes au parc avec vos enfants qui s'amusent sur les toboggans. Asseyez-vous sur un banc et laissez-vous aller à de *mini-vacances* l'espace de cinq minutes. Après cela, vous pouvez vous lever et repartir jouer à cache-cache avec vos chers petits. Personnellement, ces petites parenthèses de calme dans mes journées sont pour moi une manière d'introduire un rythme équilibré dans mon emploi du temps toujours surchargé. Au lieu de me pousser à bout tout au long de la journée jusqu'à ce que j'aie accompli tout ce que j'ai à faire, que tout le monde soit au lit et que je puisse moi aussi me coucher, j'essaie de trouver cinq minutes par-ci, dix minutes par-là, et mon stress s'en trouve nettement réduit.

Si vous avez la chance de pouvoir compter sur plus de cinq ou dix minutes de calme à la fois en ayant quelques heures à vous, prenez le temps d'aller vous balader dans un parc surtout s'il fait beau, ou faites un peu de lèche-vitrines. Goûtez votre chance : votre montre ne va pas contrôler chacune de vos décisions, et il n'y a personne pour vous répéter dix fois : « Je suis fatigué, je m'ennuie, je veux rentrer à la maison ! » ou bien encore : « J'ai besoin de faire pipi, tout de suite ! » Ces quelques moments de liberté et de générosité envers vous-même vous permettront, une fois rentrée chez vous, d'être mieux préparée à faire face au stress.

Dans la mesure de vos possibilités, vous pouvez aussi prendre du temps pour vous au travers d'activités enrichissantes pour votre créativité ou/et votre intellect. Cela peut prendre la forme de cours de piano, d'art ou toute autre matière qui vous intéresse : dessin, danse, écriture ou théâtre. Ce type d'activités peut s'avérer très relaxant tant émotionnellement que mentalement. De plus, celles-ci tendront à augmenter votre confiance en vous et votre estime de soi en vous offrant des expériences constructives et couronnées de succès, et Dieu sait combien les mères en ont besoin ! Ces activités vous donneront la satisfaction d'accomplir quelque chose de « bien », qui a l'avantage de rester « bien fait » plus de quinze minutes. Elles vous offriront un sens d'accomplissement et de contrôle qui fait trop souvent défaut dans la vie stressante d'une mère.

Alors que le repos, la détente et le divertissement sont d'excellents réducteurs de stress qui permettent de se ressourcer en énergie vitale et positive, certaines mères insistent sur les bénéfices qu'elles ont retirés de leur vie professionnelle. Toutes les mères qui travaillent vous diront que cela ajoute bien des stress à leur vie, comme nous l'avons déjà abordé dans ce livre. Cependant, travailler hors de chez soi peut aussi présenter des avantages : « En travaillant deux jours par semaine dans une pharmacie comme préparatrice, je n'ai plus cette sensation d'isolement que j'avais quand je restais chez moi à m'occuper de mes deux enfants. Cela me donne l'occasion de sortir et de faire quelque chose qui me correspond et qui me permet de mettre à profit mes années d'études. J'adore mon travail, il me permet de rompre avec la monotonie que je ressentais en étant mère au foyer et, quand je rentre chez moi, je suis en pleine forme, j'ai l'impression d'avoir accompli quelque chose qui me construit et dont je suis fière. Et j'ai d'autant plus de plaisir à retrouver mes enfants et à passer du temps avec eux par la suite. » Une autre mère me confiait : « Travailler à mi-temps comme infirmière me donne l'opportunité d'avoir des conversations d'adulte qui me manquaient beaucoup lorsque je restais à la maison. J'ai la satisfaction d'apporter quelque chose de bon aux autres et, contrairement à mon travail de mère, je reçois en retour beaucoup d'appréciation et de reconnaissance, et cela est très important pour moi. »

Il faut cependant reconnaître que, parmi toutes les femmes avec qui j'ai pu débattre de ce sujet, ce sont celles qui travaillent à mi-temps qui semblent le plus satisfaites des bénéfices de leur activité par rapport au stress maternel. Les femmes employées à plein temps disent que la dualité de leur rôle mère-employée augmente au contraire leur stress. Autant de nombreuses femmes semblent préférer, si le choix leur était donné, une activité professionnelle à mi-temps pour contrer les effets du stress associés à leurs responsabilités maternelles, autant beaucoup de mères s'épanouissent pleinement en étant mères au foyer. Chaque femme a sa propre personnalité et doit identifier ses besoins.

CONTRIBUEZ À CHANGER LES MENTALITÉS !

Comme j'en ai fait état dans le premier chapitre, notre culture et notre entourage attendent des mères qu'elles offrent le meilleur d'elles-mêmes. Pourtant, bien peu de ressources sont véritablement mises à leur disposition pour atteindre cet objectif délicat. Je suis convaincue que les choses peuvent changer, mais, pour ce faire, il est important d'encourager une prise de conscience dans notre entourage sur les réalités de notre vécu de mère. Pour cela, il faut instaurer un dialogue, expliquer, débattre, insister sur ce que nous savons être juste.

N'hésitez pas à partager ouvertement ce que vous ressentez avec des personnes autres que les mères que vous connaissez, à commencer par votre conjoint. Prenez le temps de lui parler des difficultés que vous rencontrez dans votre rôle de mère, de vos frustrations, du soutien émotionnel et pratique dont vous avez besoin, et invitez-le à comprendre l'importance de telles discussions. Sachez identifier vos besoins sans fausse honte ou culpabilité et exprimez-les clairement. Nous en avons déjà parlé plus haut.

Vous pouvez aussi étendre ce dialogue aux membres de votre famille, à vos collègues et autres connaissances. Faire bouger les choses, ébranler les certitudes et remettre en question le *statu quo* ne peut se faire que si l'on croit fermement dans le bien-fondé du changement recherché. Défendez donc votre point de vue. Respectez-vous en faisant respecter la femme et la mère qui sont en vous. La société attend que vous donniez le meilleur de vous-même, alors contribuez à changer les mentalités afin qu'elle vous apporte ce dont vous avez besoin pour réussir.

PROTÉGEZ-VOUS DU NÉGATIF

Prenez garde à la façon dont vous nourrissez votre esprit. Nous sommes constamment bombardés d'informations concernant de multiples sujets, et une bonne partie de ces informations ne représente aucun intérêt. Faites attention aux programmes que vous regardez, à ce que vous écoutez et lisez. Nombre de films ou de livres sont très négatifs ou agressifs et génèrent une réponse de stress de la part de votre système nerveux, même si vous n'en êtes pas totalement consciente. Soyez douce avec vous-même, essayez d'être sélective et de vous entourer de tout ce qui peut contribuer à nourrir votre esprit de façon constructive, à faire grandir votre estime de soi et à renforcer votre confiance en soi.

Préférez la compagnie de gens que vous ressentez comme positifs : ils vous tirent vers le haut, et leur présence vous épanouit, elle fait ressortir ce qu'il y a de meilleur en vous. Ces personnes sont de merveilleuses sources d'énergie positive, contrairement aux individus *mangeurs d'énergie* qui critiquent sans cesse et ne voient que le mauvais côté des choses : ils risquent de vous vider du peu d'énergie qui vous reste.

APPRENEZ À DIRE « NON »

Il se peut que vous vous rendiez compte que votre emploi du temps est surchargé, en partie parce que vous avez accepté de répondre « présente ! » à certaines demandes dont vous auriez pu vous passer. Êtes-vous le genre de personne vers qui tout le monde vient pour confier ses problèmes ? Êtes-vous d'un naturel compatissant qui attire les cœurs et les esprits blessés ? Avez-vous tendance à tout mener de front toute seule (par choix ou par obligation) ? Vous est-il difficile de dire « non ! » ? Si vous vous reconnaissez dans ces questions, il est important pour vous d'apprendre à poser des limites. Rappelez-vous une chose essentielle que la société tend à oublier à propos des mères : ce sont des êtres humains avant tout et en aucun cas des clones de *superwoman* ! Cessez d'être là pour tout et pour tous de façon inconditionnelle.

Cela ne veut pas dire qu'il ne faille plus se préoccuper des autres, mais votre équilibre personnel et votre capacité à donner ce que votre entourage exige de vous dépendent des limites raisonnables que vous saurez mettre sur ces exigences. Si certaines de vos amies sont toujours prêtes à vous parler de leurs problèmes, mais jamais des vôtres, il serait peut-être préférable de les voir un peu moins souvent et d'éviter d'être sans cesse disponible pour discuter de leurs problèmes. Vous pouvez aussi vous fixer une limite de temps pour ces conversations, et il se peut que vous vous rendiez compte que cela est préférable pour elles aussi.

Si quelqu'un vous demande de lui rendre service, il est essentiel d'apprendre à évaluer, de façon réaliste, s'il vous est possible de l'aider, sans que cela ne vienne peser sur votre charge de travail. Apprenez à dire « non » de temps à autre. Respectez-vous en respectant vos limites, surtout si votre entourage a tendance à ne pas le faire ! Ce qui est important, c'est de comprendre qu'il est primordial de préserver vos réserves d'énergie physique et émotionnelle. Sans elles, votre résistance au stress sera moindre, et l'*épuisement physique et émotionnel*, premier stade du *burn-out maternel*, devient alors un réel danger.

APPRÉCIEZ LES PETITS PLAISIRS DE L'EXISTENCE

Les multiples stress qui ponctuent votre vie sont souvent inévitables. Vous pouvez cependant choisir d'en réduire les effets notoires en remarquant tous les instants et les petits détails positifs qui peuplent notre quotidien, mais passent souvent inaperçus, faute d'avoir le temps d'y faire attention. Sachez reconnaître et profiter des moments furtifs qui apportent bien-être et satisfaction. Quand je vois ma petite fille courir vers moi pour me montrer le magnifique dessin qu'elle vient de réaliser et dont elle est si fière, quand elle se blottit tout contre moi, sur le sofa, pour me montrer son cahier de poésie et me réciter son poème, quand mon fils vient vers moi et glisse ses bras autour de ma taille pour me dire avec un grand sourire : « Tu es la meilleure maman du monde... », j'arrête ma course folle et je prends le temps d'apprécier les émotions de tendresse et de bonheur que ces moments me procurent.

J'ai appris à reconnaître et à emmagasiner le positif qui se dégage de ces instants éphémères. Ils me font prendre conscience que ma vie de mère n'est pas faite que de contraintes, d'efforts, de courses contre la montre, de crises à gérer, de bobos à soigner, de repas à préparer et de linge à laver. Il existe un équilibre entre les moments pénibles et les moments agréables qu'il nous est donné d'apprécier.

Alors que je demandais à une maman quel genre de conseils elle aurait souhaité recevoir avant de devenir mère, elle me répondit : « J'aurais aimé que quelqu'un me dise : "Être mère peut être une des expériences les plus difficiles à vivre, et tu connaîtras des moments où tu auras souhaité ne jamais avoir eu d'enfants. Mais il y aura aussi ces moments où tes enfants t'offriront tant de joie et de satisfaction que toutes tes larmes de désespoir et tes sentiments de frustration disparaîtront comme s'ils n'avaient jamais existé. Concentre-toi sur ces moments-là, et ils te permettront de surmonter tout le reste..." »

Des idées toujours et encore...

Lorsque j'étais enceinte de mon premier enfant, je lisais beaucoup. Je n'avais pas la moindre idée de la façon dont m'occuper d'un nouveau-né : aussi avais-je l'impression qu'il me fallait acquérir des connaissances élémentaires. Comme j'en ai parlé précédemment, beaucoup de conseils présentés dans ces ouvrages de vulgarisation pédiatrique sont contradictoires, et il est difficile de les suivre à la lettre. Le tenter serait d'ailleurs très stressant. Avec le temps, l'expérience m'a appris la chose suivante : si un conseil me semble intéressant, cela vaut la peine de l'appliquer et de voir ce qu'il donne à l'usage. S'il ne me semble pas valable, alors je choisis de l'ignorer. Rappelez-vous une chose qui, je pense, peut vraiment réduire votre stress : n'hésitez pas à demander conseil, mais souvenez-vous que vous n'êtes jamais dans l'obligation de le suivre !

C'est dans cette optique que je vous invite à lire les paragraphes qui vont suivre. Ils résument les suggestions de mères que j'ai eu la chance de rencontrer et d'inter-viewer tout au long de la rédaction de ce livre. Jusqu'à présent, j'ai présenté un ensemble de *stratégies* qui, selon ma propre expérience de chercheur et de psychologue, peuvent vous aider à réduire efficacement votre stress maternel : l'importance de s'occuper de soi et la nécessité de chercher du soutien social et émotionnel auprès d'autres mères et dans votre entourage. Les stratégies antistress présentées ci-dessous sont plus spécifiques dans le sens où elles concernent des sources de stress bien particulières.

HALTE AU BRUIT !

Le bruit est une source de stress particulièrement commune pour toutes les mères. Entre les cris, les pleurs, les disputes des enfants et les geignements fréquents chez les plus jeunes d'entre eux, les tympans des mères sont souvent mis à rude épreuve, et leur sensibilité au bruit devient de plus en plus grande avec le temps. Une mère m'expliquait que, pour remédier à ce problème, quand ses enfants étaient petits, elle avait eu l'idée de se mettre des petits bouchons de coton dans les oreilles. Ces bouchons étaient assez importants pour réduire les décibels qui fusaient autour d'elle sans pour cela l'empêcher d'entendre ce qui se disait autour d'elle : « Ce subterfuge m'a permis de réduire de beaucoup le stress des cris. Je n'avais plus la sensation d'avoir mes neurones piétinés à tout bout de champ et, de ce fait, je parvenais à rester calme ! »

Une autre mère avait choisi d'imposer une période de calme dans la maison pendant une heure tous les soirs. Durant ce laps de temps, les enfants savaient que la télévision devait rester éteinte et qu'ils pouvaient faire ce que bon leur semblait à partir du moment où il s'agissait d'une activité calme et tranquille.

ACCEPTEZ VOS LIMITES

Notre stress peut résulter de ce que nous nous comparons aux mères de notre entourage. Nous avons souvent tendance à les observer et à penser qu'elles s'en tirent mieux que nous, ce qui nous donne des complexes ! Il existe toujours quelqu'un de meilleur que nous, dans quelque domaine que ce soit : il ne faut pas en tirer pour autant des conclusions hâtives sur nos propres compétences. Chaque mère possède ses points forts et ses points faibles. Si ce n'était pas le cas, l'idéal de la mère parfaite serait tout à fait accessible. J'espère qu'à ce stade du livre vous avez compris qu'il s'agit là d'une pure illusion.

Imaginez que vous êtes spectatrice de vous-même. Passez en revue tout ce que vous faites tout au long d'une journée et sachez reconnaître ce que vous accomplissez correctement et qu'une personne extérieure pourrait vous envier. Je suis certaine qu'il y a des quantités de choses que vous faites merveilleusement bien et dont vous devez apprendre à être fière. Si cette approche ne vous convainc pas, n'hésitez pas à demander l'avis des principaux concernés, c'est-à-dire vos enfants. Interrogez-les sur ce qu'ils aiment et apprécient en vous et sur ce que vous faites quotidiennement pour eux. Leurs réponses ont des chances de vous surprendre. Pour ce qui est de vos comportements laissant peut-être à désirer, rappelez-vous que vous n'êtes pas *superwoman*, pas plus d'ailleurs que toutes ces autres femmes qui paraissent s'y prendre bien mieux que vous. Elles aussi ont leurs faiblesses qui les angoissent sans doute tout autant que vous.

Ne pas reconnaître et accepter vos limites risque de vous pousser à dépenser une énergie considérable pour tenter de compenser ce que vous jugez être vos manques. Pour être plus performante, vous allez tenter de donner toujours plus et mieux jusqu'à l'épuisement quasi total de vos ressources personnelles. C'est alors que l'*épuisement physique et émotionnel* du *burn-maternel* guette, stade qu'il vous faut essayer d'éviter à tout prix.

UNE CHOSE À LA FOIS !

Une mère de trois jeunes enfants était particulièrement frustrée parce qu'elle ne parvenait pas à leur faire intégrer tout ce qu'elle souhaitait leur enseigner. Elle voulait leur apprendre à se tenir bien à table, à manger correctement avec leur couteau et leur fourchette, à se laver les dents deux fois par jour, à tirer la chasse d'eau après chaque passage aux toilettes, à ne pas laisser traîner leurs vêtements sales par terre, à se brosser les cheveux le matin et à ne pas laisser traîner la savonnette au fond du bain. Bref, toutes ces petites choses de la vie qu'il est important d'inculquer à un enfant. Elle avait décidé d'aborder tous ces problèmes en même temps et était très contrariée de ne pas obtenir ce qu'elle voulait de façon consistante.

Je lui ai proposé d'aborder la situation différemment. Sa liste de problèmes à résoudre étant assez longue, il lui fallait accepter l'idée qu'il serait peut-être souhaitable de ne pas chercher à tous les résoudre en même temps. Si elle voulait que ses enfants se tiennent bien à table, il était nécessaire qu'elle se cantonne à ce problème précis et ce pendant quelque temps. Une fois que ces enfants auraient acquis le comportement voulu, elle pourrait s'attaquer au problème de la chasse d'eau, puis à celui des vêtements sales et ainsi de suite. Cette approche parut lui convenir tout à fait et elle m'avoua que son niveau de stress avait nettement baissé, et qu'elle ne se mettait plus aussi fréquemment en colère.

IDENTIFIEZ LES SOURCES DE STRESS
AUXQUELLES VOUS ÊTES LE PLUS SENSIBLE

Afin de minimiser vos chances d'être stressée dans certaines situations, vous devez identifier les sources de stress qui vous dérangent. Demandez-vous quels sont les facteurs qui vous affectent le plus. Est-ce le bruit, le manque de contrôle, les contraintes de temps, les responsabilités constantes, le manque de reconnaissance, etc. ?

Une mère m'expliquait que l'une des choses qui lui causaient le plus de stress était le manque de reconnaissance de son mari pour tout ce qu'elle faisait dans la maison et son dévouement pour les enfants. Il semblait ne jamais prêter attention à tout ce qu'elle accomplissait comme si cela était parfaitement normal. Elle se sentait ignorée, voire reléguée au rang de servante. Très frustrée par cette indifférence et connaissant son mari et sa réticence à discuter de quoi que ce soit d'important, elle décida de lui écrire une lettre dans laquelle elle lui exposa ses griefs, sa déception, sa colère ainsi que sa sensation que tant d'indifférence de sa part puisse vouloir dire qu'il ne l'aimait pas. Elle déposa en évidence cette lettre sur le meuble de l'entrée où il ne pouvait pas décemment la rater quand il rentrerait tard ce soir-là. À son retour, le mari trouva en effet la lettre, la lut et vint retrouver très confus sa femme dans la chambre. Il lui dit à quel point il était désolé de lui avoir donné l'impression qu'il n'appréciait pas ce qu'elle faisait à la maison, que les exigences de son travail l'avaient rendu insensible à ce qui était véritablement important, qu'elle était une femme formidable et qu'elle ne devait surtout pas croire qu'il ne l'aimait pas. Suite à cette lettre, leur mode de communication s'améliora, et le stress né de son manque de reconnaissance disparut presque totalement.

Vous pouvez appliquer la même approche aux différentes circonstances qui vous causent le plus de stress et de frustration. L'important étant, avant toute chose, que vous soyez capable d'identifier le plus précisément possible ces stresseurs afin que la solution recherchée soit bien adaptée.

Les problèmes causés par les facteurs de stress majeurs tels que l'absence de contrôle ou l'imprévisibilité sont souvent difficiles à résoudre. Cependant, établir un système de routine peut, selon les mères interrogées, aider à éliminer une partie de cette imprévisibilité et permettre de regagner un peu de contrôle dans certaines situations. Prenez par exemple l'heure du coucher, source fréquente de stress aussi bien pour les mères que pour les enfants. En établissant une routine bien définie dans laquelle les enfants savent qu'à une heure précise ils doivent aller dans la salle de bains pour se laver les dents, ranger leur cartable dans l'entrée pour le lendemain matin et se mettre au lit où un des parents leur lira une histoire, vous instaurez des points de repère stables qui leur permettent de savoir à quoi s'attendre et de ne pas se disperser.

VOUS NE POUVEZ PAS TOUJOURS CONTENTER TOUT LE MONDE

Essayer de constamment contenter tout le monde peut s'avérer une énorme source de stress : il s'agit là d'une mission quasiment impossible. Pourtant, de nombreuses mères se sentent dans l'obligation de rendre tout le monde heureux aux dépens de l'incroyable énergie qu'il leur faut déployer pour atteindre ce but.

Une jeune mère de deux enfants me disait : « Mon fils de 5 ans déteste aller faire les courses avec moi. Il dit qu'il s'ennuie, qu'il ne veut pas marcher et qu'il veut rentrer à la maison *tout de suite* ! Comme il n'a pas vraiment d'autre choix que de me suivre, il finit par s'énerver et pleure jusqu'à la fin des courses. Avant, cela me rendait complètement folle, mais je me suis finalement rendu compte qu'autant c'est ma responsabilité en tant que mère de bien m'occuper de lui, autant ce n'est pas ma responsabilité de m'assurer qu'il soit content 100 % du temps. Je *dois* faire les courses, je n'ai pas le choix et, s'il n'aime pas ça, j'en suis désolée, mais il faudra qu'il apprenne à vivre avec ! » Une fois que cette jeune femme avait changé sa perspective sur le problème, le stress provenant de sa culpabilité avait disparu.

QUELQUES PAROLES DE SAGESSE...

Ne sortez pas votre grosse artillerie pour les petites batailles !

Évitez d'utiliser le même ton de voix quand vous dites : « Lave-toi les dents » et lorsque vous dites : « Ne me mens pas ! »

Souvenez-vous que le temps passe... Nombre de stress que vous ressentez aujourd'hui disparaîtront demain de votre vie. Vous devrez alors faire face à de nouveaux stress, mais, au moins, ceux d'aujourd'hui ne seront plus d'actualité.

Le problème avec les enfants, c'est finalement qu'ils sont tellement... eh bien, disons qu'ils sont puérils. Justement parlons-en, car il est peut-être temps pour nous parents et adultes d'adopter une attitude plus réaliste à ce propos. Les adultes, apparemment amnésiques sur leur propre enfance, tendent à attendre des enfants que ceux-ci pensent, parlent et se comportent comme des adultes. Un enfant est pourtant tout *sauf* un mini-adulte. Le très célèbre psychologue Jean Piaget a d'ailleurs passé beaucoup de temps à convaincre l'opinion publique que l'esprit d'un enfant n'est pas le modèle miniature de celui d'un adulte. Il ne s'agit pas de penser, comme beaucoup d'adultes le font, que les enfants savent moins et moins bien que nous. Leur perception du monde autour d'eux ainsi que l'analyse et l'intégration des informations qui se trouvent dans leur environnement sont simplement différentes. Soyons conscients de cette différence. Nos attentes et nos exigences envers nos enfants doivent être en rapport avec leur âge et leur stade d'évolution cognitif.

Mettez au point un système de discipline qui vous convient et tenez-vous-y. L'inconstance dans la discipline est une invitation à l'instabilité et à la dispersion, donc au stress généré par le manque de contrôle et l'imprévisibilité.

Ne remettez pas à plus tard les décisions difficiles que vous devez prendre. L'indécision génère le stress. Parfois, ne pas prendre de décision peut être bien plus stressant que de prendre la mauvaise décision.

Procurez-vous une sorte de *journal intime* de votre stress sur lequel vous pourrez prendre des notes sur tous les stress auxquels vous êtes confrontée. Défoulez-vous, marquez tout. Quels sont les facteurs de stress que vous pouvez identifier ? Y trouvez-vous des schémas récurrents ?

Faites attention à vos propos. Au lieu de dire : « Je ne peux pas faire face à cette situation aujourd'hui, c'est trop pour moi », relevez la tête et encouragez-vous : « Cela est très stressant, mais je *sais* que je peux le faire, je ne me laisserai pas abattre ! », transformez vos propos négatifs en une approche positive. Personnellement, ma phrase préférée, qui ne manque jamais de me donner un bon coup de fouet dans ce genre de situations, sort directement d'une publicité que je ne citerai bien évidemment pas et qui est : « *Just do it...* » (« Fonce ! »). En ce qui me concerne, l'effet est immédiat !

Ayez la sagesse d'accepter ces stress sur lesquels vous n'avez aucun contrôle. De très nombreux stress associés aux responsabilités maternelles tombent dans cette catégorie. Une des prières de saint François d'Assise devrait d'ailleurs être gravée dans le cœur de toutes les mères : « Donne-moi la force d'accepter les choses que je ne peux pas changer, le courage de changer celles qui peuvent l'être et la sagesse de faire la différence entre les deux. »

Quand il vous semble que le burn-out maternel *vous a vaincue...*

Donner des idées et des conseils pour réduire le stress des mères, c'est bien, mais ce n'est parfois pas suffisant. Le *burn-out maternel* est un phénomène complexe et insidieux car il englobe de nombreux aspects et symptômes qui peuvent être mal interprétés ou mal identifiés. Cela me ramène au problème de la dépression chez les mères qui est l'une des conséquences majeures et malheureusement des plus fréquentes du *burn-out maternel*.

Lorsque la mère arrive au stade de la dépression, l'approche, pour l'aider à s'en sortir, ne devrait pas se limiter à l'application de quelques conseils, car il est possible qu'elle n'ait pas l'énergie nécessaire pour les appliquer. Il est fréquent qu'une mère victime du *burn-out* ne sache pas reconnaître ce qu'elle traverse, ou qu'elle ne parvienne pas à exprimer ce qu'elle ressent. Si vous avez du mal à vous lever le matin, si vous avez l'impression de vous traîner tout au long de la journée et de ne pas avoir la moindre énergie pour accomplir quoi que ce soit ou pour gérer le quotidien, ne niez pas ce qui vous arrive. Ce que vous vivez n'est pas une fatalité, et il vous est possible de sortir de votre souffrance et de votre isolement.

PRENDRE CONSCIENCE

Pour commencer, il est essentiel de reconnaître les facteurs de stress et les tensions présents dans votre vie. Vous devez identifier les symptômes physiques que vous ressentez et qui sont potentiellement causés par ce stress. Il est temps pour vous de changer les choses. Vous donnez énormément de vous-même, vous répondez toujours *présente* pour les autres et leurs besoins, mais le moment est venu pour vous de répondre *présente* à vos propres besoins. Prenez pleinement conscience des différents stades et du processus de fonctionnement du *burn-out maternel* tels que je les ai décrits tout au long de ce livre. Plus vous acquerrez de connaissances sur ce sujet, plus il vous sera facile d'avoir une vision globale du problème. S'il vous semble ensuite que vous souffrez de *burn-out maternel* et de dépression qui y est souvent associée, il vous faut alors réagir le plus rapidement possible.

VOUS SOIGNER

De la même manière que je vous encourage à sortir de la solitude dans laquelle vous vous trouvez en échangeant vos expériences et vos émotions avec d'autres mères et en demandant de l'aide à votre entourage, je vous conseille, en cas de dépression déclarée, de vous orienter avant toute autre chose vers un professionnel de la santé. Si votre dépression requiert un suivi médical, il sera capable de vous accompagner dans cette démarche. Je tiens à insister sur le fait qu'un traitement médicamenteux, même s'il est nécessaire pour surmonter les symptômes les plus néfastes de la dépression, n'est cependant pas suffisant. Les médicaments soulageront les symptômes mais ne résoudront en rien le problème de votre stress car ils ne s'attaqueront pas aux causes mêmes du problème. Si vous devez suivre un traitement de ce type, veillez à ce qu'il soit accompagné d'un soutien psychologique approprié qui vous aidera à exprimer toutes vos frustrations. Il est essentiel que vous puissiez vous décharger du poids de vos émotions et du ressenti douloureux de vos expériences et de votre stress.

Si vous souhaitez vous orienter vers une démarche de ce genre, il est à mon avis souhaitable d'éviter une approche psychanalytique qui a tendance à ne considérer que l'intrapsychique, c'est-à-dire ce qui se passe dans la tête d'un individu sans tenir compte de l'influence de son environnement. Comme nous l'avons vu à maintes reprises dans cet ouvrage, l'environnement et les contextes dans lesquels les mères évoluent jouent un rôle prépondérant dans la survenue des stress dont elles font l'expérience. De plus, votre vécu du stress est, en ce qui vous concerne, bien réel et ne devrait être en aucune manière discrédité, minimisé ou, pire encore, considéré comme le résultat de votre incapacité intrinsèque à le gérer efficacement. Vous n'avez pas besoin d'être jugée car il est probable que vous avez déjà recours à l'autocritique plus qu'il n'est nécessaire. Ce dont vous avez besoin, c'est d'être épaulée.

Toute approche thérapeutique qui viserait à vous mettre sur le banc des accusées non seulement ne vous sera d'aucun secours, mais risquera par ailleurs de renforcer votre culpabilité et votre sentiment de ne pas être à la hauteur des tâches qui vous ont été confiées. Avant d'apprendre à gérer votre stress par différentes méthodes adaptées, vous avez besoin d'être écoutée, entendue et reconnue dans votre vécu, sans jugements critiques ou subjectifs : il s'agit avant tout de vous rassurer sur les raisons de votre stress qui sont en grande partie extérieures à vous. C'est pourquoi il serait peut-être préférable de vous orienter vers une thérapie de type rogérien (d'après la méthode du célèbre psychologue américain Carl Rogers) qui prône *l'approche centrée sur la personne* au travers d'une écoute empathique et chaleureuse dénuée de tout jugement. Cette méthode thérapeutique se focalise essentiellement sur les points forts de la personne, et non sur ses points faibles. Ces points forts sont utilisés pour l'aider à développer son plein potentiel et l'encourager à identifier, puis à amplifier ses ressources personnelles en vue de résoudre de façon autonome et durable les problèmes auxquels celle-ci est confrontée[14].

L'expérience m'a montré qu'une mère en proie au stress et au *burn-out maternel* a avant tout besoin d'une écoute chaleureuse, bienveillante et rassurante, et la neutralité de certains psychanalystes qui prend la forme de froideur ou de distance n'est pas vraiment de mise dans ce cas. De plus, le but de la psychanalyse est d'analyser les conflits pulsionnels de l'enfance qui ont été refoulés et créent ainsi des troubles psychiques et émotionnels particuliers. Je crois fermement qu'une telle approche n'est pas

---

14. C. R. Rogers, *On Becoming a Person. A Therapist's View of Psychotherapy*, Londres, Constable, 1967.

adaptée pour résoudre le problème du stress et du *burn-out maternel*. Il est vrai qu'en France les thérapies psychanalytiques sont nettement prépondérantes et relèguent au second plan d'autres méthodes thérapeutiques sérieuses. Ces méthodes existent pourtant et sont à votre portée.

CHOISIR SON THÉRAPEUTE

Si vous choisissez d'entamer un travail personnel pour vous aider dans votre lutte contre le stress, sachez que le succès de votre entreprise dépendra aussi de la qualité de la relation que vous entretiendrez avec votre thérapeute. Le style et la méthode adoptés par un thérapeute peuvent parfaitement convenir et faire avancer un individu, et s'opposer de manière flagrante aux besoins d'un autre. Comme je le disais souvent avec humour à mes étudiants lorsque j'enseignais à l'université aux États-Unis, choisir un thérapeute, c'est un peu comme choisir une paire de chaussures. Il faut que vous y soyez confortable sinon vous n'y serez pas à l'aise et, au bout de quelque temps, vous les abandonnerez au fond d'un placard alors que vous préférez porter des chaussures plutôt que de marcher pieds nus. N'hésitez donc pas à voir plusieurs thérapeutes et à tester leurs méthodes.

Allez-y au « feeling », faites confiance à votre intuition et écoutez vos besoins. Vous sentez-vous à l'aise avec lui ou elle ? Parvenez-vous à lui parler librement et spontanément ? Recevez-vous l'accueil que vous souhaitiez trouver ? Vos échanges vous enrichissent-ils de manière positive ? Autant de questions que vous pouvez vous poser lorsque vous êtes en quête d'un thérapeute qui vous correspond et que vous ne devriez pas ignorer. Si vous sentez après quelques séances qu'un thérapeute ne répond pas à vos besoins, envisagez de prendre rendez-vous chez un autre. Souvenez-vous que votre corps et votre esprit vous appartiennent et que vous êtes seule à pouvoir décider de ce qui vous convient ou ne vous convient pas. Je me dresse en effet fermement et ouvertement contre toute thérapie qui tend à instaurer une relation de dépendance dans laquelle le patient est infantilisé. La vocation d'un thérapeute est d'aider la personne à se construire, ou à se reconstruire suivant les cas, dans le but de lui permettre de fonctionner et de s'assumer de manière autonome et responsable, et non pas de la rendre dépendante de son soutien ou de sa présence indéfiniment.

UN CHAPITRE À PART POUR LES PÈRES

Oyez, oyez, messieurs les papas !

« Donne-lui la lune, et elle te rendra l'univers... »
Anonyme

« Stress professionnel », « *Burn-out* », « Comment ne pas craquer au travail ? », etc.

Des mots que l'on rencontre de plus en plus dans les journaux et les magazines et qui manquent rarement d'attirer l'attention du lecteur. Psychologues et chercheurs se mettent en quête de solutions. Le monde médical, concerné au premier chef, se penche avec sérieux sur le problème. Les sociologues accumulent les statistiques.

Conclusion : le stress est devenu notre ennemi numéro un.

L'inquiétude s'est tout d'abord focalisée sur les cadres de haut niveau. La recherche a ensuite démontré que le stress et le *burn-out* touchaient aussi les ouvriers et les employés de bureau en passant par les enseignants, les médecins et les assistantes sociales.

Avec le temps, les chercheurs ont réussi à isoler un certain nombre de facteurs qui contribuent au développement du stress et du *burn-out* dans les contextes professionnels. En lisant les exemples qui suivent, prenez le temps de penser à tous ces facteurs qui rendent *votre* travail stressant.

« Mes responsabilités m'imposent d'être disponible vingt-quatre heures sur vingt-quatre. Je ne compte plus les fois où j'ai été appelée au milieu de la nuit. Je fais des journées de quatorze ou quinze heures et, quand je pars en vacances, j'emmène toujours une partie de mon travail avec moi. » La *surcharge de travail* est un facteur majeur de stress professionnel.

« J'exige beaucoup de moi-même parce que tout le monde autour de moi s'attend à ce que je donne le meilleur de mes capacités. Je me sens dans l'obligation d'accomplir mon travail de façon parfaite. » Les *attentes irréalistes* représentent un facteur majeur de stress au travail.

« Je ne peux pas me permettre d'être malade dans mon boulot. Quel que soit mon état de santé, je sais que je dois continuer d'assumer mes responsabilités. » Un travail dans lequel les *exigences physiques* sont importantes est stressant.

« Malgré toutes les pressions associées à mes responsabilités, malgré les compétences dont je dois faire preuve et le fait que je suis la première personne que l'on vient trouver lorsqu'il y a une crise à gérer, mon salaire ne reflète ni mes capacités ni les efforts que je fournis pour un travail bien fait. » L'*absence de récompense et de reconnaissance* adéquates est un autre facteur majeur de stress professionnel.

« Régulièrement, on attend de moi que j'accomplisse une tâche pour laquelle je n'ai reçu aucune formation particulière. Je ne sais pas comment je dois m'y prendre, mais je sais que tout le monde autour de moi s'attend à ce que je fasse un excellent travail. » L'*absence de formation appropriée* est reconnue comme un facteur majeur de stress au travail.

« J'ai des journées surchargées et je ne sais jamais combien de choses je serai capable d'accomplir ou combien de situations imprévues vont venir me mettre des bâtons dans les roues. Tout est complètement imprévisible. » L'*imprévisibilité* est un facteur de stress professionnel important.

L'*absence de contrôle* est un autre facteur de stress professionnel parmi les plus nuisibles. Demandez à un chef d'entreprise de commenter l'intensité du stress qu'il ressent lorsqu'il voit son entreprise fusionner avec une autre compagnie. Il est à la merci de nouvelles données sur lesquelles il n'exerce que peu de contrôle et qui contribuent à élever considérablement son niveau de stress.

Regardez d'un peu plus près les courts témoignages rapportés ci-dessus et dans lesquels vous vous êtes peut-être reconnu et vous êtes dit : « Ah oui, ça, c'est tout à fait moi ! »

Pourtant, ces témoignages proviennent de mamans, qui décrivent la façon dont elles vivent leur travail de mère. Surpris ? Peut-être est-ce la première fois que vous pensez aux responsabilités maternelles en ces termes. Rassurez-vous, vous n'êtes pas le seul dans ce cas. Ce mini-chapitre vous est destiné, non pas pour vous imposer un éloge transcendant des mères, mais pour vous conduire à regarder sous un autre angle ce que la mère de vos enfants accomplit chaque jour.

Si l'on considère tous les facteurs majeurs de stress identifiés par les chercheurs qui contribuent au développement du stress et du *burn-out* dans les milieux professionnels, on doit se rendre à l'évidence : être mère est un travail particulièrement dur et stressant. Si vous n'aviez jamais vu le travail d'une mère comme un « vrai » travail, je vous assure qu'il n'est pas trop tard pour changer d'avis.

La plupart des hommes admettent volontiers que le rôle d'une mère est capital. Néanmoins, ils ont tendance à ne pas reconnaître combien le travail de leur propre mère et, à présent, de la mère de leurs enfants est fatigant et stressant. Les responsabilités maternelles sont rarement considérées comme un véritable travail, et encore moins comme une profession à laquelle sont associés les mêmes stress que ceux qu'on rencontre dans un contexte professionnel.

Je vous rassure tout de suite : les hommes ne sont pas seuls à sous-estimer l'intensité de la fatigue et du stress dont les mères font l'expérience. Leur attitude reflète les valeurs sociétales selon lesquelles les difficultés liées à la maternité sont finalement dans l'ordre des choses. De nombreuses femmes adhèrent d'elles-mêmes à cet inconscient collectif. Il suffit d'écouter bon nombre de mères au foyer dire : « Je suis juste une mère. Ce n'est pas comme si je travaillais ! » Les implications de tels propos sont claires : le travail d'une mère a peu de valeur.

De la même manière, on attend des femmes qui travaillent hors de chez elles qu'elles parviennent à « caser » leurs responsabilités maternelles sans que cela affecte leur métier. Un peu comme si le travail d'une mère pouvait être accompli en un rien de temps et sans effort particulier.

Pourquoi dit-on d'une femme qui décide de rester à la maison après la naissance de son enfant qu'elle « arrête de travailler » ? Pourquoi est-il si difficile de reconnaître que le travail d'une mère est dur et éprouvant ? La réponse à ces questions provient en partie de ce que la société en général et les hommes en particulier prennent la maternité pour argent comptant. C'est quelque chose de normal, de naturel, et il n'est pas nécessaire de s'y arrêter.

Et le *burn-out* des pères, alors ? J'ai souvent entendu cette phrase lorsque je discutais du projet de ce livre avec vous, messieurs ! Il est vrai que vous tenez aussi une place essentielle au sein de la famille. Vous subvenez à ses besoins et vous prêtez main-forte aux mères dans leurs tâches quotidiennes, beaucoup plus fréquemment que ne le faisaient vos grands-pères et même vos pères. Sachez que nous, les mères, nous vous en sommes vraiment reconnaissantes.

J'aimerais cependant vous rappeler quelques chiffres. Même si votre contribution aux responsabilités familiales est nettement plus active que par le passé, il faut savoir que nous gardons la main haute dans ce domaine. Plusieurs études ont quantifié les différences entre les hommes et les femmes pour ce qui est du temps passé à accomplir les travaux ménagers et à assumer l'éducation des enfants. Saviez-vous que les mères au foyer passent en moyenne 50 heures par semaine à s'occuper des enfants et de l'entretien de leur maison ? « Oui, mais moi je travaille pour faire vivre tout le monde ! » me direz-vous. C'est vrai, vous avez raison. Il faut dire les choses telles qu'elles sont. Cependant, il faut savoir qu'aujourd'hui plus de 50 % des femmes exercent, tout comme vous, une activité professionnelle afin d'assumer une partie des responsabilités financières de la famille. Malgré cela, les études ont montré qu'elles passaient 35 heures par semaine à accomplir toutes les activités relatives à la maison et aux enfants, en plus de leur métier.

Rassurez-vous, messieurs, votre aide ne passe pas inaperçue dans ces études. Vous vous chargez de ces mêmes activités à raison de 14 heures (pour les études les plus récentes) par semaine. Ceux d'entre vous dont les femmes travaillent aussi hors de la maison ajoutent en moyenne 10 minutes de plus par jour, et les pères de très jeunes enfants ajoutent 10 minutes supplémentaires à ce temps[1-2].

Vous serez aussi sans doute intéressés d'apprendre que votre tension artérielle est notablement plus basse à la maison qu'au travail, ce qui n'est pas le cas des mères dont la tension est tout aussi élevée, qu'elle soit au travail ou à la maison[3].

Le but de ces statistiques n'est pas de vous culpabiliser, mais de vous encourager à porter un nouveau regard sur quelque chose qui, jusqu'à présent, n'avait peut-être pas forcément retenu votre attention. Le travail d'une mère est considérable et pourtant si peu considéré... Ce manque de reconnaissance pour ce qu'elles accomplissent vient s'ajouter à leur stress. Une enquête à grande échelle publiée dans le *Motherhood Report* rapporte que seulement 25 % des mères aux États-Unis étaient « très satisfaites de l'aide que leur apportaient leurs maris ». Les autres, soit plus de sept mères sur dix, se plaignaient principalement de deux choses. La première : « Il ne fait pas sa part du boulot » était un peu prévisible. Mais, selon cette enquête, ce qui dérangeait bien plus les femmes était « que leurs maris semblaient être des handicapés de l'initiative. Ne pouvaient-ils donc pas voir tout le travail qu'il y avait à faire ? Pour-

---

1. R. Schwartz Cowan, *More Work for Mothers: the Ironies of Household Technology from the Open Hearth to the Microwave, op. cit.*
2. K. H. Hammonds, « There really aren't enough hours in the day », *Business Week Online*, www.businessweek.com, avril 15, 1998.
3. C. A. Marco, J. E. Schwartz, J. M. Neale, S. Shiffman, D. Catley et A. Stone, « Impact of gender and having children in the household on ambulatory blood pressure in work and nonwork settings: A partial replication and new findings », *Annals of Behavioral Medicine*, 22, 110-115, 2000.

quoi fallait-il qu'elles aient toujours à demander, à insister ou, pire encore, qu'elles aient l'impression d'imposer[4] ? ». Il n'y a rien de pire pour une mère que d'avoir l'impression qu'elle impose et qu'elle oblige son conjoint à participer à une tâche rébarbative et ennuyeuse. Devant les grommellements ou la mauvaise humeur que ces demandes d'aide peuvent engendrer, la mère choisit souvent d'assumer seule les responsabilités familiales afin d'éviter les conflits et les reproches. Mais la colère qui ressort de cette frustration ne devrait pas être prise à la légère, et, d'expérience, je pense qu'il serait préférable de ne pas l'ignorer...

Que pouvez-vous faire pour soulager le stress associé aux responsabilités de la mère de vos enfants ? Des tas de choses en fait, et qui sont loin d'être compliquées. Elles demandent avant tout une reconnaissance du problème et un peu de bonne volonté. Il va sans dire que toutes contributions de votre part pour alléger ses obligations maternelles seront toujours les bienvenues ! Même si votre emploi du temps ne vous permet pas de partager ces tâches de façon égale, ce sera un grand soulagement pour elle de savoir que, lorsque vous êtes là, elle peut compter sur vous. Votre participation sera par ailleurs d'autant plus appréciée que vous l'offrirez spontanément et avec le sourire. Vous savez, ce sourire que vous souhaitez tellement nous voir arborer quand vous rentrez le soir à la maison... ? Il s'avère que nous l'apprécions tout autant lorsque nous le voyons se dessiner sur votre visage.

Mais il y a mieux encore. Quelle que soit l'aide que vous apportez à votre femme pour l'assister dans ses responsabilités, vous ne parviendrez jamais à éradiquer le

---

4. L. Genevie et E. Margolies, *The Motherhood Report*, New York, Macmillan, 1987.

stress de sa vie de mère. Si vous voulez lui faire sentir que vous comprenez ce qu'elle vit, il vous faudra faire plus que prendre des initiatives et être présent dans le partage des tâches. Selon le *Motherhood Report* qui présente les témoignages de plus de mille mères : « Les mères semblent dire "respecte-moi, félicite-moi, apprécie-moi à ma juste valeur, sois là pour moi comme je le suis pour toi". Mais beaucoup d'hommes n'apportent pas le soutien dont leurs femmes ont tellement besoin. Au-delà du manque de soutien et d'encouragement, les mères entendent le message implicite "je ne respecte pas tout ce que tu fais, tout ce que tu offres et tout l'amour que tu nous donnes chaque jour". »

Les conséquences de ce manque de soutien et de reconnaissance vont bien au-delà du ressentiment des mères. Lorsque les mères ne reçoivent pas le soutien émotionnel et l'aide dont elles ont besoin et qu'elles pensent mériter, c'est toute la teneur émotionnelle de la famille qui s'en ressent de manière négative. Le *Motherhood Report* souligne cependant que « la mère dont le conjoint fait preuve de reconnaissance et d'encouragement à son égard aura une attitude beaucoup plus positive vis-à-vis de sa famille et de son mariage. Elle fera preuve de plus de patience et d'affection envers ses enfants, aura une meilleure estime d'elle-même et se sentira bien plus comblée par sa maternité ».

Reconnaissez le problème

Pour commencer, il est important que vous reconnaissiez la validité de leur expérience et de leur stress maternel. Portez un regard empathique sur leur vécu quotidien. Essayez de vous mettre à leur place. Et si cela vous est difficile, alors soyez courageux et remplacez-la pendant quelques jours, juste par curiosité... Il sera peut-être plus facile pour vous de comprendre si vous considérez ses responsabilités non pas comme une obligation de la nature, mais comme une profession avec des facteurs de stress bien spécifiques. J'ai essayé de vous présenter rapidement quelques-uns de ces facteurs, mais il serait peut-être préférable que vous preniez le temps de lire quelques sections de ce livre pour avoir une meilleure compréhension du problème.

N'hésitez pas à inviter votre femme ou votre compagne à se confier sur tous ces stress qu'elle rencontre et dont elle n'ose pas parler. Comme vous l'avez sans doute remarqué, nous aimons parler ! Alors, profitez-en ! Reconnaître et comprendre le stress dont elle souffre est la première, et certainement la plus importante étape dans votre démarche. Ne passez pas à côté...

Dites-lui « merci »

Avez-vous remarqué que, lorsque vous mettez la main à la pâte en passant l'aspirateur ou en préparant le dîner, vous avez l'impression d'avoir fait un effort pour accomplir quelque chose qui ne vous attirait pas franchement ? Mais vous l'avez fait : vous êtes plutôt fier de vous et vous souhaitez que votre femme remarque votre effort, et... vous dise « merci ». Vous trouvez que ce remerciement serait justifié, et en effet il l'est. S'il s'avère qu'elle ne fait pas cas de votre dévouement, vous risquez de le prendre plutôt mal et d'être peu motivé pour recommencer. Vous voyez sûrement où je veux en venir ! De la même façon que vous jugez normal de voir vos efforts reconnus et récompensés, que ce soit dans votre travail ou à la maison, votre femme en attend autant de votre part.

Ce qui s'applique à vous devrait aussi s'appliquer à elle. Le don de soi aux autres ne devrait jamais passer inaperçu. Dire « merci » ne coûte rien, cela réduit le stress associé au manque de reconnaissance et encourage la mère en lui faisant comprendre que vous appréciez tout ce qu'elle fait pour rendre votre vie plus agréable. C'est simple, très facile à faire, et je vous garantis qu'elle le remarquera et vous en sera reconnaissante.

Offrez votre écoute, non des solutions !

Comprendre le stress des mères et les encourager représente un soutien de grande valeur. Mais il existe une autre façon de prouver votre bonne volonté et votre désir de l'aider. Écoutez-les. Laissez-la vous confier tout ce qui la préoccupe et l'angoisse. Les femmes ont besoin d'extérioriser leurs tensions intérieures. Le simple fait de pouvoir parler et d'avoir en face d'elles quelqu'un qui comprend ce qu'elles ressentent les soulage considérablement.

Quand ils font face à un problème particulier, les hommes ont une tendance naturelle à vouloir trouver une solution, à conseiller, à guider. Mais, la plupart du temps, nous ne voulons pas être conseillées, nous voulons simplement être comprises. Nous avons besoin d'être entendues et de voir nos émotions reconnues et respectées pour ce qu'elles sont. À trop vouloir être logique et rationnel, vous en oubliez parfois d'être sensible et compatissant. Essayez de voir les choses depuis sa perspective, vous serez étonné de tout ce que vous allez découvrir, en commençant par la gratitude de votre femme...

Appréciez la maternité à sa juste valeur

Être père de nos jours est loin d'être une tâche facile. Vous faites face, vous aussi, à de nombreux stress qui sont loin d'être négligeables. Vous appréciez quand vos stress sont reconnus et compris par autrui. N'occultez donc pas ceux qui jalonnent la vie des mères. Ils sont tout aussi réels que les vôtres, mais ont le désavantage de n'attirer l'attention de personne. Si vous n'êtes pas là pour valider ce qu'elles vivent, alors qui le sera ? En respectant le travail des mères et les difficultés qui y sont associées, c'est l'identité profonde des femmes que vous respectez. Être mère est un travail dur et stressant, mais c'est bien plus qu'un simple travail. C'est aussi et surtout la profession la plus noble et la plus importante qui soit car elle sert de tremplin aux générations à venir. Pensez-y...

Une dernière chose, qui n'est certainement pas la moindre : si vous aimez profondément cette femme présente à vos côtés, la mère de vos enfants, alors dites-le-lui. Mais, surtout, plus que toute autre chose... Montrez-le-lui !
Croyez-moi, cela fera *toute* la différence...

Le mot de la fin...

Connaissez-vous l'histoire des trois tailleurs de pierre ? Chacun a en sa possession un marteau et un burin, et taille avec ardeur l'énorme bloc de pierre qui lui a été confié. Un inconnu qui passe par là observe les trois hommes. Il s'avance vers le premier et lui demande : « Qu'êtes-vous en train de faire ? » « Ca ne se voit pas ? lui répond l'homme d'un ton bourru, je taille une pierre. » L'inconnu se dirige alors vers le deuxième tailleur de pierre et lui pose la même question : « Qu'êtes-vous en train de faire ? » L'homme lève la tête et répond en souriant : « Je gagne ma vie pour nourrir mes enfants et subvenir aux besoins de ma famille. » L'inconnu s'approche enfin du troisième homme. Quand il lui pose sa question, le tailleur de pierre pose son marteau et son burin, regarde l'énorme bloc de pierre sur lequel il travaille et déclare fièrement : « Je construis une cathédrale. Cette pierre que je taille fera partie d'un édifice majestueux, un hommage à Dieu qui sera encore là bien après que j'aurai quitté ce monde. »

Chacun de ces hommes a une vision différente du même labeur. Le premier est fatigué, découragé, et son travail l'ennuie parce qu'il se concentre sur le travail lui-même, sans autre considération. Le deuxième semble plus satisfait parce qu'il s'est rendu compte des avantages qu'il peut tirer de son travail. Le troisième inscrit son travail dans un projet bien plus vaste, dont la portée spirituelle transcende le temps. Cette perspective lui donne une motivation, une détermination et un dévouement qu'aucun des deux autres hommes ne partage.

En tant que mères, nous sommes confrontées à beaucoup d'événements sur lesquels nous n'avons aucun contrôle. Nous avons cependant le choix du regard que nous décidons de porter sur notre vie. La perspective que nous adoptons peut faire toute la différence.

Le stress que nous, les mères, rencontrons dans notre quotidien n'est pas une vision de l'esprit ou le fruit de *notre* perception des choses. Il est bien réel, et personne ne devrait jamais être capable de nous convaincre du contraire. Il est possible cependant d'agir sur ce stress et d'acquérir un certain contrôle sur la manière dont il affecte nos vies. La première chose est de reconnaître la réalité de notre expérience et d'identifier les sources de stress qui accompagnent nos responsabilités maternelles. Il s'agit ensuite pour nous de trouver les moyens efficaces qui nous correspondent le mieux pour réduire l'impact de ces stress.

Même en admettant que nous ayons recours à des solutions efficaces, le stress maternel restera malgré tout d'actualité, car une grande partie de ce stress est, et sera toujours, hors de notre contrôle. C'est là que notre vision personnelle peut modifier les données du problème. J'ai mis longtemps à découvrir l'importance de cette approche, mais aujourd'hui j'en suis un fervent défenseur. La manière dont nous évaluons la situation détermine en partie l'état d'esprit dans lequel nous nous trouvons pour apporter une solution à un problème. Quel que soit ce qui arrive dans nos vies, nous avons le choix d'adopter une attitude positive ou négative. La situation, elle, est immuable et reste ce qu'elle est : un ensemble de circonstances, d'actions ou de paroles. C'est à nous de décider ce que nous allons en faire. Une même situation sera perçue et vécue différemment par deux personnes distinctes : selon qu'elles choisissent de porter un regard positif ou négatif, le vécu, le ressenti et les conséquences seront complètement différents. L'intensité du stress engendré par cette situation sera lui aussi très différent.

Nous avons toujours le choix face à l'adversité. Nous avons tous la capacité de changer le négatif en positif et, bien sûr, le positif en négatif... Cette attitude nous offre une sensation de contrôle, si chère à la nature humaine, dont beaucoup d'entre nous ignorent l'existence. Je n'ai pas toujours raisonné en ces termes, mais c'est justement parce que j'ai testé ces deux rivages que je pense aujourd'hui être en mesure de parler de ce qui les différencie et de l'impact qu'ils ont sur nos vies. De la même manière que la perspective positive nous aide à construire, la perspective négative nous fige sur place ou nous fait reculer de trois cases. Même si cela est loin d'être toujours évident, quand je dois faire face à une épreuve ou à des circonstances difficiles, je m'efforce de voir ce que cette situation a de positif en réserve pour moi. Je tiens à trouver ce qu'elle peut m'apporter, ce qui va m'aider à évoluer sur un plan personnel. C'est primordial pour moi d'être capable de voir comment je vais pouvoir me servir de mon vécu pour construire quelque chose qui m'aidera, moi-même et/ou les autres. C'est d'ailleurs sans doute à ce cheminement personnel que je dois la rédaction de ce livre, et de ceux que je pourrais être amenée à écrire à l'avenir...

La maternité, avec tout ce qu'elle englobe, fait partie des circonstances qui nous invitent à percevoir le positif au milieu de tout le négatif. S'il était possible de quantifier les événements qui marquent la vie d'une mère jour après jour, les aspects désagréables l'emporteraient largement sur ceux qui sont heureux et plaisants. Pourtant, beaucoup de mères reconnaissent qu'en dépit des moments difficiles elles trouvent leur expérience de mère gratifiante. Même si nous ne sommes pas en mesure de profiter des joies de la maternité aussi souvent que nous faisons l'expérience des déboires et des déceptions qui y sont associés, ces plaisirs l'emportent malgré tout et sont capables de compenser les moments difficiles.

J'ai insisté, dans le chapitre précédent, sur l'importance de savoir reconnaître et apprécier ce qu'il y a de bon dans notre quotidien : ces petits moments magiques et positifs qui se présentent régulièrement et qu'il n'appartient qu'à nous de reconnaître pour en profiter et pour bénéficier de leurs effets favorables. Un sourire, un câlin, un mot tendre de la part de nos enfants, ne devrait jamais passer inaperçu ou être ignoré. N'oublions à aucun moment cet émerveillement qui fut le nôtre la première fois que nous les avons tenus dans nos bras, et tous ces rêves qui les concernent et que nous abritons tout au fond de nous. L'instant présent peut être dur, mais il ne fait que passer, tout comme nos enfants qui seront grands et partis bien avant que nous nous en rendions compte. Il est vrai que les années passent vite, mais certains jours semblent durer une éternité quand le stress est à son comble.

Le travail d'une mère est indéniablement stressant. Mais c'est aussi l'un des privilèges les plus extraordinaires qui soient. Je mets un point d'honneur à me le rappeler quand je regarde mes enfants grandir à mes côtés, jour après jour. Souvent, je prends Léo ou Melody dans mes bras. Je les regarde droit dans les yeux et je leur dis : « Je suis la maman la plus comblée qui soit. J'en suis sûre, car, de toutes les mamans du monde, et de tous les enfants du monde, l'univers m'a donné d'être *ta* maman. » Chaque fois que je partage ces moments de tendresse avec eux, je suis toujours émerveillée de voir le bonheur qu'ils me procurent. Ils m'aident à garder les choses en perspective et me rappellent que, par-delà les stress considérables, la maternité m'apporte aussi des joies incomparables.

C'est seulement lorsque l'on commence à reconnaître, à comprendre la réalité du vécu des mères et de leur stress (et à lui répondre), que la dimension magique de la maternité peut véritablement s'exprimer. C'est alors que nous pouvons voir comment les aspects positifs de notre vie de mère l'emportent *mille fois* sur les aspects négatifs.

Peut-être même encore plus...

Dernières suggestions...

Pour tous renseignements concernant ce livre, vous pouvez contacter l'auteur à l'adresse E-mail suivante : burnout.maternel@wanadoo.fr

Des idées de livres...

J'ai deux livres français à conseiller pour les mères qui souhaitent trouver plus d'éléments pour lutter contre le stress et le *burn-out maternel* :

— Libby Purves, *Comment ne pas être une mère parfaite*, Odile Jacob, Paris, 1986.

— Lyliane Nemet-Pier, *Mon enfant me dévore*, Albin Michel, Paris, 2003.

Les bonnes adresses...
AFTCC
100, rue de la santé
75674 Paris Cedex 14
Tél. : 01 45 88 35 28
E-mail : aftcc@wanadoo.fr

L'AFTCC est l'Association française de thérapie comportementale et cognitive. La majeure partie des conseils pour lutter contre le stress et le *burn-out* des mères que j'offre dans le chapitre 12 sont basés sur les techniques de thérapie comportementale et cognitive. Sur simple demande de votre part, l'AFTCC vous fera parvenir une liste des thérapeutes pratiquant ces techniques que je recommande vivement car elles sont basées sur des études scientifiques rigoureuses et ont largement fait leur preuve depuis les années 1960.

IFRDP
2, rue Legouz-Gerland
21000 Dijon
Tél./fax : 03 80 67 58 53
Site internet : www.ifrdp.net
E-mail : ifrdpkremer@hotmail.com

L'IFRDP est l'Institut de formation et de recherche pour le développement de la personne. Cet institut est spécialisé dans la relation d'aide centrée sur la personne de Carl Rogers. Si vous êtes à la recherche d'un thérapeute formé selon cette méthode, l'IFRDP sera en mesure de vous faire parvenir une liste de tous les psychothérapeutes français l'ayant adoptée.

Je n'ai malheureusement pas beaucoup d'adresses à communiquer. Il existe peu de structures en France qui offrent aux mères « qui n'en peuvent plus » un lieu où elles pourront trouver une écoute et un soutien appropriés et efficaces capables de les aider à gérer leur stress, et de prendre soin de leur famille en prenant soin d'elles-mêmes et de leurs besoins.

Je voudrais cependant mentionner les PMI (Prévention maternelle infantile) présentes dans la plupart des villes françaises. Ces centres accueillent les nouvelles mamans et offrent des soins médicaux pour les très jeunes enfants ainsi qu'un soutien pratique et psychologique visant à aider les mères à se familiariser avec leurs nouvelles responsabilités. Votre pédiatre ou votre mairie devraient être capables de vous indiquer l'adresse de la PMI la plus proche de votre domicile.

Aux États-Unis, de nombreuses mères ont eu une idée formidable. Elles ont pris l'initiative d'organiser des « *support groups* » ou groupes de soutien. Ces réunions informelles ont lieu une fois par semaine, chez les unes ou chez les autres, pendant deux ou trois heures durant lesquelles elles échangent, se confient, pleurent, rient, se confortent, se rassurent et exorcisent tout ce qui les pousse à bout, et bien au-delà de leurs limites dans leur vie de mères. Ces groupes de soutien ne portent pas l'estampille exclusive « *Made in USA* », et je ne peux qu'encourager les mères françaises à faire preuve d'initiatives semblables. Mesdames, à vos groupes !

J'ai appris récemment qu'il existe en Australie des centres extraordinaires qui accueillent les mères pendant un temps déterminé. Durant cette période, les mères sont prises en charge par les responsables de ces centres. Elles sont chouchoutées, « maternées », soutenues et écoutées. L'objectif est d'aider les mères à *recharger leurs batteries*, à renouveler leurs forces et leur capital énergie. Elles y trouvent tout ce que leur quotidien leur dérobe, et en ressortent énergisées, reposées, pacifiées physiquement et psychologiquement, et prêtes à reprendre leur vie là où elles l'avaient laissée, mais dans de meilleures conditions. De tels centres n'existent malheureusement pas en France. C'est très dommage. Peut-être qu'avec le temps cette lacune sera comblée et que l'importance de ce type de structure sera enfin reconnue. Là aussi, il faut des initiatives. À bon entendeur, salut !

Remerciements

Je tiens à remercier Catherine Meyer pour l'aide si précieuse qu'elle m'a apportée tout au long de la rédaction de cet ouvrage. Son talent, sa patience et sa gentillesse m'ont permis de venir à bout de cette aventure littéraire dans les meilleures conditions. Merci mille fois à François Lelord sans qui le projet de ce livre n'aurait jamais pu prendre forme. Merci à Odile Jacob pour sa confiance.

Merci à mes enfants, Léo et Melody, qui ont su être d'une patience d'ange avec leur maman pendant ces dix derniers mois. Ils m'ont soutenue, encouragée, inspirée et ne m'ont jamais laissée renoncer dans les moments les plus durs et les plus éprouvants que j'ai rencontrés durant cette période. Merci à toi, Melody, d'avoir été mon fan numéro un : tu laissais des dizaines de Post-it sur mon PC le matin, sur lesquels je trouvais des dessins ou des petits mots comme « Courage maman, je t'aime très fort », rédigés avec la passion d'un CP qui découvre les merveilles de l'écriture...

Merci à toutes les mères qui ont eu confiance en moi et en ce livre. Merci de leurs témoignages parfois drôles, parfois poignants, mais toujours honnêtes et conformes à leur expérience de mères.

Merci enfin à tous les pères qui accepteront de parcourir ou même de lire ce livre, et qui auront l'intelligence, le respect et l'amour nécessaires pour remettre en question le regard qu'ils portent sur le vécu maternel de leur femme ou de leur compagne...

Table

Préface 5

Introduction 9

CHAPITRE PREMIER
« Maman, pourquoi tu craques ? »

Une journée comme les autres... 15
Le stress de la mère ? Mais de quoi parlez-vous ? 21
Le phénomène de *burn-out* 25
Une meilleure connaissance des faits
  pour une meilleure compréhension des émotions 28
Le modèle du *burn-out* appliqué
  à l'expérience de la mère 36
Quand le stress n'en finit pas de finir... 44
Baby blues, dépression et autres fausses explications 48
Le travail d'une mère : vrai ou faux travail ? 50

CHAPITRE 2
« J'en peux plus... » La surcharge de travail

Les contraintes du temps 56
La fatigue physique 58

Une activité « multicarte » 62
Le rocher de Sisyphe 66
Un métier où l'on est toujours « de garde » 68
Dépassée par les événements... 72

CHAPITRE 3
Avec ou sans contrôle ? Là est la question

L'absence de contrôle sur les événements est toxique
  pour l'individu 75
Le sentiment d'impuissance 78
Des tâches et des responsabilités complexes 83

CHAPITRE 4
Un quotidien imprévisible

Des situations et des événements imprévisibles 87
« Mais qu'est-ce qu'il va bien encore pouvoir inventer ? » .. 93
Des priorités mal définies 95

CHAPITRE 5
« Tu veux une médaille ? » : l'absence de reconnaissance

L'être humain a besoin de gratifications 100
Les vertus du dialogue 104
Pourquoi l'absence de reconnaissance
  est source d'épuisement émotionnel 105
Pourquoi si peu de reconnaissance envers les mères ? 107
Je réagis, donc je suis ! 110
Les dégâts d'un *feed-back* négatif 111
« Miroir, miroir, dis-moi
  si je suis une mauvaise mère ! » 113

CHAPITRE 6
« Chéri, il faut qu'on parle ! » L'importance du soutien social

L'homme est un être social 117
Gros plan sur le stress 119

Comment le soutien social agit sur le stress 120
Le besoin de soutien des mères 122
« J'ai besoin de parler ! » 124
Le soutien au quotidien 128

CHAPITRE 7
Pas le droit à l'erreur

Être mère, un travail de la plus haute importance 133
L'impact du lien mère-enfant 136
Les effets de l'attachement
   sur le développement de l'enfant 138
Le poids de la responsabilité 140
Pas le droit à l'erreur 142

CHAPITRE 8
Si la maternité m'avait été contée... !

L'absence de formation pratique 148
Mais où est donc le mode d'emploi ? 152
Pourquoi tant de recommandations
   parfois contradictoires ? 154
Un mode d'emploi qui change
   avec les âges et les enfants 157

CHAPITRE 9
Le stress, toujours le stress...

Ces autres sources de stress qui entament
   les ressources maternelles 159
L'absence du père 160
L'enfant malade ou à problèmes 165
Le regard des autres 167
Des rôles qui changent 171
L'adolescence 172

CHAPITRE 10
Petit stress deviendra grand...

Des stresseurs cachés tout aussi dangereux 177
Le bruit 178

Le manque de sommeil 181
Attendre toujours et encore... 185
Les responsabilités financières 188
Les petites culpabilités 190
Le stress du conjoint 192
À chaque enfant sa personnalité 194

CHAPITRE 11
« Docteur, est-ce que c'est grave... ? »

Les conséquences du *burn-out maternel* 197
Stress et *burn-out* : similarités et différences 198
Le burn-out commence là où le stress s'arrête 205
Les conséquences physiques, émotionnelles
   et psychologiques 208
Les conséquences du *burn-out maternel* sur les enfants .. 214
Burn-out maternel et maltraitance de l'enfant 216
Le burn-out maternel et la relation de couple 225

CHAPITRE 12
Que faire pour ne pas « craquer » ?

D'abord, comprendre 231
Stop à la solitude ! 233
Moins de travail pour les mères ! 238
Sélectionnez les obligations les plus essentielles 240
Organisez vos tâches de façon rationnelle 243
Faites-vous aider ! 247
Perfectionnisme : attention, danger ! 255
Apprendre à prendre soin de soi 256
Protégez votre moral 265
Des idées toujours et encore... 276
Quand il vous semble que le *burn-out maternel*
   vous a vaincue... 284

UN CHAPITRE À PART
Oyez, oyez, messieurs les papas !

Reconnaissez le problème 298
Dites-lui « merci » 299
Offrez votre écoute, non des solutions ! 300

Appréciez la maternité à sa juste valeur 301

Le mot de la fin... 303

Dernières suggestions... 309

Remerciements 313

CET OUVRAGE A ÉTÉ COMPOSÉ
ET MIS EN PAGES CHEZ NORD COMPO (VILLENEUVE-D'ASCQ)
ET ACHEVÉ D'IMPRIMER SUR ROTO-PAGE
PAR L'IMPRIMERIE FLOCH À MAYENNE
EN JUILLET 2004

N° d'impression : 60664.
N° d'édition : 7381-1437-1.
Dépôt légal : mai 2004.
Imprimé en France